예배가 살아야 교회가 산다

| 인도자용 |

김경진, 김세광, 김종래, 박병욱, 이현웅, 조건회, 주승중, 차명호, 채영남 공저
총회국내선교부 예배학교 편

한국장로교출판사

발간사

2012년은 총회가 100주년을 맞이하는 해입니다. 지금이야말로 지난 100년의 한국교회를 한국역사 속에서 돌이켜 보고, 현재 한국교회를 직시하며, 다음 100년을 준비해 나가야 할 때입니다.

지난 100년은 세계교회 역사에 유래가 없을 정도로 놀라운 한국교회의 부흥을 경험하였습니다. 새벽기도의 전통이 세워지고, 성경말씀을 암송하고 말씀대로 살기 위해 혼신의 힘을 다하였으며, 말씀을 깨우치기 위해 사경회를 열고, 날연보로 시작하여 쪽복음을 전하며, 생명구원의 복음을 모르는 영혼들을 긍휼히 여기며 안타까운 심정으로 한 생명을 구원하기 위한 복음전도에 모든 힘을 기울여 왔고, 주님의 몸 된 교회 개척에 전념하여 왔던 시간이었습니다. 전도와 기도와 말씀에 뿌리를 내린 열정적인 신앙은 한국교회의 놀라운 부흥과 발전을 가져왔습니다. 그러나 오늘 한국교회는 한국사회와 역사 속에 깊이 뿌리 내리지 못하고, 아직도 외래종교로 간주되고 있으며, 최근 들어서는 사회적 신뢰를 잃어버릴 위기 앞에 직면해 있습니다.

이러한 때에 하나님께서는 진실된 예배자와 참된 예배 공동체를 찾고 계십니다. 하나님께서 인간과 우주만물 가운데 펼치신 구원의 역사에 감사 찬양하고, 하나님 나라를 이루어 가고 계시는 거룩한 행진에 기쁨으로 참여할 거룩한 예배자를 찾고 계십니다.

새 하늘과 새 땅을 약속하신 하나님을 찬양하고, 하나님의 크신 사랑에 감격하는 온전한 예배를 드릴 때, 그리스도의 몸 된 교회 공동체는 예수 그리스도의 풍성한 생명으로 가득 채워질 뿐만 아니라 세상을 살리는 생명 공동체로서의 역할을 감당하게 되는 것입니다.

“예배가 살아야 교회가 산다”라는 일념 속에 총회예배학교를 준비하였습니다. 인도자용과 학습자용 교재를 편찬함으로써 지교회에서 목사님들이 직접 가르칠 수 있도록 하였습니다.

훈련된 예배자들을 통해 준비된 예배를 드림으로 하나님께서 기뻐하시고 성도들이 살아나는 예배가 드려지기를 소망합니다.

총회 산하 8,162개 교회에서 예배학교가 진행이 되어 훈련받은 예배자들이 온전히 하나님께 예배드림으로 인해 세상의 소금과 빛의 역할을 감당하는 그리스도인들과 교회가 되리라 믿습니다.

그동안 예배학교 과정을 기획하고 집필에 참여해 주신 총회예배학교 교장 채영남 목사님을 비롯한 교무위원님들 주승중 교수, 김경진 교수, 김세광 교수, 이현웅 교수, 차명호 교수, 박병욱 목사, 김종래 목사, 조건회 목사, 정영철 목사께 감사를 드립니다. 또한 출판을 위해 수고해 주신 한국장로교출판사 사장 채형욱 목사를 비롯한 편집진에게도 감사를 드립니다.

2012년 1월 3일
진 방 주 목사
총회국내선교부 총무

추천사

지금 한국교회는 매우 어려운 처지에 놓여 있습니다. 한국교회를 향한 사람들의 시선이 곱지 않습니다. 이는 그동안 한국교회가 교회의 사명을 다하지 못한 결과라고 생각하지 않을 수 없습니다. 이제 우리는 세상의 소금과 빛으로서의 사명을 다함으로써 잃어버린 신뢰를 회복하지 않으면 안 될 시점에 와 있습니다. 우리가 세상의 소금과 빛으로서의 사명을 다하기 위해서는 먼저 하나님께 드리는 예배를 회복해야 합니다. 바른 예배를 드리지 않고서는 하나님과 바른 관계를 회복할 수 없기 때문입니다.

하나님께서는 바른 예배드리는 사람을 찾고 계십니다(요 4 : 23). 그러나 오늘 한국교회에서는 예배의 본질이 훼손된 예배를 여러 가지 이름으로 드리고 있는 현실입니다. 바른 예배는 하나님께 드려짐으로써 하나님을 기쁘시게 하는 것이어야 함에도 불구하고 예배에 참예한 사람들의 만족에 초점이 맞춰져 있는 안타까운 현실을 보는 때가 있습니다.

이런 때에 예배의 본질을 회복해야 하겠다는 목적으로 총회국내선교부가 예배학교를 개설하게 되었습니다. 그리고 오랜 기간 예배에 대하여 연구하고 심혈을 기울여 총회예배학교 교재를 발간하기에 이르렀습니다. 이 교재를 통하여 총회 산하에 있는 8,200여 교회가 바른 예배로 하나님께 영광을 돌릴 수 있게 되기를 기대합니다.

먼저 모든 목회자들이 이 교재를 읽고, 예배학교를 개설하고, 바른 예배를 가르치게 될 때 한국교회의 예배에 큰 변화가 나타나리라 생각합니다. 그리하여 한국교회 안에 영과 진리로 드리는 예배가 자리를 잡게 될 때, 모든 성도들의 삶 속에 커다란 변화가 나타나게 될 것입니다. 바른 예배를 통하여 그리스도인다운 삶의 열매가 나타날 것이기 때문입니다.

이 교재를 발간하기 위하여 수고하신 총회국내선교부와 총회예배학교 교장 채영남 목사님을 비롯한 집필자 여러분들과, 교무위원 여러분들, 그리고 교재 출판을 맡아 주신 한국장로교출판사 채형욱 사장님과 직원 여러분들의 노고에 치하의 말씀을 드립니다. 나아가 이 교재를 사용하게 될 총회 산하 모든 교회에 하나님의 크신 은혜와 평강이 충만하시기를 바랍니다. 감사합니다.

2012년 1월 3일
박 위 근 목사
대한예수교장로회 총회장

머리말

100년이 넘은 개신교의 역사를 자랑하는 한국 기독교는 짧은 기간 동안 비약적인 발전을 하며 소위 성공이라는 이름을 붙일 만한 부흥을 경험하였습니다. 1970~1980년대는 한국이 내외적으로 발전을 모색하는 시기와 맞물려 복음이 전파되기 시작하여 세계의 이목을 집중시켰습니다. 그러나 1980년대 후반에는 점차로 성장이 둔화되더니 1990년대를 지나면서 성장 속도가 멈춰 버린 정체기를 맞이하게 되었습니다.

어느 타 종교와 비교도 안 될 만큼 성장했던 기독교가 1990년대에 위기를 맞게 된 이유가 무엇이겠습니까? 그것은 강력한 사회적, 문화적 환경의 변화에 적응하지 못했기 때문입니다. 기존의 전통과 구조에 집착한 나머지 변화를 뒤로 한 채 다양한 시대적 요청에도 불구하고 교파를 초월해서 모든 교회가 비슷한 예배의 유형을 택하고 있고, 시간과 장소에 따라 예배의 접근이 다양해야 함에도 불구하고 천편일률적이고 형식적이 된 예배는 더 이상 기쁨과 평안을 줄 수 없게 되었습니다.

사실 한국교회만큼 예배가 많은 나라도 없습니다. 한 주간 동안에도 주일예배, 주일 저녁 찬양예배, 수요 저녁예배, 구역예배, 매일 새벽예배, 그리고 가정예배 등 수많은 예배가 드려지고 있습니다. 그러나 예배가 바른 이해하에서 드려지고 있는가 묻는다면 부정적인 대답일 것입니다. 예배에 참석하고 있는 회중이 진심으로 하나님의 구속의 은혜를 깨닫고 감사해서 예배를 드리므로 감격하는 모습보다는 습관화되고 형식화된 경향이 다분하고 생명력을 잃은 예배를 드리고 있습니다.

이러한 상황 속에서 교회는 고민하게 되었고, 1990년대에 들어서 이전에 행해졌던 예배와는 접근 방식을 다르게 하는 새로운 예배 유형들이 나타나기 시작했습니다. 그리고 여러 시행착오를 거듭하면서 1980년대 이후 예배 유형에 대한 교회 구성원들 간에 온전한 의사소통이 되지 않고 있으며, 또한 그 자체를 추구함에 있어서도 내부적인 갈등과 문제점이 드러나고 있는 실정입니다. 그로 인해 예배에 대한 연구와 논의가 많이 있긴 하지만 너무도 급속히 변하고 있는 시대적 상황 속에서 이러한 것들은 또 다시 시대적으로 뒤쳐진 이야기들이 되고 있으며, 발전적인 대안이 되지 못하고 있는 것이 현실입니다.

이에 총회는 어떻게 하면 하나님이 원하시는 예배를 드릴 수 있을까를 고민하면서 '총회예배학교'를 개설하게 되었습니다. 본 교재는 모든 예배자들이 참다운 예배를 이해하고 공유하여 생명력 있는 예배를 드리며 참된 예배자로 설 수 있는 것을 목표로 구성하였습니다. 한 시간도 빠지지 말고 성실하게 참석하여 배우고 훈련함으로써 예배에 대한 인식이 새로워지고, 섬기는 교회의 예배를 살리는 데 일익을 담당하게 되기를 바랍니다.

끝으로 본 교재를 집필하기 위해서 수고해 주신 위원장 김세광 교수님을 비롯한 주승중 교수님, 이현웅 교수님, 김경진 교수님, 차명호 교수님, 박병욱 목사님, 김종래 목사님, 조건회 목사님, 그리고 편집을 위해 수고해 주신 한국장로교출판사와 총회국내선교부 진방주 총무님과 박종우 간사님께 감사드립니다.

주후 2012년 1월 3일
채 영 남 목사
대한예수교장로회 총회예배학교 교장

차례

1과

기독교 예배란 무엇인가?

1과

기독교 예배란 무엇인가?

찬 송	"큰 영화로신 주"(새 35장, 통 50장)
성 경	"그(그리스도)가 거룩하게 된 자들을 한 번의 제사로 영원히 온전하게 하셨느니라"(히 10 : 11-14).
본과의 목 적	기독교 예배가 지닌 다른 종교의 예배와의 차별성은 무엇이며, 현대에 일어나고 있는 다양한 기독교 예배의 형태들을 구별하고 장단점을 이해함으로써 보다 포용적이며 동시에 본질에 어긋나지 않는 예배자가 되도록 하려는 데 목적을 둔다.

함께 나누기

오늘날의 예배 상황을 가리켜 학자들은 'Worship War' (예배전쟁)라고 말한다. 다양한 예배의 형태들이 서로 경쟁하고 있다는 의미이다. 특별히 개신교회에서 진행되고 있는 예배의 상황은 너무 다양하여서 예배자들이 정신을 차릴 수 없을 정도이다. 열린 예배, 구도자 예배, 이머징 예배, 전통예배 등의 예배용어들이 등장하고 있고, 예배자들은 그러한 틈새에서 때로는 고통스러워하기도 하고, 혼란스러워하기도 한다. 과연 어떤 예배가 옳은 것인가? 이러한 새로운 예배의 형태들은 어떤 이유로 등장하게 된 것일까? 어떤 사람들은 열린 예배를 경험하면서 경건함이 사라졌다고 한탄한다. 반면에 어떤 이는 전통예배를 참여하면서 예배의 역동성이 없다고 아쉬워하기도 한다. 과연 우리는 오늘날 어떤 예배를 드려야 하는 것일까? 만약에 이러한 다양한 현대의 예배들이 모두 가치가 있는 것이라고 한다면 이러한 다양한 예배형태들 모두를 정당화하는 기독교 예배의 독특성을 어떻게 정의할 수 있을까? 우리는 기독교 예배를 어떻게 이해하여야 할까?

✠ 함께 학습하기

Ⅰ. 인간은 왜 예배하는가?

일반적으로 예배란 '신을 신앙하고 숭배하는 사람이 그 대상을 경배하는 행위 및 제반양식' 이라고 말할 수 있다. 이러한 예배는 언제나 적어도 신이 존재하며, 그리고 그 신과 인간 사이에 어떠한 교류나 관계가 가능하다는 전제를 가지고 있다. '신과 인간 사이에 좋은 관계를 유지하는 것' 이 일반적인 종교가 지향하는 예배 혹은 제사의 목적이었다. 구약이 우리에게 첫 번째로 전하여 주는 제사에 관한 교훈은 일반적인 종교의 그것과 별로 다르지 않다. 가인과 아벨이 드린 제사 이야기(창 4 : 3 - 7)를 통하여 성서는 하나님께서 가인의 제사는 받지 않으시고 아벨의 제사만을 받으셨듯이, 하나님은 우리가 드리는 제사를 받으실 수도 있고 거부하실 수도 있는 분이라는 사실을 우리에게 알려 준다.

1. 구약에 나타난 예배

하나님과 우리가 좋은 관계를 유지하게 되고 하나님이 만족하시는 제사는 어떠한 것일까? 이 질문에 대하여 구약성서는 크게 두 가지로 해답을 제시하였다. 첫 번째는 하나님께서 특별하게 하나님이 원하시는 제사의 방법을 제시하여 주셨으므로 그 방법대로 제사를 드리면 된다는 생각이다.[1] 레위기 1~7장에서 하나님께서는 이스라엘이 하나님께 드려야 할 제사의 방법을 자세하게 설명하시는데, 이 제사는 정해진 시간(절기)에 정해진 사람(제사장, 레위인)이 구별된 장소(성전)에서 정해진 방식(의식, 예전)을 따라 진행하는 것으로써 성스러운 것과 속된 것을 구별하고, 제사장의 중재적 역할을 강조하며, 신비한 예식들을 포함하고 있었다. 유대인들은 바로 이러한 방법대로 하나님을 섬기는 것이 하나님과 화해하고 좋은 관

---

1) 민 1 : 50 - 54, 3 : 5 - 10, 5 : 15, 레 1 - 7, 대하 5 : 5, 13 : 10 - 12, 겔 40 - 46, 슥 14 : 16 - 20 등은 이와 같은 예배관을 반영하고 있다.

계를 유지할 수 있는 방법으로 생각하였다.

'하나님이 만족하시는 제사' 에 대한 구약의 두 번째 대답은 위의 '거룩한 의식' 으로써의 제사를 비판하는 여러 구약의 본문들 속에서 발견된다.[2] 특히 이사야 1장은 유대인들이 하나님께 드리는 제사를 '하나님의 마당만 밟을 뿐' 이라고 비판하면서 제대로 드리는 제사는 그러한 형식이 아니라 '악한 행실을 버리고 선한 일을 하며 억압받는 사람들을 도와주는 것' 이라고 선포하였다. 이러한 예배관은 하나님께서는 성도들의 행위를 감찰하시므로, 올바른 삶과 행위를 통해서만 하나님과 화해하고 올바른 관계를 유지할 수 있다는 확신을 전해 주었다. 많은 예언자들이 성전을 향하여 끊임없이 외친 내용들은 바로 이러한 예배관과 깊이 연결되어 있다.

2. 신약에 나타난 예배

현재 우리 기독교인들이 드리고 있는 예배는 이러한 구약의 예배관과 어떤 관계가 있을까? 한마디로 말하면 분명히 역사적인 연관성이 있지만 그 내용과 확신에 있어서는 많은 차이가 있다. 이 차이를 알기 위해 우리는 먼저 초대교회의 예배관을 주의 깊게 살펴볼 필요가 있다. 히브리서 10장은 우선 구약의 제사에 대하여, 제사는 원래부터 죄를 용서하는 능력이 없었고 도리어 제사를 드리는 사람들이 자신의 죄를 생각나도록 하는 효과만 있었다고 설명한다(히 10 : 1-4). 더 나아가서 오직 예수 그리스도만이 (흠이 없이) 하나님의 뜻을 행하실 수 있는 유일한 분으로 묘사한다(히 10 : 7, 9). 히브리서는 '오직 예수 그리스도만이 행위로 하나님을 기쁘시게 할 수 있는 분이시며, 진정한 제사를 드릴 수 있는 분' 이었다고 증언한다. 그리고 그리스도께서 실제로 우리의 죄를 사하시려고 영원히 유효한 단 한 번의 제사를 하나님께 드리셨다고 한다. 그러므로 우리는 더 이상 제사를 드릴 필요가 없다고 증언한다(히 10 : 18).

"하나님과 우리가 좋은 관계를 유지하게 되고 하나님이 만족하시는 제사는 어떠한 것일까?" 앞에서 던졌던 이 질문에 대한 신약의 대답은 확연히 달라진다. 더

---

2) 출 19 : 5-6, 신 10 : 12-22, 시 50 : 7-23, 51 : 17-19, 암 2 : 6-8, 호 6 : 4-10, 8 : 11-14, 사 1 : 10-17, 56 : 6-8, 60-61장, 미 6 : 6-8, 렘 7 : 1-12, 22-23, 슥 8 : 14-23, 삼상 15 : 22-23 등을 참고하라.

이상 거룩한 의식도 아니고, 흠이 없는 삶도 아니다. 예수 그리스도께서 하나님과 우리를 화해케 하셨으며, 누구든지 그를 믿는 자는 이러한 축복된 관계로 들어갈 수 있다는 것이다. 그리고 이러한 확신은 성도들을 새로운 삶에 대한 다짐과 격려로 인도한다. 우리가 예수의 피를 뿌려서 죄책감에서 벗어나고 맑은 물로 몸을 깨끗이 씻었으므로 서로 마음을 쓰며 사랑과 선한 일을 격려할 수 있게 된 것이다(히 10 : 22 – 24).

초대교회의 예배는 이러한 구원에 대한 감격과 확신에서 출발하고 있다. 그리고 이러한 확신은 성령의 강림을 통해서 사람들에게 주어졌다. 즉, 성령의 강림 후에 사람들은 예수 그리스도를 통하여 우리에게 어떠한 일이 일어났는지를 알게 되었고, 구원의 감격 속에서 서로를 격려하며, 선행과 사랑의 삶을 살아갈 수 있었던 것이다. 여기에서 기독교 예배의 독특성이 시작되는데, 기독교의 예배는 더 이상 하나님과 화해하기 위해 무엇을 드리는 행위나 의식이 아니라 이미 예수 그리스도를 통하여 완성된 하나님의 화해사건을 성령의 역사를 통해 기억하고, 회상하고, 감사하는 것이며, 동시에 삶을 통해 선행과 나눔으로 그 감사를 표현하는 것이다. 종종 우리는 샤머니즘적 예배가 이기적인 목적을 가지고 신을 회유하여서 복을 얻어내려는 동기로 진행되는 것을 보게 되는데, 기독교의 예배는 인간이나 인간의 목적을 달성하기 위한 것이 아니라, 하나님께서 이미 우리를 위해 행하신 것을 기억하면서 그 감사를 표현하고 그분께만 영광을 돌리는 것임을 명확히 할 필요가 있다.

3. 하나님의 은총에 대한 응답자로서의 예배

예배학자인 버크하르트(John E. Burkhart)는 "예배는 하나님께서 하신 것, 하고 계신 것, 그리고 하시기로 약속하신 것에 대한 인간의 흥겨운 응답이다."(Worship is the celebrative response to what God has done, is doing, and promises to do)라고 말하였다. 그는 또한 인간이 드리는 예배는 첫째, 하나님께 대하여 그 하나님께서 하신 일을 인정, 감사, 혹은 숭모(adoration)하고 둘째, 하나님께서 하신 일을 기념하고 재연(rehearse)하며 셋째, 하나님께서 하신 일을 선포하고 알리는(proclaim) 것을 그 예배의 내용으로 담아 왔다고 말하였다. 이렇듯 기독교 예배는 철저하게 하나님께서 하신 구원행위에 대한 감사와 선포여야 한다.

예배를 통해 하나님께서 하신 일을 재연함으로써 그리스도인은 자신을 사로잡고 있던 무력감과 죄책감에서 벗어나 자신을 새로운 피조물로 만드시는 하나님의 무한한 능력과 사랑을 체험하게 된다.[3] 그리고 예배의 구성요소인 말씀과 기도, 찬양, 세례와 성찬을 통하여 선포되는 하나님의 구원에 대하여 공동으로 응답하며, 각각 자신들의 삶 속에서 하나님을 기쁘시게 하는 삶으로 예배할 것을 결심하게 된다.

4. 성령 임재의 현장으로서의 예배

기독교 예배의 독특성은 하나님에 대한 인간의 응답적 차원에 있다. 하지만 이것만으로 예배는 인간의 행동 이상이 될 수 없다. 예배란 단지 인간이 기억하거나, 감사하는 것 이상의 무엇이다. 그렇다면 기독교의 예배에서 어떤 신적인 사건이 일어나는가? 성경은 두세 사람이 주님의 이름으로 모인 곳에 주님께서 함께 계신다고 말한다. 성령의 임재를 통하여 인간의 모임은 신적인 차원의 경험으로 끌어올려진다.

Ⅱ. 기독교 예배의 다양한 유형들

하나님께서 하신 일을 재연하고 하나님의 무한한 사랑과 능력을 체험하는 기독교 예배는 역사적으로 여러 가지 유형으로 발전되어 왔다. 이제 우리는 기독교 예배의 역사 속에서 사람들이 생각하였던 여러 가지 예배의 유형을 살펴보려고 한다.

예배의 첫 번째 유형은 재연 혹은 극화(enactment)로서의 예배이다. 이것은 예배를 하나의 재연으로 생각하는 것인데, 이러한 예배유형에서 가장 중요한 것은 예배순서의 경건한 재연, 혹은 극화이다. 마치 우리나라의 제사에서 어떤 음식은 동쪽에 놓고 어떤 음식은 서쪽에 놓아야 한다든지, 죽은 사람에게는 몇 번의 절을 해야 한다든지 하는 식의 예배관을 말한다. 이러한 예배에서 중요하게 다루는 것은 예배의 장소, 예배의 시간, 그리고 예배하는 방법이었다. 즉, 정해진 시간(교회

---

3) 기독교 예배는 인간의 기억과 감사이면서 동시에 성령께서 역사하시는 현장이다. 이런 면에서 예배는 인간적 차원과 신적 차원을 동시에 포함하고 있다.

력), 정해진 특별한 장소(예배당), 정해진 사람(제사장, 사제 등), 정해진 방법(예배서)에 따라 집례되는 예배를 중요하게 생각하는 것이다. 이것은 기독교의 경우에 유대교와 동방교회, 그리고 로마가톨릭교회를 통하여 수천 년 동안 자리잡아 온 옳은 예배를 가늠하는 실천적(practical) 잣대이기도 하며, 대부분의 종교에서 제사라는 이름으로 진행되어 왔으며 가장 일반적인 '제대로 드린 예배' (effective worship)에 대한 실천적(practical)인 대답이기도 하다. 종교개혁가들이 반론을 제기하기 전까지 재연으로서의 예배는 절대적인 것으로 받아들여졌었다. 비록 라틴어로 드려지는 예배였지만 중세교회의 예배가 천년 이상 이어질 수 있었던 것은 바로 이러한 재연으로서의 예배신학 덕분이었다.

두 번째로 예배를 이해의 차원에서 다루는 유형이 있다. 이러한 이해로서의 예배신학은 인문주의(humanism)의 영향을 받은 종교개혁가들에 의해 주장되어진 것으로써 제대로 드린 예배는 예배자의 이해를 돕고, 그의 교화(edification)를 가능하게 하여야 한다는 것을 의미한다. 이러한 예배신학의 입장에서 볼 때 예배의 모든 순서들은 하나님을 이해하도록 하는 중요한 방편이 되어야 하는 것이었다. 라틴어로 드려지던 예배를 모국어로 바꾸도록 하고, 성서도 자국어로 번역하였던 개혁자들의 수고는 이러한 이해로서의 예배를 추구하는 데서 기인한 당연한 결과였다. 이러한 이해로서의 예배신학은 칼뱅(J. Calvin)의 영향을 받아 이어져 오는 장로교회의 기본적인 예배신학이라고도 볼 수 있겠다.

세 번째로 예배를 경험의 차원에서 생각하는 유형이 있다. 한마디로 경험을 추구하는 예배신학이라 말할 수 있는데, 이것 또한 인문주의(humanism)의 또 다른 부산물이라 할 수 있다. 이것은 예배의 현장에서 경험하는 예배자(회중)의 감정적 경험, 혹은 체험을 중요하게 생각하는 예배관이라 할 수 있다. 이것은 경건주의(pietism)운동과 부흥운동(revival movements)과 같은 다양한 운동으로 전개되었는데, 후에 오순절(Pentecostal) 교회 등의 예배신학으로 발전하게 되었다. 이러한 예배신학이 추구하는 것은 인간의 감성적 부분이었다. 어쩌면 개혁가들이 인간의 이성적인 부분(이해의 차원)만을 예배에서 강조하였던 데서 기인한 당연한 반작용일지도 모른다. 감성적인 체험은 후에 좀더 구체적으로 성령의 체험으로 연결되었으며, 최근에 이르기까지 가장 왕성하게 발전하여 온 예배관이 되었다.

네 번째로 최근에 등장하고 있는 새로운 예배유형이 있다. 이것을 한마디로 정리하기는 쉽지 않지만, 우리는 이 새로운 예배의 신학 흐름을 만족을 추구하는 예배라고 정리하고자 한다. 이것은 소비주의(consumerism)의 영향을 받고 있는 현대인들에게 가장 설득적이며 가장 왕성한 예배관이다. 한마디로 말해서 예배의 참여자들(회중)을 소비자로 동일시(identify)하는 것이다. 이러한 예배관을 중요하게 생각하는 것은 예배에서 예배자(회중)들이 느끼는 만족감(satisfaction) 때문이다.

현대의 새로운 흐름으로 나타나고 있는 구도자 예배나 열린 예배 등에서 가장 중요하게 다루는 것은 예배 참여자가 느끼게 되는 만족감이다. 구도자 예배(seeker' service)를 이름 그대로 안 믿는 사람들을 전도하기 위한 예배로만 파악한다면, 이러한 예배가 추구하는 본질적인 예배신학을 간과하게 될 수도 있다. 만약에 믿지 않는 사람들을 대상으로 하는 예배신학이라면 이미 그것은 부흥운동(revival movements) 등을 통하여 꾸준히 전해 내려온 전통일 뿐 새로운 스타일이나 새로운 예배신학이 아닌 것이다. 구도자예배 등에서 추구하는 바는 적어도 믿지 않는 사람들이 처음 나온 예배에서조차도 불편함이나 어색함이 없어야 한다는 것이다. 그래서 소비자가 다시 그 물건을 사러 오듯이, 예배의 현장을 다시 찾게 만들어야 한다는 것이다. 이러한 만족을 추구하는 예배신학은 예배순서뿐만 아니라 여러 부분에서 다양하게 그 영향력을 행사하고 있다. 예를 들어 좋은 화장실을 꾸며 놓는다든지, 아이들을 위한 예배 프로그램을 개발하여 예배자가 자신의 아이들을 걱정하지 않아도 되도록 한다든지, 주차장을 새로운 사람들이 편하게 접근도록 한다든지 하는 것이다.

또한 전통적인 심벌들이나 심지어는 십자가와 같은 심벌조차도 사용하지 않고 극장과 같은 예배당에서 평상복이나 청바지를 입고 예배를 진행하며, 그들에게 익숙한 음악의 장르들을 골라 찬송을 부르는 예배의 형태에서 만족을 추구하는 예배신학의 모습을 어렵지 않게 찾아볼 수 있다. 아마도 이러한 예배신학은 재연으로서의 예배나 이해로서의 예배, 그리고 경험으로서의 예배를 넘어서는 새로운 현대적 개념으로 예배의 실천적(practical) 흐름에 큰 영향력을 행사하게 될 것으로 보인다.

그렇다면 지금까지 이러한 예배의 유형들은 과연 우리가 하나님을 알고 체험하는 데에 얼마나 많은 도움을 주었을까? 우선 재연으로서의 예배를 생각해 보자. 첫째, 재연으로서의 예배는 자칫 내용이 없는 형식만의 예배가 되어버리곤 하였다. 사람들은 예배에는 참여하였지만 그 예배 속에서 하나님을 알고 체험할 수 없었다. 형식만 남은 예배, 외식적인 예배가 되었던 것이다. 우리가 예배를 말할 때에 늘 우려하는 부분이 바로 이것이기도 하다.

둘째, 이해로서의 예배를 생각해 보자. 여기에서 가장 중요한 것은 설교이다. 그 설교는 우리에게 언제나 올바른 믿음에 대해 가르쳐 주고, 그 믿음대로 살아갈 것을 격려하곤 하였다. 그러나 이러한 이해로서의 예배 또한 막다른 골목으로 치닫고 말았다. 사람들은 그러한 지적인 차원의 만남이 아닌, 즉 마음과 머리에 새기는 정신이 아닌 그들의 영에 무엇인가를 갈급히 채우고 싶어 하였기 때문이다.

셋째, 감정적 체험을 중시한 예배를 생각해 보자. 그들은 그들의 영적 갈구를 감정적 경험으로 동일시하였다. 그들의 영성이 감정을 넘어서는 차원임을 깨닫지 못한 것이다. 감정적 체험을 강조한 예배는 결국 무엇을 믿고 있는지에 대한 관심보다는 감정의 격앙에 관심을 가지게 하였고, 삶이라는 현장을 떠나 감정적 황홀경(ecstasy)만을 찾아다니게 하는 고립화를 초래하곤 하였다.

넷째, 만족을 추구하는 예배를 생각해 보자. 이러한 소비자 중심의 사고는 소수, 혹은 개인의 생각과 취미 등을 맞추어 나가는 개인주의적이고 탈세대적인 형태로 발전되고 있다. 과거 수백 년 동안 불리어졌던 찬송가들을 새로운 세대가 모른다고 하여서 폐기되고 새로운 노래들이 수없이 나오고 사라지는 형국이 되었다. 교회의 전통이 사라지고 상황과 현장에 민감한 예배의 인도자들은 믿지 않는 사람들(혹은 구도자들)에게 만족감을 주기 위해 열심히 노력하지만, 그들이 하나님을 알고 경험하기에는 너무 멀리 있는 듯하다.

Ⅲ. 신학적 성찰을 필요로 하는 기독교 예배

우리는 지금까지 기독교 예배의 다양한 유형들에 대하여 살펴보았다. 다양한 요구와 관점에 따라 예배의 유형이 여러 가지 유형으로 드러난 것은 분명하다. 그렇다면 이러한 여러 가지 예배의 유형 중에서 오늘 우리의 목회에 적용할 수 있는 유형은 어떤 것일까? 이러한 질문을 뒤로하고 우리는 먼저 약간은 낯선 라틴어 구절을 상기할 필요가 있다. “lex orandi, lex credendi”(the rule of prayer a norm for belief). 이 말이 뜻하는 것은 “어떤 예배의 형식이든지 그 안에는 그들이 표현하는 신앙의 내용이 들어 있다.”(what is prayed indicate what may and must be believed)라는 것이다. 이 말은 예배학에서 대단히 중요한 표현으로 실제로 우리들의 삶 속에서도 얼마든지 발견할 수 있다는 것을 의미한다. 예를 들어서 자녀의 입학을 위해 100일 동안 기도를 한다면 이 기도의 행위 속에는 100일 동안 신에게 기도하면 이루어질 수도 있다는 '공로사상'이 담겨져 있을 것이다. 또한 자신의 기도보다는 목사나 사제에게 기도를 부탁한다면 더 잘 이루어진다는 '중재자 신앙'이 자리잡고 있을 것이다. 우리가 어떠한 예배의 형태를 취하든지(the rule of prayer) 그 속에는 그것이 표현하고 있는 신앙의 내용(a norm for belief)이 들어있기 마련이다. 이러한 사실을 충분히 이해한다면 우리는 예배에서 예배가 표현하고 있는 신앙의 내용이 얼마나 중요한지를 알 수 있게 된다. 즉, 우리는 우리의 예배가 표현하고 있는 신학이 무엇인지를 반성적으로 살펴보아야 할 필요가 있다. 우리의 헌금의 종류들은 어떠한 신학을 표현하고 있는가? 월삯헌금, 십일조, 감사헌금, 건축헌금, 서원헌금 등의 헌금들은 우리들에게 어떠한 신앙을 요청하고 있는가? 새벽기도, 철야기도, 40일 금식기도, 대학입시를 위한 기도회 등의 다양한 집회들은 우리에게 어떠한 신앙의 모습을 표현하게 하는가? 우리가 사용하는 상징(symbols)들로서 목회자의 예복 혹은 평상복, 스톨, 휘장들, 십자가의 형태, 강단의 위치와 형태 그리고 재료들, 드림천에 새겨진 상징들, 찬양대의 위치, 헌금함의 위치 등은 어떠한 신앙과 확신을 설명하고 있는 것인가?

바로 이러한 방식의 질문을 통하여 16세기의 종교개혁가들은 "중세교회의 예배가 잘못된 신앙과 신학을 표현하고 있으며 따라서 올바른 신앙에 의해서 예배가 개혁되어야 한다."는 점을 주장하였고, 이것이 종교개혁의 출발점이 되었다. 한마디로 기독교의 예배는 끊임없이 사람들의 욕구와 욕망에 의해 생성되는 수많은 예배의 형식들을 보다 철저하게 올바른 성서적 신앙의 잣대로 점검하고 검토하는 가운데 이루어져야 한다.

Ⅳ. 예배의 여러 요소들

우리는 지금까지 기독교 예배가 올바른 신앙을 표현하는 것이 대단히 중요하다는 점을 살펴보았다. "어떠한 유형의 예배인가?"라는 질문보다 우선되어져야 할 질문은 "예배가 어떠한 신학을 표현할 것인가?"이다. 이제 우리는 보다 구체적으로 기독교의 예배가 어떠한 신앙적 내용을 예배 속에서 표현하고 있는지를 살펴보려고 한다.

1. 예배의 시간(교회력)

교회는 하나님께서 우리를 위해 무엇을 하셨는지 교회력을 통해 분명히 선포하여 왔다. 시간은 언제나 흘러가는 직선의 구조이지만, 사람들은 이것을 달력을 통해 반복적으로 경험하게 된다. 예를 들어, 생일과 결혼기념일 등을 기념하면서 사람들은 자신들의 삶을 축하하는 것이다. 교회력은 인간을 위한 하나님의 구원의 행위들을 그 달력 안에 포함시킴으로써 흘러가는 시간 속에서 하나님께서 하신 일들을 기억하고 감사하게 하는 기능을 수행한다.

사도시대부터 그리스도인들은 주님의 날(the Lord's Day)을 안식일과 구별하여 지켜왔다. 이날은 그리스도께서 죽은 자들 가운데서 다시 살아나신 날이기 때문이었다. 예수 그리스도 안에서 계약의 새 백성이 된 그리스도 신앙공동체는 주일에 함께 모여 그리스도께서 부활하신 것을 기억하며 하나님께서 지금도 죄와 사망의 권세를 이기시고 계심을 증언한다. 당시 초대교회는 주님의 날이 휴일이 아니었음에도 불구하고, 또한 당시에 유대교가 지키고 있었던 가장 강력한 예배일인 안식일이 있었음에도 불구하고, 부활을 증거하는 날인 주일을 예배일로 바꾸는 것을 주저하지 않았다. 그러므로 주일(Lord's Day)은 언제나 작은 부활절로서 기독교인은 주일에 모일 때마다 주님의 죽음과 부활을 증언하며 감사하는 교육적인 기능을 수행하게 된다.

교회는 또한 일 년을 단위로 하여 하나님께서 우리를 위해 무엇을 하셨는지를 분명히 보여 주는 구속사적 관점의 '연 주기'(Annual Cycle)를 가지고 있다. 우리가 흔히 알고 있는 교회력은 주로 연 주기를 말하는데, 초대교회는 주님의 부활과 승천, 그리고 성령강림과 같은 역사적 사건들을 해마다 새롭게 기억하고 그 깊은 뜻을 강조하고 전하려고 하였는데 이러한 과정 속에서 절기를 중심으로 한 연 주기 교회력이 시작되고 발전되었다. 기독교 초기에는 사순절, 주현절, 오순절과 같은 절기를 지키다가 그 후에 성탄절, 성금요일, 부활절, 승천일, 성령강림절 등이 추가되어 지금의 교회력이 되었다. 그러다가 중세교회 시기에 로마교회는 성모마리아를 비롯한 각종 성자의 성일을 교회력에 추가하였는데, 이러한 과정에서 교회력의 품위가 손상되었으며, 잘못된 신앙을 초래하게 되었다.

종교개혁자들은 이러한 중세의 교회력의 사용을 폐기하는 과정에서 교회력의 일부인 성탄절과 부활절만을 받아들였다. 그 후에 20세기 후반에 들어와 교회력의 본래적 의미를 회복하려는 운동이 일어나면서 오늘날과 같은 교회력을 지키게 되었다. 교회는 절기를 통하여 인간을 위한 하나님의 사랑과 예수 그리스도를 보내심, 그리고 그분의 죽음과 부활, 보혜사 성령님의 강림 등을 기억하면서 하나님의 구속의 전 과정을 묵상하고 기억하는 교육적인 역할을 수행하고 있다.

2. 예배의 장소

초대교회의 교인들은 유대인들에 비해 상대적으로 예배의 장소에 있어서 자유로운 편이었다. 그들은 예수님의 죽으심과 부활로 더 이상 성전의 예배가 무의미하다고 생각하였고, 주님을 모신 자신들이 성전이라는 생각을 가지고 있었으며, 또한 두세 사람이 모인 곳에 주님께서 함께하신다는 생각을 가지고 있었기 때문이었다. 그들은 그들이 주님의 부활을 증거하고 그들의 신앙을 나눌 수 있는 곳이라면 가정집이나 어디서든지 모여 예배를 드렸다. 하지만 점차 함께 모여 예배를 드려야 할 필요성이 대두되면서 그들은 카타콤이라는 지하묘지에서 모이기 시작하였다. 그들이 카타콤에 모여 예배를 드리게 된 이유는 박해를 피하려는 의도도 있었지만, 지하묘지가 그들이 믿는 신앙을 표현하고 확인하는 데 가장 적절하였기 때문이었다. 지하묘지에 모여 그들은 이렇게 선언하면서 예배를 시작한다. "예수께서 부활하셨습니다.", "정말 부활하셨습니다." 주검들이 널려 있는 곳에서 그들은 주님의 죽으심과 부활을 확인하면서 그들도 부활할 것을 믿고 소망한 것이었다. 이렇게 예배의 장소는 초대교회부터 특별한 교회의 신앙을 선포하고 유지하는데 적절한 곳이라면 어디든지 이용되어 왔다.

기독교가 로마의 국교가 되면서 교회는 화려하고 신비함을 강조한 예배당을 사용하게 되었고, 점차 미신적이고 신비적인 것을 강조하는 경향으로 변질되기도 하였다. 종교개혁자들은 예배장소에는 하나님의 말씀이 온전히 선포되고, 성례전을 거행하는 데 필요한 시설이 준비되어 있어야 한다고 생각하였고, 그 외의 잘못된 신앙을 초래하는 기구들은 제거되어야 한다고 생각하였다. 그래서 예배 중심부에 성찬대를 두고 그 좌우에 설교대와 성경낭독대를 두는 형태의, 오늘날의 개신교 예배당이 생겨나게 되었다. 예배의 장소와 기구의 배치가 예배를 적절히 수행하고 신앙의 내용을 전달하는 중요한 기능을 수행하고 있으므로, 교회는 예배의 장소와 기구의 배치 등에 세심한 주의를 기울여야 한다.

3. 말씀의 선포

말씀의 선포는 주일예배에서 가장 중요한 순서 중 하나이다. 종교개혁자들은 어디에서나 하나님의 말씀인 성경이 봉독되고 선포되면, 거기에는 성령의 내적 증거에 의하여 예수 그리스도가 살아 계신 말씀으로 현존하신다고 생각하였다. 그러므로 하나님의 말씀인 성경을 읽고, 듣고, 설교하는 것은 모두 하나님의 말씀을 선포하는 행위들인 것이다. 한국교회는 부흥사들의 영향을 받아 설교할 성경의 본문만을 읽는 경향이 많이 있지만 오늘날의 많은 세계의 개혁교회들은 성경을 낭독하는 순서를 예배 안에 포함하고 있다.

개혁자들에게 성경을 읽는 것은 매우 중요하였다. 그래서 개혁자들은 성경을 읽을 수 있는 자국어로 번역하는 일을 최우선으로 생각하고 있었다. 즉, 알아들을 수 있는 언어로 하나님의 말씀이 낭독될 때 성령을 통하여 사람들은 하나님의 말씀을 받게 된다는 것이었다. 그래서 개혁가들은 성령의 조명을 구하는 기도(Prayer for Illumination)를 설교 전이나 후가 아니라 성경봉독이 시작되기 전에 주로 드리곤 하였다. 성경을 읽은 것이나 설교되는 것 모두 성령님의 도우심이 필요하다고 생각했기 때문이다.

교회는 오랫동안 설교되는 본문과 관련 없이 구약과 신약의 서신서, 그리고 복음서를 낭독하여 왔다. 이러한 성경말씀의 봉독을 통하여 회중들은 하나님의 말씀을 직접 받아들게 된다. 따라서 봉독을 하는 사람은 말씀을 듣는 사람이 감동할 수 있도록 기도로 준비하며, 실수 없이 봉독하도록 연습할 필요가 있다.

봉독된 성경 본문 중 하나 혹은 전부를 토대로 하나님의 말씀의 선포가 이어진다. 장로교회에서 가장 중요한 요소로 여겨져 온 설교는 언제나 설교자들의 겸손함과 성령의 능력을 요구하고 있다. 무엇보다도 설교는 하나님께서 우리를 위해 무슨 일을 하셨는지를 분명히 선언하고 밝히는 일을 감당해야 한다. 그러므로 설교자는 언제나 성경의 본문을 통해 하나님의 좋은 소식(good news)을 발견하려는 태도를 가지고 있어야 한다. 설교는 전통적으로 훈련받은 사람들인 교역자들이 하여 왔는데, 이는 하나님의 말씀을 올바로 이해하고, 선포하기 위해서는 성서원어 및 신학, 성서지리 등 폭넓은 지식과 이해를 필요로 하기 때문이었다. 그러므로 말씀의 선포를 훈련받지 않은 사람이 행하는 것은 적절하지 않은 것이다.

4. 성찬성례전

교회가 하나님께서 하신 일을 교육하고 선포하는 또 다른 도구는 성찬성례전이다. 그동안 기독교 성찬성례전은 대개 희랍적 철학의 틀 속에서 벗어나오지 못한 채 성물(elements)의 변화에만 관심을 가져왔었다. 하지만 현대교회에 있어서 성찬성례전의 중요성은 그것이 교회 공동체에 제공하는 복음 선포적 기능에 있다. 성찬성례전은 예수님께서 공생애의 마지막에 제자들 앞에서 행하신 것에서 유래하지만, 단순히 성 목요일의 한 사건만을 의미하지 않는다. 성찬성례전은 성경 전체를 통하여 유유히 흘러내려오는 하나님께서 베풀어 주신 식탁의 이미지와 연결된다. 즉, 먹을 것을 공급하시고 식탁을 마련하시는 하나님의 이미지이다.

우선 성찬성례전은 하나님의 창조를 기억하게 한다. 주님의 식탁 앞에서 우리는 에덴동산의 많은 풍성한 실과들과 선악과의 사건 등을 기억한다. 성찬성례전은 또한 이스라엘 백성을 광야에서 돌보시고 인도하시는 하나님의 모습을 떠올리게 한다. 만나와 메추라기를 주시는 하나님, 출애굽하면서 먹었던 누룩 없는 빵 등을 기억하며 하나님의 구원과 구속을 감사한다. 또한 성찬성례전은 예수님의 사역 속에 나타난 여러 식탁들을 기억하게 한다. 오천 명을 먹이신 식탁과 유월절 식탁, 죄인들과 함께하신 식탁, 엠마오로 돌아가던 제자들과의 식사, 디베랴 바닷가에서의 식사 등에 대한 기억을 통하여 우리 주님께서 무슨 일을 하셨는지를 기억할 수 있다. 더 나아가서 성찬성례전은 장차 올 하나님의 나라에서 받게 될 어린양의 잔치와 식탁을 대망하게 한다.

그러므로 성찬성례전은 하나님께서 우리를 위하여 무슨 일을 하셨으며, 우리는 어떠한 존재인지를 식탁의 이미지를 통하여 우리들에게 선포한다. 성찬성례전을 통하여 우리는 우리의 신앙을 교육하게 된다.

5. 세례성례전

성찬성례전이 성경의 수많은 이야기를 담고 있듯이 기독교의 세례성례전 또한 성경에 나오는 수많은 사건들을 기억하게 한다. 성찬성례전이 먹는 것, 즉 '식탁'과 관련이 있다면 세례성례전은 '물'과 관련이 있다. 세례성례전은 우리들에게 물의 이미지를 통하여 성서의 이야기를 증거한다. 과도한 양의 물은 인간을 죽음으로 몰아간다. 물론 물의 부족도 그러하다. 성서는 여러 곳에서 물의 과도한 공급과 혹은 부족(기근 등)에 대해 묘사하고 있는데 그것은 언제나 심판과 죽음을 의미하였다. 하지만 물은 동시에 인간에게 생명을 부여하는 가장 기본적인 요소이기도 하다. 인간은 물이 없으면 도저히 살아갈 수가 없다. 따라서 물은 한편으로 생명을 의미하기도 한다. 기독교 세례성례전은 물이 가진 이러한 이중적 의미를 통하여 그리스도인들이 과연 누구인지 그리고 하나님이 어떠한 분이신지를 설명한다.

먼저 세례성례전은 하나님께서 어떠한 분이신지를 알려 주기 위하여 물의 이미지를 가지고 창조의 사건을 전하여 준다. 하나님의 천지창조 이야기는 처음부터 물과 관련되어 있다. 하나님의 영이 수면 위에 운행하시는 모습이 묘사된다. 그리고 창조의 이야기는 계속하여서 물이 나누어지는 상황을 묘사하고 있다. 궁창을 만드시고, 바다와 강을 만드시는 모습이 묘사된다. 에덴동산에는 큰 강이 흐르고 있으며, 많은 식물들에게 생명을 공급하도록 되어 있었다. 하지만 인간들이 죄를 짓자 하나님은 나누어지고 조심스럽게 정돈되었던 물의 질서를 흩어버리신다. 궁창의 물이 하늘로 쏟아지고 땅 아래의 물이 솟구쳐 올라오는 것이다. 최초의 심판은 이렇게 물의 사건으로 막을 내린다. 창조의 이야기는 물의 이미지를 통하여 하나님의 창조와 심판을 묘사하고 있다.

둘째로 세례성례전은 언약을 맺으신 하나님에 대하여 이야기한다. 하나님께서 이스라엘 백성을 택하시고 출애굽하시는 이야기의 가장 중심에 등장하는 것이 바로 물의 이야기이다. 이스라엘을 구원하기 위하여 세우신 지도자가 모세, 즉 '물에서 건져내었다' 는 뜻을 가진 사람이라는 것은 결코 우연이 아니었다. 하나님은 출애굽한 이스라엘 백성들을 홍해로 이끌고 가셨다. 그리고 그들을 마른 땅으로 건너가게 하셨다. 더 나아가서 이스라엘은 광야에서 끊임없이 하나님으로부터 물을 공급받는다. 세례성례전은 바로 이러한 일들을 우리에게 생각나게 한다.

셋째로 세례성례전은 예수님의 사역을 기억하게 한다. 물의 이미지는 예수 그리스도의 사역을 전한다. 먼저 주님은 그의 첫 번째 이적으로 물로 포도주를 만드셨다. 그리고 세례 요한에게 나아가셔서 스스로 세례를 받으셨다. 그분은 자신을 가리켜 생명의 물이라고 말씀하셨으며, 목마르지 않는 물이라고 말씀하셨다. 그분은 물을 가지고 제자들의 발을 씻기셨으며, 십자가 위에서 목마르다며 인간의 고통을 함께 나누셨다. 이렇게 물의 이미지는 예수님의 사역의 이야기를 우리들에게 전하여 준다.

마지막으로 세례성례전은 장차 올 하나님의 나라의 이야기를 전하여 준다. 생명의 강을 건너 마침내 주님의 백성들은 하나님의 나라에 들어가게 된다. 그곳에는 여러 나무들에게 생명을 공급하는 강들이 흐르고 있다. 이렇듯 물의 이미지는 장차 올 하늘나라에까지 이어진다. 이렇게 우리는 세례성례전을 통하여 우리의 신앙을 전수하게 되는 것이다.

지금까지 우리는 교회의 예배 여러 요소들이 어떠한 신학적 내용을 표현하여야 하는지에 대하여 살펴보았다. 예배의 순서와 장소, 그리고 예배의 행위들은 한결같은 모습으로 올바른 신앙의 전수와 그들이 믿고 있는 소망과 믿음을 증거하여야 한다.

✚ 적용과 실천

1. 기독교의 예배는 다른 종교의 예배와 비교하여 무엇이 다른지 분명히 말할 수 있는가?

2. 다양한 예배의 유형들에 대하여 넓은 마음으로 이해하고, 다양한 유형들을 받아들일 수 있는가?

3. 예배의 형태들 안에 드러난 신학들을 분별하고, 올바른 예배자가 될 수 있도록 더 연구하고 배울 마음이 있는가?

2과

예배의 역사

2과

예배의 역사

찬 송	"기뻐하며 경배하세"(새 64장, 통 13장)
성 경	"아버지께 참되게 예배하는 자들은 영과 진리로 예배할 때가 오나니 곧 이때라 아버지께서는 자기에게 이렇게 예배하는 자들을 찾으시느니라"(요 4 : 23).
본과의 목 적	본 과의 목적은 기독교 예배의 역사를 앎으로써 기독교 예배에 대한 이해를 돕고, 그것을 통해서 오늘 우리가 드리는 예배에 대한 통찰력을 갖도록 하기 위함이다.

함께 나누기

예배학자 프랭클린 시글러(Franklin M. Segler)는 "예배는 교회를 교회 되게 하시는 하나님으로부터 주어진 능력이다."라고 말했다. 이 말을 바꾸어 말하면 예배가 바로 되지 않으면 교회가 바로 될 수 없다는 것을 의미한다. 오늘 한국교회는 심각한 혼란과 문제 속에 빠져 있다. 무엇이 문제인가? 교인 숫자가 부족해서인가? 교회 숫자가 부족해서인가? 교회의 제도나 시설이 부족해서인가? 목회자나 교인들의 수준이 낮아서 문제인가? 지금 한국교회는 외형적인 면에서는 부족함이 없다. 그런데 도대체 무엇이 문제인가?

오늘 한국교회의 문제는 여러 가지가 있겠지만 그중 가장 큰 것이 교회가 예배다운 예배를 하나님께 드리지 못한 데 있다. 오늘 우리의 예배는 어떤가? 정말 하나님께서 기뻐 받으시는 예배가 교회에서 드려지고 있는가? 목회자들과 교인들은 예배가 무엇인지를 분명하게 알고 예배하고 있는가? 남들이 드린 예배를 아무런 생각 없이 흉내나 내고 있지는 않는가? 예배의 역사를 배워야 할 이유는 오늘 우리가 드리는 예배가 무엇인지를 분명하게 알고, 하나님께서 기뻐하시는 예배를 드리기 위함이다. 기독교 예배를 바로 이해하기 위해서는 먼저 예배에 대한 역사를 알아야 한다. 기독교 예배는 어느 한순간에 만들어진 것이 아니다. 오늘의 기독교 예배는 구약과 신약의 배경 속에 약 2,000년의 역사적 시간을 거치면서 발전과 변화를 거듭하여 형성된 것이다. 기독교 예배의 배경은 구약으로부터 출발한다. 그러므로 여기서는 성서에 나오는 구약의 예배와 신약시대의 예배를 먼저 살피고, 나아가서 고대, 중세, 근대, 현대교회의 예배를 알아보도록 하자.

함께 학습하기

Ⅰ. 구약시대의 예배

구약과 신약이 불가분리의 관계에 있듯이 구약의 예배(제사)와 신약의 예배 역시 불가분리의 관계에 있다. 그러므로 기독교 예배를 이해하기 위해서는 구약의 예배에 대한 이해가 필수적이다. 물론 형식적인 면에서는 구약의 제사와 기독교의 예배가 완전히 다른 것이지만, 예배의 정신이나 원리는 구약의 그것을 그대로 계승하고 있다. 그래서 예배학자인 라우리(H. H. Rowley)는 "구약 성서 전체는 우리를 신약의 예배로 인도하여 주는 몽학 선생이다."라고 말하고 있다. 그러므로 우리가 기독교 예배를 바르게 이해하기 위해서는 먼저 구약의 예배를 알아야 한다. 그러면 구약시대의 예배는 어떠했는지를 시기별로 나누어 살펴보도록 하겠다.

1. 원시 족장시대(창세기)

이 시대는 인류의 기원이 되는 하나님의 창조로부터 유대교에 아직 체계적인 제사 의식이 갖추어지기 이전까지의 시대를 말하며, 성서적으로는 창세기에 해당하는 시기를 의미한다. 하나님께서는 우리 인간을 창조하시고 그 인간들로부터 경배와 찬양과 영광을 받으시기를 원하셨다. 그래서 하나님께서는 인간을 찾아오셔서 친히 자신을 계시하시고, 인간들은 찾아오신 하나님께 대한 응답으로써 예배를 드렸다.

1) 구약시대 최초의 예배에 대한 기록은 가인과 아벨의 제사에서 볼 수 있다(창 4 : 1-7). 가인은 하나님께 땅의 소산(곡식)을 제물로 드렸고, 아벨은 양의 첫 새끼를 제물로 드렸다. 하나님께서는 이들이 드린 예배(제사)에 대하여 아벨의 제물을 받으셨으나 가인의 제물을 받지 않으셨다. 성경을 통해서 깨달을 수 있는 것은 아벨은 믿음의 제사를 드렸고(히 11 : 4), 첫 새끼를 정성껏 드렸는데 반해(창 4 : 4), 가인은 제물로 제사는 드렸으나 그의 행실(생활)이 선하지 못했기 때문에 하나님께서 그의 예배를 받으시지 않았다는 사실이다.
2) 족장시대 예배의 장소는 일정한 곳이 아니었다. 그들은 하나님의 음성을 듣거나 하나님과의 만남(계시)이 있을 때, 그곳에서 단을 쌓았다. 그러므로 족장시대의 예배는 단을 쌓았다는 표현으로 나타나고 있다(노아-창 8 : 20-21, 아브라함-창 12 : 7, 13 : 4, 18, 이삭-창 26 : 25 등).
3) 특징[1)]
   (1) 여호와 한 분만을 섬기는 유일신 예배였다.
   (2) 예배하는 제단에 하나님의 영적 임재와 인간의 인격적 응답이 이루어졌다.
   (3) 하나님에 대한 일체의 형상을 만들지 않았다.
   (4) 하나님의 은혜에 대한 감사와 말씀에 대한 순종이 있었다.

2. 모세시대

이스라엘의 예배 역사에서 하나의 대전환점이 모세시대를 통해서 이루어진다. 모세시대는 이스라엘 백성들이 하나님의 은혜로 애굽의 노예생활을 마치고 출애굽을 한 시기이다. 모세 이전의 예배가 지극히 원시적이고 비형식적인 예배였던 데 비해, 모세시대로 접어들면서 이스라엘의 예배는 달라졌다. 이스라엘 역사에서 예배를 체계화시킨 최초의 인물이 바로 모세인 것이다. 그때 예배의 특징을 살펴보면 다음과 같다.

---

1) 정장복, 「예배학 개론」(서울 : 예배와설교 아카데미, 1999), p. 46.

1) 예배의 범위가 개인적 차원에서 민족적 차원으로 확대되었다(공동체 예배).
2) 제사의 규례와 형식, 성소와 제사장 제도 등이 확립됨으로써 예배가 체계화되었다(레위기).
3) 이동성막(Tabernacle)을 중심으로 예배를 드렸다. 모세의 시대는 이스라엘이 광야를 이동하는 시기였기 때문에 예배하는 장소 역시 이에 적합한 형태로 만들어진 것이다.
4) 성막을 중심으로 한 예배생활과 율법을 중심으로 한 도덕생활이 강조되었다.

3. 왕정시대(성전예배)

이스라엘 백성들이 가나안에 정착을 하고, 사사시대를 이어서 왕정시대로 접어들게 되는데, 이때 이스라엘 예배 역사에 중요한 역할을 한 인물이 바로 솔로몬이다. 솔로몬은 하나님께 예배드리는 성전을 건축함으로써 이스라엘의 예배 역사에 또 하나의 획기적인 일을 이루게 되었다. 솔로몬 이후 왕정시대의 예배를 보면 다음과 같다.

1) 예배 장소가 성전(Temple)이 되었다. 이스라엘 백성이 가나안 지역에 정착을 하게 됨으로써 이제 더 이상 이동을 할 필요가 없게 되었다. 따라서 예배드리는 장소도 고정된 건물을 중심으로 바뀌게 된 것이다.
2) 모세시대에 제정된 제사 의식들이 엄격히 적용되면서, 성전 예배의 내용과 형식들이 매우 정교하고 화려하게 되었다(찬양, 악기 연주, 시편, 기도문 등의 발달).
3) 이스라엘의 삼대 절기(유월절, 맥추절, 초막절)가 국가적 의례로 성전에서 지켜지게 되었다.
4) 예배자들은 정교한 의식 속에서 십일조와 희생제물을 가지고 하나님께 예배를 드렸다.

* 참고로 이스라엘의 성전 역사를 보면, 솔로몬이 지은 성전을 '솔로몬 성전'(또는 제1성전)이라 하고, 바벨론 침략으로 파괴된 성전을 스룹바벨이 다시 건축하게 되는데 이 성전을 '스룹바벨 성전'(또는 제2성전), 그리고 헤롯 왕에 의해

서 대대적으로 성전을 다시 증축하게 되는데 이 성전을 '헤롯 성전'(또는 제3 성전)이라고 한다.

4. 포로 이후 시대의 예배(회당예배)

솔로몬에 의해서 지어진 성전은 B.C. 586년 바벨론의 침략으로 완전히 파괴되어 버렸다. 따라서 이스라엘 백성들이 예루살렘에 있는 성전에서 예배를 드리는 것이 더 이상 불가능하게 된 것이다. 무엇보다 바벨론에 포로로 잡혀간 이스라엘 백성들은 예루살렘에 갈래야 갈 수도 없는 처지가 돼 버렸다. 따라서 그들은 자신들이 있는 곳에서 모여 하나님께 예배를 드리게 되는데, 이때 생겨난 것이 바로 '회당'(Synagogue)이었다. 바벨론 포로 후 이들은 회당 제도를 이스라엘로 가져오게 되는데, 그 결과 예수님 시대에는 예루살렘 성전과 각 지역의 회당이 병존하게 된다. 회당예배는 다음과 같이 이루어졌다.

1) 제사 대신 말씀 중심의 예배가 이루어졌다(성전은 제사 중심).
2) 제사를 집례할 제사장 대신 말씀을 읽고 설명을 해주는 랍비(Rabbi)가 지도자가 되었다.
3) 희생제사 대신 기도와 찬송과 말씀 중심의 예배가 이루어졌다.
4) 회당은 각 지역에 분산되어 있었으며, 예배와 함께 율법을 교육하는 장소로도 사용되었다.

Ⅱ. 신약시대의 예배

기독교 예배는 구약을 배경으로 하지만 그것을 그대로 계승한 것은 아니다. 이제 기독교 예배는 예수 그리스도가 그 중심에 자리를 잡게 된 것이다. 예수 그리스도의 성육신(Incarnation) 사건은 기독교의 출발이면서, 동시에 기독교 예배의 새로운 출발이기도 하다. 인류를 구속하기 위해서 이 땅에 인간의 몸을 입고 오셔서 십자가를 지고 죽으셨다가 삼 일만에 다시 부활하신 그리스도의 사건이야말로 기독교 예배의 중심이 될 수밖에 없는 것이다. 따라서 예수 그리스도의 십자가와 부활 사건은 이제 기독교 예배의 핵심이 되면서, 예배의 형식과 제도 등을 새롭게 하였다.

1. 예수시대

1) 예배 형식의 대변화

먼저 신약의 시대는 예배의 형식에 새로운 변화가 일어나게 되었다. 그동안 구약의 예배는 동물을 잡아 제물로 드리는 제사 형식으로 드려졌다. 인간은 자신이 지은 죄를 용서(속죄)받기 위해서 범죄할 때마다 어린 양에게 그 죄를 대신 씌워 속죄의 제물로 하나님께 바침으로써 죄를 용서받게 되었다. 이러한 속죄제사는 죄를 지을 때마다 반복적으로 드려져야 했다. 그러나 이제는 하나님의 아들이 온 인류의 죄를 대신 지시고 십자가상에서 속죄의 제물이 되셔서 단번에 영원한 제사를 이루심으로써(히 7 : 27 ; 9 : 12), 더 이상 속죄의 제사를 드려야 할 이유가 사라져 버린 것이다. 율법의 마침(완성)이 되신 예수 그리스도는 또한 구약의 제사를 십자가에서 완성하심으로써 더 이상 제사 형식으로 예배를 드리지 않아도 되게 하신 것이다. 따라서 기독교 예배는 이제 그 형식에 있어서 변화될 수밖에 없게 된 것이다.

2) 예배일의 변화

예수 그리스도의 십자가 희생이 기독교 예배의 형식을 바꾸도록 했다면, 예수 그리스도의 부활은 기독교의 예배드리는 날을 바꾸도록 하였다. 그동안 구약의 전통(유대교)은 토요일을 안식일로 정하여 하나님께 예배를 드리도록 하였다. 그러나 이제 기독교는 예수 그리스도께서 온 인류를 십자가에서 구속하시고 삼 일 만에 부활하신 그날을 기려서 하나님께 예배를 드리게 되었다. 따라서 기독교는 이날을 주일(主日, Lord's Day)로 정하여 지금까지 지키고 있는 것이다.

3) 예수님의 예배에 대한 입장

(1) 구약의 전통을 부정하지 않으시고, 성전과 회당에 참여하여 예배하셨다.

(2) 예배의 형식을 부정하지 않으시되 예배가 형식에 치우치는 것은 반대하시고, 예배의 본질적인 면(신령과 진리)을 강조하셨다(요 4 : 24).

(3) 기도의 형식으로 주기도문을 가르치셨다(마 6 : 9 - 13).

(4) 기독교의 성례전인 세례와 성찬을 제정하시고, 이를 행하도록 분부하셨다.
(5) 예수님의 십자가 희생을 통해서 구약의 희생제사가 종식될 것임을 선포하셨다.

2. 사도시대

예수님께서 부활 승천하시고, 오순절 성령강림 후 지상에 교회가 새롭게 시작되었다. 사도들은 예수 그리스도의 복음을 전파하는 것과 믿는 성도들이 함께 모여 예배드리는 일을 교회를 통해서 하였다. 사도시대의 예배는 사도행전이나 서신서 등을 통해서 알 수 있는데, 그 특징은 다음과 같다.

1) 초기에 사도들은 성전과 회당에 참여하여 예배드리면서, 동시에 가정이나 특별한 장소에서 예배를 드렸다.
2) 구약의 제사 제도가 예배에서 완전히 제거되었다.
3) 예배의 요소는 가장 기본적인 것들로써(찬송, 기도, 신앙고백, 성경 봉독, 설교, 봉헌, 성찬, 세례 등) 단순한 형태였다.
4) 예배드리는 시간을 주일(일요일)로 정하여 드렸다.

Ⅲ. 고대와 중세교회의 예배

사도시대 이후 기독교는 그 범위를 차츰 넓혀 가면서 교회 내부적으로도 다양한 발전들을 이루게 된다. 기독교 예배 역시 이 시기를 지나면서 새로운 형식과 내용들을 도입하고, 하나님께 드리는 예배를 보다 충실하게 하려는 노력들이 나타나게 된다.

1. 고대교회의 예배

고대교회시대는 사도시대 이후인 속사도로부터 약 5세기 말까지를 일컫는다. 이 시대는 기독교가 예루살렘을 벗어나 소아시아와 유럽까지 확산됨으로써 세계적인 종교로 탈바꿈하기 시작한 때라고 할 수 있다.

특별히 이 시대는 당시 예배를 짐작할 수 있는 문서들이 현존하여 귀중한 자료가 되고 있는데, 대표적인 것으로는 클레멘트(Clement of Rome)의 제일서신(A.D. 96년 경), 소아시아의 비씨니아(Bithynia) 장관이었던 플리니(Pliny)가 로마 황제 트라얀(Trajan)에게 보낸 서신(112년경), 열두 사도의 가르침을 기록한 디다케(the Didache, 130년경), 순교자 저스틴의 변증문(the Apology, 140년경), 히폴리투스가 편집한 사도전승(the Apostolic Tradition, 200년경) 등이 있다.

이 시대는 기독교 예배가 좀 더 체계화되면서 형식들을 갖추기 시작하게 되었는데, 그 특징들을 다음과 같다.

1) 예배가 크게 두 부분, 즉 말씀의 예전(the Liturgy of the Word)과 성찬 예전(the Liturgy of the Upper Room)으로 진행되었고, 여기에 다양한 순서들이 들어가게 되었다(성경봉독, 설교, 기도, 찬양, 성찬–평화의 인사, 봉헌, 봉헌기도, 성찬제정사, 성찬감사기도, 성물 분할, 주기도 등).
2) 성찬에 참여할 수 있는 사람이 세례를 받은 사람으로 자격이 규정되고, 세례를 받지 않은 예비신자는 말씀의 예전만 참여하고 돌아가며, 세례를 받은 신자들만 성찬 예전에 참여하였다.
3) 세례는 성부·성자·성령의 이름으로 행해졌으며, 예수 그리스도에 대한 분명한 신앙고백을 한 사람만이 받도록 했다. 무엇보다 세례교육을 시작함으로써 기독교 신앙에 대한 이해와 함께 세례자로서의 준비와 확고한 신앙을 갖도록 하였다.
4) 예배드리는 날이 주일로 정착되었고, 예배 인도를 위한 지도자가 세워져서 예배를 진행하였다.

2. 중세교회의 예배

중세시대는 교회사가들에 따라서 그 시대를 다양하게 나누고 있지만, 일반적으로는 6세기에서 종교개혁이 일어난 16세기까지 약 1,000년을 일컫는다. 이 시기 기독교에서는 십자군 운동, 수도원 운동, 그리고 대학을 설립하는 등 중요한 일들이 이루어지기도 하였다.

기독교가 공인된 이후 교회는 신학과 제도 등 모든 면에서 발전과 변화를 가져오게 되었는데, 특별히 중세시대로 접어들면서 교회가 하나님께 드리는 예배 예전(liturgy) 분야는 놀랍도록 발전하게 되었다. 중세교회의 예배에 나타난 특징들은 다음과 같이 언급할 수 있다.

1) 예배 예전의 발전기

이미 언급한 것처럼 중세교회에서 가장 큰 특징은 교회가 드리는 예배 의식들이 화려하고 장엄하게 발전하였다는 사실이다. 그래서 고대교회가 예배 예전의 형성기였다면, 중세교회는 예배 예전의 발전기라고 말할 수 있다. 예배 의식들이 장엄하고 화려해졌을 뿐만 아니라 예배에서 사용되는 음악도 발전하게 되었고, 상징이나 미술, 건축, 상징, 예전 복장(제의) 등 예배와 관련된 모든 분야들이 비약적으로 발전하였다. 특별히 중세 예전에서 사용된 음악이었던 그레고리안 챤트(Gregorian Chant)는 하나님께 드리는 예배를 더욱 풍성하도록 하였다.

2) 미사 중심의 예배

미사(Missa) 중심의 예배란 성찬 중심의 예배를 의미한다. 따라서 중세교회 예배는 성찬을 중심으로 한 화려한 의식들로 진행되었는데, 그러다 보니 자연스럽게 예배에서 말씀이 약화되어 버리게 되었다. 그 결과 교회는 하나님의 말씀을 듣기가 어렵게 되었고, 하나님의 말씀으로부터 멀어진 교회는 부패와 타락의 길로 들어설 수밖에 없었다.

3) 예배의 형식화

예배는 좋은 의식들과 함께 성령의 역사하심이 있을 때 참다운 예배가 된다. 그러나 중세교회는 화려한 의식은 있었으나 차츰 영적 생동력은 상실하고 말았다. 그 결과 교회의 예배는 형식화되고 빈 껍데기만 남게 되었던 것이다.

4) 사제 중심의 예배

예배는 예배를 인도하는 사람과 함께 예배에 함께한 회중들이 참여할 수 있어야 한다. 그러나 중세교회에는 그리스도의 대리인으로서의 사제가 모든 예배의 중심에 있음으로써 회중들은 한낱 피동적 방관자에 불과하게 되었다.

5) 중세에는 동방교회와 서방교회가 분열하게 되었고(1054년), 예배 역시 동방교회와 서방교회는 상당한 차이를 갖게 되었다.

헬라문화(Hellenistic culture)의 영향을 받은 동방교회 예전은 서방교회에 비해서 신비적인 면이 강했는데, 그 결과 상징이나 그림 등이 발달하게 되었다. 로마를 중심으로 한 서방교회는 보다 실용적이고 대중적인 측면이 예배에서 강하게 나타나 동방교회에 비해 의식이나 장식 등에서 간소한 모습들을 보였다.

중세교회는 예전적인 측면에서 많은 발전을 가져온 시기였다. 그러나 그 예배가 차츰 형식화되고, 말씀이 부재됨으로써 예배로서의 생명력을 잃게 되었다. 이런 현상은 필연적으로 종교개혁을 부를 수밖에 없는 요인이 되었다.

Ⅳ. 종교개혁기의 예배 : 개신교 예배의 출현

중세교회 예배가 생명력을 잃고 타락함으로써 중세교회 역시 타락할 수밖에 없었다. 예배는 교회의 바른 신앙을 보존하고 그 신앙에 의해서 교회는 바르게 세워지게 된다는 점에서, 예배가 타락한 중세교회는 필연적으로 타락할 수밖에 없었던 것이다.

알아들을 수 없는 언어(라틴어)로 진행된 미사는 회중들을 예배의 방관자로 만들었으며, 말씀이 부재된 예배는 사람들을 하나님으로부터 멀어지게 하였고, 지나친 신비의 강조는 예배 현장을 미신적으로 바꾸어 놓고 말았다. 사제 일방의 예배는 회중의 참여를 배제함으로써 예배의 역동성을 상실하게 하였다. 이런 상황에서 일어난 종교개혁은 무엇보다 교회가 하나님께 드리는 예배를 개혁할 수밖에 없도록 하였다. 이에 마틴 루터와 쯔빙글리를 비롯한 종교개혁가들은 예배 개혁과 관련하여 다음과 같은 내용들을 함께 주장하였다.[2)]

---

2) Robert E. Webber, *Worship Old & New : A Biblical, Historical, and Practical Introduction*(Grand Rapids : Zondervan Publishing House, 1994), pp. 110 - 112.

1. 그리스도의 희생제사(sacrifice of Christ)를 반복하는 것으로 여기는 중세 미사에 대해서 반대하였다.
2. 성찬 교리에 있어서 화체설(transubstantiation)을 거부하였다.
3. 예배에서의 말씀을 회복하고, 말씀과 성찬이 균형 있게 이루어져야 한다.
4. 예전 용어는 라틴어 대신 회중들이 알아들을 수 있는 자국어로 사용해야 한다.

종교개혁가들의 예배에 대한 입장을 살펴보면 다음과 같다.

1. 루터

루터(Martin Luther)는 중세교회 예배의 잘못된 부분은 개혁하되 가능하면 예전은 그대로 보존하고자 하는 입장을 취하였다. 그래서 그는 성찬도 매 주일 진행하도록 했으며, 예배에서 제단, 촛대, 성화, 십자가상, 종, 예복 등을 그대로 사용하도록 하였다. 물론 루터는 화체설을 거부하였으며, 예배에서 말씀(성경 봉독과 설교)을 강조하고, 예배는 자국어로 드리도록 하였으며, 찬송은 독일어 찬송을 만들어 부르기도 하였다(이 찬송은 개신교 찬송의 기원이 되었으며, 루터의 코랄〈Lutheran Chorale〉이라고 부른다).

2. 쯔빙글리

쯔빙글리(Huldrych Zwingli)는 루터보다 급진적 입장을 취하게 되는데, 교황권이나 공로 사상, 고해성사, 면죄부 등에 대해서 비판적이었으며, 예배에서도 중세 가톨릭적인 요소들을 제거하였다. 성찬도 기독교 예배에서 반드시 필요한 것으로 보지 않았으며, 또한 성찬을 매 주일 가질 이유도 없다는 입장에서 일 년에 4회 정도 갖도록 하였다. 교회에서 모든 상징을 제거하였으며, 음악에 있어서도 오르간 등 악기의 사용을 금지하고, 회중 찬송은 시편송으로 하도록 하였다. 또한 그의 예배 형식은 매우 간단하여 성경봉독, 기도, 신앙고백, 설교, 봉헌 등으로 이루어졌다.

3. 존 칼빈

존 칼빈(John Calvin)은 루터와 쯔빙글리의 중간 정도의 입장에 서게 된다(물론 존 칼빈의 예배는 당시 종교개혁가였던 마틴 부처〈Martin Bucer〉의 영향을 대부분 받은 것이다). 칼빈의 예배 역시 크게 두 부분, 즉 말씀의 예전과 성찬의 예전으로 구성되었는데 말씀의 예전에서는 예배로 부름, 죄의 고백과 사죄의 확신, 시편송과 성경봉독, 설교 등이 주요 순서가 되었다. 성찬은 매 주일 실시할 것을 주장하였고, 마틴 루터처럼 칼빈도 예배를 마칠 때 아론의 축도(Aaronic Blessing, 민 6 : 24 - 26)로 마치고 있다. 칼빈의 예배는 후에 장로교회를 포함한 개혁교회(the Reformed Church)에 많은 영향을 미치게 되었다.

4. 반예전적인 운동

종교개혁기를 거치면서 반예전적인 운동(anti - liturgical movement)이 일어나게 되는데, 그 기원은 영국의 청교도로 볼 수 있으며, 이들은 그동안 기독교 예배에서 이루어진 전통적인 의식들을 거부하고 보다 자유스러운 예배 형태를 취하기를 원하였다. 이러한 영향은 재세례파, 회중교회, 퀘이커교 등으로 이어지면서 오늘날 자유로운 예배 형태의 교회들에게 영향을 주게 되었다.

종교개혁은 이 땅에 개신교회(the Protestant Church)를 탄생시켰다. 그 결과 현재 기독교는 크게 동방정교회(Eastern Orthodox Church), 로마가톨릭교회(Roman Catholic Church), 그리고 개신교회(Protestant Church)로 나뉘게 되었다. 물론 개신교회 안에는 성공회, 루터교, 장로교, 감리교, 침례교 등 다양한 교파들이 존재한다.

교회의 입장에 따라서 어떤 교회들은 기독교 전통적인 예전을 그대로 보존하면서 예배를 드리려는 예전적 교회로(동방정교회, 가톨릭교회, 성공회, 루터교 등), 어떤 교회들은 예배의 형식보다는 보다 자유로운 분위기 속에서 예배를 드리려는 교회로, 그리고 어떤 교회들은 그 중간의 입장에서 예배를 드리고 있다.

그런가 하면 최근 들어서 개신교회들은 교파의 전통보다는 개교회의 입장에 따라서 자신들의 예배를 자발적으로 드리기도 한다. 이제는 어떤 하나의 통일된 예배보다는 다양한 형태의 예배를 통해서 하나님께 예배드리고 있는 것이다.

지금까지 우리는 구약으로부터 시작하여 종교개혁 시까지의 기독교 예배에 대한 역사적 개관을 함께 해 보았다. 예배의 역사를 공부하는 것은 단순히 과거의 예배를 알아보고자 하는 데에만 목적이 있는 것이 아니다. 과거 기독교의 예배를 배우고 이해함으로써 오늘 우리가 드리는 예배가 어떠한가를 판단할 수 있고, 더 나아가서는 미래 우리 교회들이 나아가야 할 예배의 방향도 예견할 수 있는 것이다.

오늘의 기독교 예배는 어느 한순간 갑자기 만들어진 것이 아니라 유구한 역사와 함께 형성되고 변천을 거듭해 온 것이다. 따라서 과거 기독교 예배를 바르게 이해함으로써 그것을 오늘의 상황과 어떻게 접맥시키고 적용할 것인가의 과제가 오늘 우리들에게 남겨져 있다. 전통에 대한 이해와 함께 그것을 오늘의 문화적 상황에 적절히 대응하는 지혜가 필요하다는 것이다.

적용과 실천

1. 예배의 역사를 통해서 느낀 점을 간단히 기록해 보자.

3과

예배순서 이해

3과

예배순서 이해

찬 송	"주님 주실 화평"(새 327장, 통 361장)
성 경	"우리가 마음에 뿌림을 받아 악한 양심으로부터 벗어나고 몸은 맑은 물로 씻음을 받았으니 참 마음과 온전한 믿음으로 하나님께 나아가자"(히 10 : 22).
본과의 목 적	본 과의 목적은 각각의 예배순서에서 무엇이 신앙으로서 고백되어지며, 그 순서가 예배자에게 무슨 의미를 주는지를 알아보는 데 있다.

함께 나누기

예배는 그리스도인들이 교회라고 하는 공동체에 모여 정해진 시간과 공간에서 반복적으로 혹은 규칙적으로 행하는 의례다. 예배를 통하여 그리스도인은 자신의 신앙을 표현하고 강화하며 신앙적인 가치를 내면화한다. 여기에 예배의 반복성과 규칙성이 중요하다. 예배자는 반복적 예배를 통해 말과 행동이라는 수단으로 신앙을 표현하고, 머리로만이 아닌 온몸으로 신앙의 내용을 강화하며 학습한다. 예배자는 신앙고백을 통해 신앙을 표현하고, 성경말씀과의 대면을 통해 새로운 의미작용을 일으키고, 신앙인으로서의 정체성을 다시 한번 확인하며, 새 힘을 얻어 세상 속으로 파송된다. 모든 교회가 하나의 신앙을 고백하지만 각각의 교회공동체는 나름대로 다양한 표현방식을 가지고 있다.

✠ 함께 학습하기

예배순서의 이해에 대한 설명은 「예배 예식서」[1]에 설명되어 있다. 간략하지만 예배순서에 대한 역사와 신학을 잘 정리해 놓았다. 본 과에서는 예배자의 입장에서 예배순서를 통하여 어떤 의미를 발견할 수 있는지에 초점을 맞추어서 보고자 한다. 또한 다양한 순서에서 볼 수 있는 신앙의 여러 가지 표현을 이해하고자 한다.

Ⅰ. 예배순서는 다양한 구성요소들의 유기적 통합체이다.

예배에는 다양한 구성요소들이 있다. 다양한 구성요소들은 분리된 것이 아니라 유기적 통합체이다. 예배는 일상적인 시간과 공간으로부터 초월된 전혀 새로운 우주를 경험하는 시간과 공간이다. 예배는 심층적 영적 세계이다. 즉, 초월적인 하나님과 만나는 시간과 장소이다. 예배자는 하나님과 만나기 위해 예배로 들어간다. 예배 안에서 하나님과 대면한 다음 우리는 우리의 일상적인 시간과 공간으로 돌아간다. 그래서 모든 공예배의 순서는 하나님을 만나러 들어가고, 하나님을 만나고, 다시 세상을 향하여 나가는 구조를 지니고 있다.

우리가 예배를 하나님과의 공동체적인 만남이라고 규정한다면, 거기에도 최소한의 순서와 절차라는 형식이 있을 수밖에 없다. 우리는 하나님과의 만남을 인간과의 만남과 유비해서 구성한다. 여기서 최소한의 순서와 절차란 하나님을 만나기 위해 그분의 세계에 '들어감', 그런 지극히 거룩한 분과의 '만남', 하나님의 영역으로부터 '나옴'의 구조를 의미한다.

구약의 성막예배에는 이와 같은 하나님을 만나는 상징적 구조가 들어 있다. 지금은 성막도 성전도 모두 사라졌지만 성막예배의 구조는 오늘날 우리가 드리는 예배의 원형(原型)이다. 제사장은 성막 문으로 들어가서 성막 뜰을 지나 성소에 들어가며, 지성소의 속죄소에서 하나님을 만나고 다시 나와서 일상으로 돌아간다.

---

1) 총회예식서개정위원회 편, 「예배 예식서」(표준개정판, 2008), pp. 27-39.

사람들이 일상의 관계에서 만나고 헤어지는 데도 반드시 순서와 절차를 따르기 마련이다. 이는 우리가 일상생활에서 어떤 사람과 깊은 만남을 갖기 위해 집을 방문하는 것에 비유할 수 있다. '대문' 을 통과하여 '마당' 을 거쳐 집으로 들어가 '거실' 에서 만난다. 그리고 더 깊은 관계라면 '안방' 까지 들어가 대화를 나눈다.

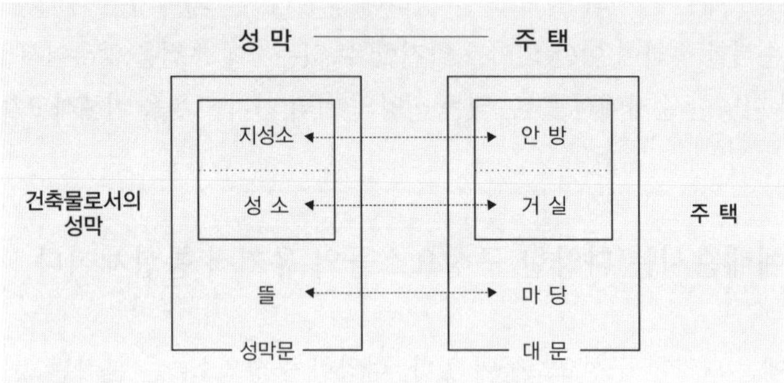

예배공간과 주택공간은 우리의 심리적 공간과 깊은 연관이 있다. 인간을 '영-혼-육' 의 존재로 이해할 때 그저 얼굴을 보고 만나는 일차적인 만남을 '육체적' 만남이라고 한다면, 다음에 마음이 통하는 '정신(혼)의' 만남이 있고, 가장 깊은 '영적인' 만남이 있을 것이다.

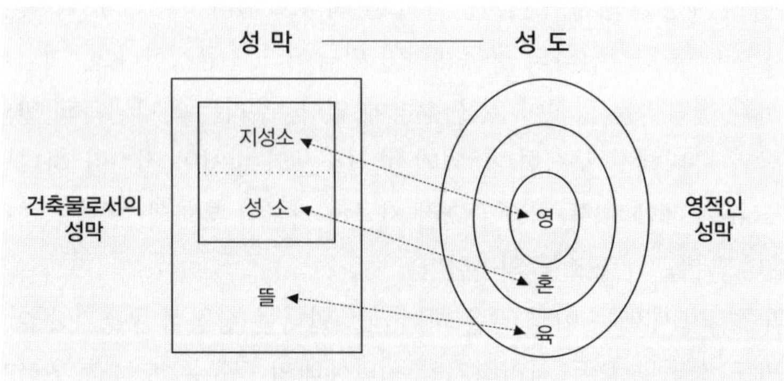

예배순서 역시 시간적 구조와 동시에 공간적 구조, 심리적 구조를 가지고 있다. 이런 예배구조는 예배의 공간적 구조뿐만이 아니라 시간적 진행의 구조와도 밀접한 관계를 맺고 있다. 하나님과의 만남이 목적인 예배는 가장 깊은 곳에서 가장 깊은 만남이 일어나는 장소와 시간의 구조를 가지고 있다. 이렇게 예배순서의 진행과정은 하나님과의 가장 깊은 만남을 위한 상징적인 순서를 가지고 있다.

오늘날 한국교회에서 드려지는 예배가 다양하게 변화하고 발전하고 있다. 하지만 예배의 정신은 변할 수 없는 것이다. 예배의 기본 골격은 여러 순서들이 모여 유기적으로 통합된 하나의 단일체다. 그리고 예배의 모든 요소들은 하나의 단일체인 예배를 구성하기 위해 중요한 의미를 가지고 있다. 예배는 하나님의 부르심에 응답한 인간이 하나님을 만나는 여정이다. 따라서 하나님을 만나는 과정 하나하나가 모두 의미 있고 소중하다.

우리는 어떤 집을 방문할 때 현관도 통과하지 않고서는 주인을 만날 수 없고, 주인과 먼저 인사를 나눈 후에야 그와 대화할 수 있다. 그리고 더 깊은 대화를 통해서 주인과 깊은 교제를 나눌 수 있다. 그리고 다시 그 집을 나온다. 모든 순서들은 저마다의 의미를 지니고 있다. 그저 의미 없이 자리를 차지하고 있는 순서는 없다. 예배의 전 과정은 하나의 통합체이고, 그 과정을 이루는 순서들은 통합체를 이루는 원리에 따라 유기적으로 배치되어야 한다.

본 과에서는 한국교회에서 가장 일반적으로 드려 왔던 예배순서를 선택했다. 예배는 하나님을 만나러 들어가는 행위에서 시작하여, 그분과 만나서 말씀을 듣고 식사를 나누는 행위를 거쳐, 다시 세상으로 되돌아 나오는 행위로 마친다. '들어감'은 개회예전으로, '만남'은 말씀예전과 성찬예전으로, '나옴'은 파송예전으로 구체화된다. 이러한 기본구조는 예배 안에서 구체적으로 개회예전, 말씀예전, 성찬예전, 파송예전의 골격을 갖추게 된다.

Ⅱ. 예배순서 해설

1. 개회예전

우리는 여러 가지 방법으로 예배를 시작할 수 있다. 종소리, 찬양, 또한 징을 울림으로써 예배는 시작된다. 종소리와 함께 예배를 시작하는 것은 한국 개신교 예배의 오랜 전통이다.

1) 첫 찬송

예배를 시작하는 방법은 한목소리로 첫 찬송을 부르는 것이다. 이 방법의 경우 대체로 예배집례자, 순서를 맡은 사람들, 그리고 찬양대의 입례가 따른다. 예배참여자들이 모두 일어나서 찬송을 부를 때, 예배집례자와 순서를 맡은 사람들이 예배당의 맨 뒷자리에서 설교단과 강단을 향해 앞쪽으로 나아가는 것은 예배참여자 모두가 하나님께로 나아가는 것을 상징적으로 표현하는 것이다. 그러므로 입례는 예배집례자와 순서담당자들이 앞으로 걸어 나아가듯 예배참여자 모두가 하나님께로 나아가는 것을 상징하는 신앙적 의미를 지닌다.

그런데 입례 때 왜 찬송을 부르는가? 이때 찬송은 개인이 예배공동체로 거듭나게 되는 기능을 한다. 예배참여자들은 삶의 자리가 다양하고 마음에 품은 생각과 동기가 다르다고 하더라도 함께 찬송을 부르고 서로의 찬송소리를 들으면서, 곧 찬송이라는 공동의 행위를 하면서, 예배에 모인 사람들은 하나의 공동체로 결합된다. 이외에도 찬송으로 예배를 시작하는 것은 또 하나의 중요한 의미를 지닌다. 예배를 찬송으로 시작하는 것은 예배에서 회중이 수동적인 참여자이거나 단순한 경청자가 아니라 목회자와 더불어 예배를 드리는 적극적인 집례자들이라는 사실을 분명하게 드러내 준다.

2) 징

징을 울리면서 예배를 시작하는 교회가 있다. 이 방법은 적극적으로 예배의 토착화를 이루어 보려는 교회에서 쓰인다. 징을 울리면서 하나님의 임재를 기원하는 것이다. 징 울림은 상징적 행위이다. 하나님이 함께하시길 원하는 인간들의 간절한 소망을 상징적으로 표현한다. 징 울림은 또한 기능적으로 회중의 주의를 환기시키는 역할을 한다. 이런 점에서 징은 강대상 위에 놓인 종과 그 기능이 동일하다. 징을 울리는 대부분의 교회에서 징소리만으로 개회예전이 끝나는 것이 아니라 징소리와 더불어 시작하든지, 찬송을 시작하든지 하는 신호로서 사용한다.

3) 부르심(예배로 부름)

우리가 예배를 어떤 방식으로 시작하든지, 하나님을 만나러 들어가는 데는 하나님의 부르심이 선행한다. 하나님께서 우리를 초대하여 주셨기에 우리는 예배할 수 있다. 하나님의 초대는 예배순서에서 주로 예배로의 부름으로 표현된다. 예배자를 부르시는 하나님의 부르심과 하나님을 부르는 성도의 부름의 중심에 집례자인 목사의 역할이 놓여 있다. 그러나 때로 예배로의 부름이 생략된 채 예배 시작 기도에 그 내용만이 포함되기도 한다. 하나님의 초대는 우리가 왜, 어떻게, 누구를 향하여 예배드리는지에 관해 분명하게 윤곽을 그려 준다.

4) 인사

개회예전에서 예배집례자와 회중이 인사를 주고받는 경우도 있다. 예배집례자가 "주께서 여러분과 함께하시길"이라고 하면 회중은 "목사님께도 함께하시길 빕니다."라고 응답한다. 그런데 이는 단순한 인사가 아니다. 그것은 예배집례자에 대한 예배공동체의 승인을 의미한다. 예배집례자로 나선 사람이 예배를 인도하도록 공동체가 그에게 위임한 사실을 승인하는 절차인 것이다.

5) 개회 기도(기원)

이제 개회예전은 기도만을 남겨 두고 있다. 넓은 의미에서 기도는 마음속으로 혹은 소리를 내면서 개인적으로 혹은 집단적으로, 사적으로 혹은 공적으로 신앙인의 몸과 마음을 하나님께 향하는 모든 것을 뜻한다.

2. 죄의 고백과 사죄의 확신

그 다음으로 대개의 경우 죄의 고백과 사죄의 확신이 이어진다. 초대받은 예배 참여자는 먼저 자신이 초대받기에 합당한 인물인지 성찰해 보아야 한다. 이런 의미에서 우리는 죄를 고백한다. 그런데 죄의 뉘우침은 하나님께서 우리를 확실히 용서해 주실 것이라는 확신을 전제로 한다. 그런데 우리는 죄의 고백과 사죄의 확신 사이에 한 순서가 삽입되어야 함을 유의해야 한다. 그것은 바로 용서의 간구다. 곧 "주여, 우리를 불쌍히 여기소서." 혹은 "키리에 엘레이손"이다. 용서의 간구는 인간의 죄를 용서할 수 있는 존재는 오직 하나님뿐이라는 사실을 공적으로 시인하는 순서다.

3. 시편교독과 송영

예배에 초대해 주시고 뉘우침을 용서로 갚아 주시는 하나님께, 이제 인간이 할 수 있는 일은 감사와 영광을 돌리는 것이다. 그래서 죄의 고백 및 용서의 간구와 선언 후에 하나님을 높이고 그분께서 행하신 일에 대해 경탄하고 감사드리는 순서가 이어지는 것이 보통인데 이는 시편교독과 송영으로 표현된다.

4. 목회기도

기도에는 4가지 측면이 있다. 그 첫째는 하나님을 경배하고 찬양하는 것이다. 둘째 측면은 인간의 죄를 인정하고 하나님께 고백하는 것이다. 셋째는 인간에게 필요한 바를 하나님께 구하는 것이다. 넷째 측면은 인간의 기도에 응답하시는 하나님께 감사를 드리는 것이다.

한국교회에서 흔히들 '대표기도'라고 불리는 기도에는 다음과 같은 의미가 들어 있다. 첫째, 공동체의 염원이다. 이런 의미에서 교회의 기도라고 할 수 있다. 여기에서 교회란 넓은 의미의 그리스도교 공동체를 의미하므로 우리가 속한 지역교회만을 위한 기도를 지칭하는 것은 아니다. 이 순서는 전 세계의 그리스도인들이 공동으로 관심하고 있는 일에 대한 아룀과 간구를 모아서 드리는 기도순서다.

둘째, 오늘의 예배와 관련된 주제들이다. 이런 의미에서 오늘의 기도라 할 수 있다. 그날의 특별한 간구를 하나님께 요약적으로 아뢰는 것이다. 교회력상의 절기나 절일과 관련된 예배의 주제를 모아서 드리는 기도순서다.

셋째, 집례자가 목양자로서 보이는 책임과 정성이다. 이런 의미에서 목회적 기도라고 할 수 있다. 예전 전통이 강한 교회들에서 이 기도는 예배집례자, 곧 목회자에 의해서 드려지고 있다. 하나님의 백성들을 위탁받아 섬기는 책임을 지닌 목양자로서의 예배집례자가, 그들이 살고 있는 상황에서 발생된 죄와 모순을 하나님께 고하고 돌보심을 간구하는 것이다.

기도가 끝나면 회중들은 "아멘" 하고 화답한다. 아멘은 "그렇게 되기를 바란다." 라는 뜻을 지니고 있기에 기도의 내용에 대한 회중의 확인과 수용을 의미한다. 회중은 아멘으로 대표자가 드린 기도에 동참하고 동의하며, 그것을 자신의 기도로 만든다. 이런 의미에서 아멘은 기도내용에 대한 회중들의 공동서명이라고 할 수 있다.

그런데 즉석에서 하는 기도가 형식을 사용하여 준비한 기도보다 더 성령의 감동에 의거한 것이며, 그래서 더 좋은 것이라고 평가하는 태도는 옳지 않다. 기도의 형식은 신앙의 선배들이 쌓아 온 지혜의 결과물이기에 결코 폄하될 수 없다.

또한 정해진 형식으로 인해 성령의 역사가 제한되는 것이 아니기 때문이다. 공예배에서 하나님을 만나는 예절이 필요하듯이 오늘의 기도에도 형식이 필요하며, 말씀선포가 철저히 준비되어야 하듯이 기도도 그렇게 준비되는 것이 마땅하다. 준비가 있는 기도는 신앙의 성실함을 보여 줄 수 있고, 하나님을 향한 무례한 요구를 절제하도록 유도할 수 있다. 그래서 예수께서도 우리에게 주기도문을 일러주셨다.

5. 말씀예전

그리스도교 예배가 진정한 예배가 될 수 있는 것은 예수 그리스도의 구원사역과 부활이 증언되기 때문이다. 또한 예수님께서 친히 '아버지'라 부르신 하나님의 창조능력과 성령의 역사가 증언됨으로써 예배다운 예배가 된다. 따라서 그리스도교의 예배는 하나님의 창조사역을 찬양하고 증언하며, 예수 그리스도의 죽음과 부활, 그리고 구원을 기억하고 증언하며, 계속되는 성령의 역사를 감사하고 증언하는 것을 그 내용으로 삼아야 한다.

예배에서 예수 그리스도에 관한 이와 같은 진술은 오늘날 인간의 삶과 관련을 맺어야 한다. 만약 예수 그리스도의 사건이 현대인들의 삶의 정황(context)에 비추어 재해석되지 않는다면, 그야말로 생명력 없는 낡은 교리의 지루한 나열에 머물고 말 것이다. 그러므로 예배에서 예수 그리스도의 빛 아래에서 오늘날 인간의 삶의 정황을 해석하고 그로부터 신앙적 의미를 도출해 내는 일은 필수적이다. 그래서 예배의 순서들 가운데 가장 중심적 위치를 가진 순서가 말씀예전이다.

말씀예전은 성경봉독, 설교, 그리고 신앙고백으로 구성된다. 모든 예배의 순서가 하나님의 초대에 대한 인간의 응답이라는 구조로 이루어져 있듯, 말씀예전 또한 하나님 말씀의 선포와 인간의 고백으로 이루어져 있다. 말씀예전에서 우리는 성경봉독을 통하여 하나님의 말씀을 듣고, 설교를 통해 현 시대를 향한 그분 말씀의 진정한 의미를 전달받는다. 이에 우리는 신앙고백으로 응답한다.

1) 성경봉독

전통적으로 두세 개의 본문이 성경봉독 순서에서 읽혔다. 구약성서, 서신서, 복음서, 설교본문 등이 봉독되었는데, 이 두세 본문은 서로 연관성을 갖고 있었다.

이때 기준이 되는 것은 주로 복음서였다. 오늘날에도 예전 전통을 중요하게 생각하는 교회들에서는 세 개의 본문이 봉독되는데, 대개의 경우 구약성서, 서신서, 그리고 복음서의 순서다.

성경은 구원의 역사에 관한 신앙공동체의 기억을 공유하기 위해 기록된 경전이다. 따라서 성경은 공동의 기억을 지속하기 위해서 그리고 공동의 기억에 근거해서 현재와 미래의 삶의 정황을 신앙적으로 해석하기 위해서, 공예배에서 반복적으로 읽혀져야 한다. 더 나아가 성경은 예배공동체를 그리스도인들의 공동체로 만들기 위해서도 계속적으로 읽혀져야 한다. 개신교 예배에서는 설교의 중요성은 매우 강조되는 반면, 성경봉독은 설교의 본문을 소개하기 위한 보조적 단계로 이해되는 경우가 많다. 하지만 예배에서 성경봉독 역시 설교와 함께 중심적인 순서라고 할 수 있다.

2) 찬양대 응답송

성경 본문이 봉독된 후 찬양대나 공동체의 응답송이 이어질 수 있다.

3) 설교

개신교는 종교개혁 이후 하나님의 말씀 위에 굳게 선 예배를 드려야 한다는 신념으로 설교중심의 예배를 지속적으로 발전시켜 왔다. 설교는 회중찬송과 더불어 종교개혁 이후에 확고한 형태를 지니게 된 예배순서다. 종교개혁적 전통에 따르면 공동체의 모든 구성원들이 말씀선포의 책임을 지니고 있음에 분명하다.

설교의 본질은 무엇인가? 설교는 지금, 이곳에 내려지는 성서적 복음의 선포이다. 또한 설교는 성서를 통해 제기된 문제에 관한 신앙적 숙고이다. 설교는 인간의 목소리로 전달된다. 즉, 하나님의 말씀은 인간의 언어를 통하여 매개되고 표현된다. 우리는 그 매개체가 지니는 한계를 인식해야 한다. 그럼에도 하나님은 그 인간적인 한계를 뚫고 우리에게 말을 걸어오신다.

하나님의 말씀은 중요하다. 개신교 예배에서 하나님의 말씀은 예배를 살리기도 하고 무너뜨리기도 할 수 있는 결정적인 요소다. 그러나 말씀은 인간의 구술언어에 한정되는 것이 아니다. 즉, 설교를 통해서만 전달되는 것은 아니다. 성찬을 통해서도 하나님의 말씀은 전달된다. 보이는 방식으로 말이다.

4) 신앙고백

설교 후에 우리는 신앙고백으로 하나님께 응답의 말을 건넨다. 신앙고백문은 초기 그리스도교 공동체의 세례신앙고백문에 그 기원을 두고 있다. 예배에 신앙고백 순서가 도입된 것은 5세기 후반 동방정교회에서였다. 그 후 서방교회에서도 차츰 신앙고백 순서를 예배에 도입하였다. 초기에는 몇몇 축일에만 신앙고백문을 암송하였다. 현존하는 신앙고백문으로는 사도신경, 니케아 콘스탄티노플 신경, 그리고 아타나시우스 신경을 들 수 있다.

지역적 다양성과 사회문화적 상이성에도 불구하고 하나의 신앙고백을 암송하는 것은 교회의 하나 됨을 드러내는 탁월한 상징이라고 할 수 있다.

신앙고백은 하나님을 향한 우리 신앙의 종합적인 응답이며, 성경봉독과 설교에서 선포된 복음을 매듭짓는 성대한 '아멘'이다. 설교를 통해 옛 사람들의 구원역사가 오늘 여기에서 우리의 삶과 관련을 맺게 되고, 신앙고백을 통해 과거의 구원역사가 오늘의 구원역사가 됨을 고백하게 되는 것이다. 따라서 신앙고백 순서는 과거의 신앙진술을 단순히 암송하는 시간이 아니라 오늘의 신앙을 능동적으로 고백하며 응답하는 시간이다.

세례받은 신자들만이 참여할 수 있어서 신자들의 예배라고 불리는 성찬예전에 들어가기 전에 신앙고백문을 암송하는 까닭은 이런 암송이 신자와 비신자를 자연스럽게 구분할 수 있는 기준이 되기 때문이다. 이런 사실을 염두에 두면 신앙고백이 '설교 후'에, 곧 말씀예전을 매듭짓고 성찬예전을 시작하는 자리에 놓이는 것이 지극히 자연스럽다.

6. 성찬예전

초대교회 시절에는 말씀예전이 끝난 후 성찬예전이 이어졌다. 우리나라 대부분의 개신교회에서는 설교를 마치면 예배가 거의 끝난다. 뒤에 남은 순서는 봉헌과 교회소식, 그리고 축도다. 주님의 만찬은 자주 행해지는 예전이 아니다. 분기에 혹은 월에 한 번씩 행해지는 예전일 뿐이다. 물론 매주 성찬을 거행하는 교회가 없는 것은 아니다. 성찬은 종교개혁의 전통을 이어가는 개신교 예배에서 빼놓을 수 없는 중심요소이다.

7. 감사예물과 봉헌기도

감사의 예물은 하나님의 초대에 응답해서 우리 소유의 일부를 감사와 기쁨의 표시로 드리는 것이다. 감사의 예물은 신앙을 증거하는 일에 쓰이거나 인간에게 봉사하는 일, 곧 디아코니아에 사용되게 된다.

초대교회에서는 예배참여자들이 성찬에 쓰일 빵과 포도주를 감사예물로 봉헌하면 그것을 그대로 성찬 식탁 위에 올려놓았다. 4세기 무렵부터 그리스도인의 수가 증가하고 예배에 참여하는 사람들의 수가 증가하면서, 성찬예전에 쓰일 빵과 포도주뿐만 아니라 자선을 위한 물품과 성직자의 생활을 부양하고 교회의 운영에 소용되는 예물을 봉헌하게 되었다.

그 당시 예배참여자들은 감사의 예물을 봉헌할 때 한 줄로 늘어서서 행렬을 만들어 성찬 식탁 앞으로 나아갔다. 그런데 행렬이 길어지게 되자 봉헌송과 같은 예배적 요소들이 생겨나게 되었다. 11세기 이후에는 화폐제도가 발달하면서 예물봉헌이 헌금으로 바뀌게 된다. 이때부터 예물을 드리는 행렬도 없어지게 되었고 대신 봉헌기도가 등장하게 되었다.

8. 파송예전

우리는 성찬예전이 끝난 다음부터 최종 마무리까지의 부분을 '파송예전' 이라고 부른다. 파송예전은 세상으로 보냄을 준비하는 예전이다. 초기 그리스도교에서는 성찬예전 이후에 별도의 예식 없이 예배를 마쳐왔던 것으로 보인다. 그 후 4~6세기에 파송예식이 점차 자리를 잡아간 것으로 추측된다. 이렇게 정착된 파송예전은 교회소식, 교회기도, 파송사, 그리고 축도로 구성된다.

1) 교회소식

예배는 하나님과 인간이 주고받는 수직적 차원만을 지니지 않는다. 예배에서 함께 예배드리는 인간들 사이의 상호작용 역시 매우 중요하다. 교회소식은 바로 이런 예배의 수평적 차원을 드러내는 것이다. 따라서 함께 예배드리는 아무개가 무슨 일을 당했는지, 어떤 문제로 교회의 기도가 필요한지 등을 알게 하는 교회소식이 예배 안에서 행해지는 것은 전혀 문제가 되지 않는다. 오히려 교회소식은 지극히 예전적이다. 교회소식은 공동체의 관심사를 공동체에 널리 알린다는 의미가 있기 때문이다.

2) 교회의 기도

성찬예전에서 교회의 기도를 드리지 않았다면 파송예전에서 교회소식의 나눔과 연결해서 교회의 기도를 드리는 것이 좋다. 그런데 이런 교회의 기도는 목회기도의 성격을 띠게 된다.

3) 파송사

축도 전에 회중들을 그들의 일상으로 인도하는 간단한 파송사를 첨가할 필요가 있다. 파송사의 내용은 공동체를 향한 목회자의 권면으로 이루어진다.

4) 축도(강복선언)

사람을 보내거나 예식을 마감하면서 축복하는 것은 본래 유대인들의 오랜 풍습이었다. 아마도 오늘날 예배의 끝부분에 놓이는 축도는 이러한 유대인들의 풍습으로부터 유래한 것으로 추측된다. 10세기 전후 예전적인 요소로서 축도가 공식적으로 예배에 들어왔다. 축도는 이제 시작되는 한 주 동안의 삶과 경험을, 그리고 일상의 기쁨과 고통을 하나님의 특별한 보호 아래 두는 것이다. 축도는 회중이 세상에 흩어져 각자의 사명을 다하는 데 필요한 하나님의 힘과 은총을 전달한다.

일반적으로 축도의 내용은 두 가지 성경 본문에서 유래한다. 그 하나는 "주께서 너에게 복을 주시고, 너를 지켜주시며, 주께서 너를 밝은 얼굴로 대하시고, 너에게 은혜를 베푸시며, 주께서 너를 고이 보시어서, 너에게 평화를 주시기를 빈다"(민 6 : 24-26)이다. 다른 하나는 "주 예수 그리스도의 은혜와 하나님의 사랑과 성령의 사귐이 여러분에게 있기를 빕니다"(고후 13 : 13)이다.

회중은 축도를 "아멘."으로 받아들인다. 이는 파송의 사명을 받아들인다는 것을 의미한다. 개신교의 경우 파송예전은 목사의 축도와 회중의 아멘, 그리고 찬양대의 송영으로 구성된다. 때로는 예배의 전체 순서에서 개인적인 의미작용을 일으킬 여유가 없을 때가 있다. 이런 문제점을 해소하기 위해 우리는 축도 후 찬양대 송영을 듣고 다시 자리에 앉아 오르간 후주 등의 찬양을 들으면서 그날의 예배를 개인적인 차원에서 정리하고 마감할 필요가 있다.

파송예전을 끝으로 공예배는 마무리된다. 그러나 이 마지막은 사실 세상을 향해 열려진 마지막이다. 하나님의 뜻을 행하는 우리의 일상적인 삶 또한 예배라는 사실을 기억해야 한다. 우리의 일상에서 삶의 예배는 계속된다. 사람을 만나면서, 일하면서, 먹고 마시면서 우리의 예배는 계속되기 때문이다.

✚ 적용과 실천

1. 예배순서의 의미에 대한 강의를 듣고 새롭게 알게 된 내용은 무엇인가?

____

____

2. 과거에 습관적으로 드렸던 예배순서 중에서 새로운 의미를 알게 되었던 순서는 무엇인가?

____

____

3. 예배순서의 의미를 알고 나서 주일학교 또는 구역모임 등 소그룹 예배를 인도할 때 유용하게 활용될 내용을 나누어 보자.

____

____

4과

예배시간과 교회력

4과

예배시간과 교회력

찬 송	"아침 해가 돋을 때"(새 552장, 통 358장) (찬송은 가능한 대로 본 과를 공부하는 때에 해당되는 절기찬송을 선택하여 부른다.)
성 경	"너희는 누룩 없는 자인데 새 덩어리가 되기 위하여 묵은 누룩을 내버리라 우리의 유월절 양 곧 그리스도께서 희생되셨느니라 이러므로 우리가 명절을 지키되……" (고전 5 : 7-8).
본과의 목 적	교회력은 '예수 그리스도의 탄생, 사역, 수난, 죽으심, 부활, 영으로 임하심, 그리고 재림 안에서 완성되어진 우리의 구원역사를 매년 재현하는 것' 인데, 본 과는 예수 그리스도의 구속사를 중심으로 이루어진 교회력의 의미에 대해서 깨닫고, 그에 따른 올바른 절기예배를 드리도록 하는 데 그 목적을 둔다.

함께 나누기

미국 보스턴에서 공부할 때였다. 한 번은 한 성도님 댁을 방문하게 되었는데, 그는 유대인들이 많이 거주하는 마을(town)에서 살고 있었다. 그런데 많은 유대인들이 집 앞 잔디에서 텐트를 치고 생활하고 있는 것이었다. 그들은 좋은 집을 놔두고 불편한 텐트생활을 하고 있었다. 그리고 알게 된 것은 그때가 바로 유대인들의 장막절 기간이라는 사실이었다. 전통적인 유대인들은 지금도 그들의 고유의 절기가 되면 그 절기를 철저하게 지킨다. 예를 들어 장막절이 되면 집 앞에 텐트를 치고 지내면서 아이들을 학교에 보내지도 않고, 그 속에서 자기 조상들이 광야에서 유리방황하던 때의 모습을 율법을 읽히면서 가르친다. 그러면서 자신들이 누구인가를 철저히 가르친다. 나는 그들의 모습 속에서 전 세계에 흩어져서 2천

년 동안 나라도 없이 유리방황하던 유대인들이 어떻게 그 민족성과 문화, 그리고 자신들의 정체성을 잃어버리지 않을 수 있었는가에 대한 이유를 알 수 있었다. 그것은 바로 절기를 통한 종교교육, 절기를 통한 뿌리교육이었다. 절기를 지킨다는 것은 이렇게도 중요하다. 절기예배를 통해 우리는 하나님의 구속의 사건을 재현한다. 그리고 우리는 그 속에서 하나님의 구속의 사건을 체험하고 우리가 누구인가를 더욱 분명하게 깨닫게 된다.

✠ 함께 학습하기

Ⅰ. 기독교는 시간을 중요시하는 종교

기독교에 있어서 역사적 시간이란 하나님이 알려지는 현장이다. 창세기의 말씀에 의하면 시간은 하나님의 창조물이다. 그러므로 시간은 하나님께 속해 있다. 시간은 어제와 오늘이요, 시작과 나중이요, 알파와 오메가이신 주님께 속해 있다. 그런데 시간의 주인이신 하나님께서는 시간과 날들과 연들의 제한을 받고 있는 우리들을 위하여 시간 속에서 역사하신다. 그러므로 시간이 없다면 우리는 하나님에 대한 올바른 지식을 가질 수가 없게 된다. 왜냐하면 하나님께서는 역사의 시간 속에서 일어난 실제 사건들을 통하여 자신을 계시하시기 때문이다. 그래서 신구약의 많은 사건들은 시간이 하나님의 창조적이고 구속적인 사건들을 이루는 도구로서 사용되어졌음을 증거하고 있다.

역사적인 출애굽의 사건, 홍해를 건넌 사건, 광야 40년을 인도하신 사건, 약속의 가나안 땅의 정복 사건, 사사들과 선지자들을 통한 구원의 사건들, 이런 수많은 역사적인 사건들 속에서 하나님께서는 구속의 역사를 이루셨다. 그리고 그 수많은 사건들 가운데 가장 대표적인 사건이 바로 '성육신'(Incarnation) 사건이다. 이 사건은 역사의 전환점으로서 무한하시고 시간을 초월하시는 하나님께서 유한한 역사 안에, 시간 안에 들어오셔서 자기 자신을 나타내 보이신(self-disclosure) 사건들 중에 가장 중요한 사건이다. 그리고 하나님께서 이렇게 우리 인간의 역사라는 시간 안에 들어오신 그때는 바로 이 세상의 정치적 사건들이 벌어지고 있던 것과 똑같은 시간이었다. 예를 들어 "유대왕 헤롯의 때에"(눅 1 : 5) 또는 "이것은 구레뇨가 수리아의 총독이 되었을 때"(눅 2 : 2)와 같은 시간이었다. 이처럼 성경은 하나님께서 자신의 모습을 우리에게 나타내 보이심의 사건이 구체적인 시간과 공간을 통하여 이루어졌음을 증거하고 있다.

그러므로 역사(시간)는 하나님께서 일하시는 현장이요, 하나님의 창조적이고, 구속적인 사건들이 일어나는 현장이요 도구이다. 즉, 역사나 시간은 하나님의 활동영역으로써 인정되어지는 것이다. 그런 의미에서 기독교는 역사적인 시간을 중요시하는 종교이다.[1]

1. 예배와 시간

이렇게 기독교가 시간을 중요시하는 종교라고 할 때 한 가지 의미 있게 생각해 보아야 할 것이 있다. 그것은 바로 기독교 안에서의 시간의 중심성이(the centrality of time in Christianity) 가장 잘 반영되어지는 곳이 바로 예배의 현장이라는 사실이다.[2] 즉, 기독교 예배는 시간을 예배의 가장 기초적인 구조로 사용한다. 다른 말로 말하자면 기독교 예배는 시간의 기초 위에 세워져 있다고 해도 과언이 아니다. 즉, 기독교 예배는 날(day), 주(week), 그리고 연(year)의 반복되는 리듬[3] 위에 그

---

1) James F. White, *Introduction to Christian Worship*, 3rd ed.(Nashville : Abingdon Press, 2001), p. 47.

2) Ibid., p. 48.

3) 예를 들어 한국교회는 매일 새벽 5시에 새벽예배(기도회)를 드리며, 매 주일 오전 11시경에 주일예배를 드리며, 또한 부활절과 성탄절, 그리고 오순절 등의 절기예배를 매년 드린다.

4) 아남네시스(anamnesis)는 과거를 현재로 가져온다는 개념이다. 다시 말해서 이것은 우리가 예배 속에서 과거의 사건을 그대로 재현할 때 성령님의 역사를 통하여 과거의 구원의 사건이 바로 오늘 나의 사건으로 경험되어지는 것을 말한다. 우리는 예배 시간에 이런 아남네시스의 행위를 끊임없이 하고 있다. 예를 들어 우리가 성탄절 전날 예배를 드릴 때 "그 어린 주 예수"(108장) 찬송을 부른다고 하자. 그 찬송의 내용은 예배자가 2천 년 전의 말구유에 서서 아기 예수 그리스도를 바라보며 고백하는 내용으로 되어 있다. 예배자가 그 찬송을 부르면서 고백하는 바로 그 순간에 그는 2천 년 전의 현장에 서서 예수 그리스도를 보고 찬양하는 경험을 하게 되는 것이다. 이것이 바로 아남네시스의 행동이다. 그러므로 우리가 예배드릴 때 이 아남네시스의 행동을 통하여 우리는 2천 년 전의 아기 예수님이 바로 나를 구원하시기 위하여 탄생하심을 깨닫고, 고백하고, 감사하고, 감격하게 된다.

구조를 이루고 있어서 시간의 흐름과 주기를 축하하는 것이 언제나 기독교 예배의 가장 중요한 요소가 되어 왔다.

우리는 시간을 중심으로 이루어진 예배의 현장에서 과거에 역사하신 하나님을 만나게 된다(아남네시스).[4] 또한 우리는 예배의 현장에서 미래의 하나님의 행동을 오늘 현재 경험하게 된다(프로렙시스).[5] 알파와 오메가이신 하나님께서는 시간을 기초로 이루어진 예배의 현장에서 우리에게 다가오신다. 그러므로 우리는 시간이 중심으로 이루어진 예배를 통해서 우리의 구원을 기념하고, 하나님을 만나게 된다. 그러므로 시간은 기독교 예배에 있어서 가장 중요한 언어이자 커뮤니케이션의 도구이다.

2. 시간과 우선순위

기독교에서 시간의 중심성이 기독교 예배에 나타나 있다고 할 때, 이 문제와 관련하여 아주 중요하게 생각할 것이 하나가 더 있다. 그것은 바로 사람들이 시간을 사용하는 우선순위(priority)의 모습이다. 즉, 사람들이 시간을 이용하는 방법은 그들이 인생을 살아가는 데 있어서 무엇을 가장 중요하게 생각하는가를 잘 나타내 주는 지표 중의 하나이다. 사람들은 누구든지 자기가 가장 중요하게 생각하는 일을 위해서는 보다 많은 시간을 할애한다.

즉, 사람들은 자신이 가장 중요하다고 생각하는 바로 그 일에 가장 우선적으로 시간을 할애한다. 이런 의미에서 시간의 사용은 무엇이 우리에게 중요한가를 나타낸다. 그러므로 제한된 우리의 시간을 어떻게 배분하는가는 곧 우리가 무엇을

5) 프로렙시스(prolepsis)는 미래를 현재로 가져온다는 개념이다. 다시 말해서 이것은 우리가 예배 속에서 미래의 사건을 재현할 때 성령님의 역사를 통하여 하나님의 미래를 우리의 현재 속에서 경험하는 것을 말한다. 예를 들어 부활은 가장 대표적인 선취적 사건(proleptic event)이다. 예수님은 십자가에 달려 죽으셨다가 사흘 만에 부활하셨다. 그리고 "잠자는 자들의 첫 열매"(고전 15 : 20)가 되셨다. 예수님이 부활의 첫 열매가 되셨다는 것은 결국 두 번째, 세 번째, 네 번째 부활의 열매들이 계속해서 맺혀질 것을 가르친다. 즉, 예수님의 부활은 주 안에서 잠자는 모든 자들의 부활을 보장하는 선취적인 사건이다. 그러므로 모든 예배자들은 부활주일 예배 때에 성령님의 역사를 통해서 우리들의 부활을 미리 맛보게 되는데, 이것이 바로 프로렙시스의 경험이다.

가장 중요하게 여기는지, 우리가 무엇을 최우선으로 삼고 있는가를 나타내 주는 척도라고 할 수 있다.

그런데 시간을 사용하는 면에 있어서는 교회 공동체도 마찬가지이다. 신자들이 신앙생활에서 가장 중요하게 생각하는 것이 무엇인가 하는 것은 곧 그들이 신앙생활을 하면서 어떻게 모여서 예배드리며 시간을 사용하느냐를 보면 알 수가 있다. 즉, 신앙생활에서 시간을 할애하는 모습을 보면 신자들의 믿음과 행함에 있어서 무엇을 최우선적으로 여기고 살아가고 있는가를 알 수 있게 된다. 즉, "기독교인들이 주장하는 바가 무엇이냐?" 할 때 이 질문은 곧 "그들이 시간을 어떻게 지키는가를 보라."는 것으로 그 대답을 대신 할 수가 있다.

3. 초대교회의 최우선순위 : 부활

그러므로 우리는 시간의 우선순위의 문제를 통해서 초대교회의 신앙생활과 그들이 무엇을 가장 중요하게 믿고 고백하는 가운데 신앙생활을 했는가 하는 것을 알 수가 있게 된다. 즉, 우리가 교회력과 관련하여 초대교회가 무엇을 최우선으로 했는가는 2~4세기까지의 초대교인들이 시간을 어떻게 조직화해서 예배를 드리고 있었는가를 보면 어느 정도 알 수 있게 된다는 말이다.

그렇다면 처음 약 4세기 동안 기독교인들의 믿음의 내용 중에 가장 중요한 것은 무엇이었을까? 즉, 그들이 믿고 고백하는바 가장 중요한 신앙의 내용은 무엇이었을까? 우리가 이 질문에 대답하려면 "그들이 시간을 어떻게 조직화하여 모여 예배하였는가?"를 자세히 살펴보면 된다. 그리고 그 결과 가장 중요한 신앙의 내용들이 나타났는데, 그중에 가장 중요했던 것은 예수 그리스도의 부활하심을 믿는 신앙이었고, 그 다음이 교회에서 경험하게 되는 성령님이 그들과 함께 계심을 믿는 믿음이었다.[6] 그리고 또 한 가지가 바로 재림 신앙이었다. 그러나 역시 그 중에 가장 뚜렷하게 나타나는 것은 바로 '부활신앙' 이었다. 즉, 초대교회가 시간을 어떻게 지켰는가를 살펴볼 때 가장 뚜렷하게 드러난 신앙이 바로 '부활신앙' 이라는 말이다.

---

6) Ibid., p. 50.

그리고 이 부활신앙 때문에 교회력에 있어서 가장 중요한 두 가지의 시간 주기(Cycle)가 등장하게 되었는데, 그것이 바로 '주님의 날'(The Lord's Day)을 중심으로 한 '주간 주기'(The Weekly Cycle)이요, 또 하나는 '부활절'을 중심으로 한 '연 주기'(The Annual Cycle)이다. 그러므로 이제 우리는 은총의 교회력에 대하여 좀 더 자세히 알아볼 수 있게 되었다.

Ⅱ. 교회력

1. 주일을 중심으로 한 주간 주기(The Weekly Cycle : The Lord's Day)

우리는 흔히 교회력이라고 하면 부활절, 사순절, 성탄절 등의 연 주기를 중심으로 이루어진 절기들만을 생각하는 경향이 있다. 그러나 이것은 반만 알고 있는 것이다. 물론 교회력(The Church Year)이라는 말 자체가 일 년을 단위로 전개된다는 개념을 가지고 있기에 그렇게 생각하는 것은 상식적인 일이다. 그러나 초대교회가 처음부터 오늘 우리가 지키고 있는 일 년 단위의 교회력을 가지고 있었던 것은 아니다. 오히려 일 년 단위로 지키는 절기들은 훨씬 후에 등장하였다. 초대교회는 처음에는 매 주일을 중심으로 모여서 예배드리는 가운데 예수 그리스도를 통한 구원 사건을 재현하고 있었다.

우리가 신약성경을 보면 적어도 세 군데에서 예배를 위한 구체적인 시간이 제시되고 있는 것을 볼 수 있는데, 그것은 바로 '매 주일의 첫 날'이었다. 바울은 고린도 교회 교인들에게 '매주 첫날'에 예배드릴 때, 연보를 모아두어서 그가 갈 때에 예루살렘으로 가지고 가게 하라고 말하고 있다(고전 16 : 2). 바울의 이 말씀으로 미루어 보아 초대교인들은 한 주간의 첫날에 정기적으로 모여서 예배를 드리고 있었다고 할 수 있다.

그리고 바울은 드로아에서는 자정이 될 때까지 강론을 계속한 후 떡을 떼고(성찬을 했다) 날이 샐 때까지 사람들과 이야기를 나누었다(행 20 : 7–11). 그런데 바로 이 날은 안식 후 첫날, 즉 그 '주간의 첫날'(행 20 : 7)이었다. 여기서도 초대교인들은 안식 후 첫날에 모여서 예배를 드리는 가운데 말씀을 듣고, 떡을 떼었던 것(성찬을 나눔)을 알게 된다. 그리고 사도 요한은 성령의 감동으로 이날을 '주의

날'이라고 말하고 있다(계 1 : 10). 그러므로 이미 1세기에 한 주간의 첫날이라는 기독교 용어가 사용되고 있었고, 교인들은 주일을 중심으로 정기적으로 모여 예배를 드리고 있었음을 알 수 있다.

초대교회 교인들이 한 주간을 중심으로, 특별히 안식 후 첫날, 즉 주일을 중심으로 계속적으로 모여서 예배를 드렸다는 사실은 초대교회 교부들의 서신에도 정확하게 드러나고 있다. 예를 들어 이그나티우스(Ignatius)는 주후 115년에 마그네시아(Magnesia)의 교인들에게 보낸 편지에서 "유대인의 안식일을 지키지 않고, 예수와 그의 죽음 때문에 우리의 삶과 또한 모든 이의 삶이 빛난 주일을 지켜 사는 사람들"[7]에 대해서 말하고 있다. 그리고 주후 90년경에 쓴 것으로 알려져 있는 「열두 사도들의 가르침」(*Didache*)은 기독교인들에게 "주의 날 함께 모여 떡을 떼며 성찬을 가질 것"을 말하고 있다.[8] 또한 비시니아(Bithynia)의 로마 총독이었던 플리니(Pliny)가 로마 황제 트라얀에게 보낸 편지에도 이런 기록이 있다. "비시니아의 기독교 공동체는 일주일에 두 번 모인다. 아침 일찍 말씀과 예전과 세례를 위하여 그리고 식사를 위하여 저녁에 이렇게 두 번 모인다."[9]

2세기에도 주일이 일주일의 첫날이라는 기록은 계속해서 나타나며, 이날에 교인들은 정기적으로 모여서 예배를 드렸다. 순교자 저스틴(Justin the Martyr)은 주후 155년경 그의 변증문(Apology)에서 이교도들을 향하여 "우리는 공동예배를 주일마다 가집니다. 왜냐하면 주일이 일주일의 첫날이기 때문이며, 이날은 하나님께서 어둠을 바꾸시고, 우주를 만드셨으며, 우리 구주 예수 그리스도께서 죽음에서 살아난 것도 같은 날입니다."라고 하였다.[10]

이후에 초대교인들은 죽음에서 부활하신 그리스도를 떠오르는 태양에 비교하였고, 이날을 「바나바의 서신」(*The Epistle of Barnabas*)에서는 "제8일, 곧 다른

---

7) Cyril Richardson, ed., *Early Christian Fathers*(New York : Macmillan Publishing Co., Inc., 1978), p. 96.

8) Kirsopp Lake, trans., *The Apostolic Fathers*(Cambridge : Harvard University Press, 1965), 1 : 331.

9) Henry Bettenson, ed., *Documents of the Christian Church*(New York : Oxford University Press, 1952), p. 6.

10) Cyril Richardson, Op. cit., p. 287.

11) Kirsopp Lake, Op. cit., 1 : 397.

세계의 시작이며, 예수가 죽음에서 살아나신 날"[11]이라고 불렀다. 바나바가 말한 새 창조와 빛은 기독교인들이 일요일을 종래의 일요일(Sunday : 태양의 날)의 개념에서 한 걸음 더 나아간 부활의 날로 기념하고 있었음을 가르쳐 준다. 그러므로 이 모든 기록들을 검토해 볼 때, 이제 주일이 초대교인들에게 있어서 한 주간 가운데 가장 중요한 날이 되어 있었다는 사실을 알게 되고, 그 가장 중요한 원인은 바로 '부활신앙' 때문이었다는 결론을 내릴 수 있다.

결국 초대교인들에게 있어서 주일은 매주 부활을 기념하는 일이었다. 그들은 주일에 주의 사랑과 죽음을 기념하기도 했지만 무엇보다도 주님의 부활을 축하하고 기뻐하였다. 매주 주일은 부활신앙을 입증하는 날이었던 것이다. 그러므로 주일은 저들에게 무엇보다도 우선되는 기쁨의 날, 부활을 축하하는 날이었다. 주일은 이제 저들에게 주의 살아나심을 증거하며 어둠에서 해가 떠오르고 새 창조가 시작된 날이었다. 그러므로 초대교회 교인들에게 있어서 매주 일요일은 '작은 부활절'(little Easter)이었다.[12] 그래서 초대교회 교부 터툴리안은 "기독교인은 주일, 곧 '주님께서 부활하신 날'에 무릎을 꿇지 말라."고까지 하였다.[13] 주일은 슬픔의 날이 아니라 기쁨의 날이요, 승리의 날이기 때문이다.

이렇게 해서 초대교인들은 저들의 부활신앙을 고백하고, 감사하고 축하하는 '작은 부활절'로 매주일을 맞이하였다. 그리고 이런 의미에서 매주일은 '교회력의 기초이자 시작'이라고 할 수 있다. 즉, 한 주일의 첫날인 주님의 날은 전체 교회력 구조의 기초요 핵심이다.

2. 부활절을 중심으로 한 '연-주기'

그런데 시간이 흐르면서 그리스도인들은 매 주일이 부활하신 예수 그리스도를 증거하는 것처럼, 일 년도 주님의 부활을 기념하는 한 단위로 생각하기 시작하였다. 즉, 매일, 매주 예수 그리스도를 증거하는 것처럼 초대 교인들은 일 년도 주님

---

12) James F. White, *Introduction to Christian Worship*, 3rd ed., (Nashville : Abingdon Press, 2001), p. 53.

13) Tertullian, *On Prayer*, ch. XXIII, in *Ante-Nicene Fathers*, Vol. III (Grand Rapids : WM. B. Eerdmans Publishing Company, 1977), p. 689.

을 기념하는 한 단위로 생각했던 것이다. 흔히 사람들은 일 년을 주기로 하여 자신의 삶의 아주 중요한 순간을 기억하여 기념한다. 예를 들어 결혼기념일과 생일 등을 맞이할 때 사람들은 그날에 특별한 의미를 부여하며 기념한다. 이것은 초대 교인들도 마찬가지였다.

저들에게 있어서 주일이 한 주간의 중심이었던 것처럼, 일 년의 중심은 부활절(Pascha)이었다.[14] 파스카(Pascha)라는 말은 사도 바울이 "누룩을 넣지 않은 빵을 먹는 유대인의 축제일"이라고 한 데서 따온 것이다(고전 5 : 7-8). 바울의 이 말은 신약시대의 교회가 연례 부활절을 지켰음을 알려 주는 증거이다. 고대 유대인의 출애굽 사건은 이제 예수 그리스도에 의해 새롭게 완성되어 그가 십자가를 지심으로 죄와 죽음에서 놓인 새로운 의미를 지니게 되었다. 이렇게 해서 2~3세기 때에 일 년 중 '큰 부활주일'이 등장하게 되었고, 여기서부터 주후 4세기에 이르기까지 오늘 우리가 가지고 있는 교회력의 거의 모두가 등장하게 되었다.

그리고 처음 3세기 동안에 초대교회는 그리스도의 수난, 죽으심, 부활하심을 부활절에 함께 기념하였다. 그리고 2~3세기 때에 교회는 이 유월절 기간(부활절) 동안 세례와 첫 성찬식을 통해 새 교인의 탄생을 축하하고 감사하는 예배를 드렸다. 그들은 유월절이 홍해를 건너 노예생활에서의 탈출이었던 것처럼, 교회에서 부활절에 세례를 받는 것은 그리스도와 함께 옛사람이 죽고 다시 살아나는 것으로 보았다. "우리가 그의 죽으심과 합하여 세례를 받음으로 그와 함께 장사되었나니 이는 아버지의 영광으로 말미암아 그리스도를 죽은 자 가운데서 살리심과 같이 우리로 또한 새 생명 가운데서 행하게 하려 함이니라"(롬 6 : 4-5)는 바울의 말이 바로 위의 사실을 입증한다.

그래서 터툴리안은 "부활절은 특히 세례를 베푸는데 의미 있는 날이다. 이때 주의 수난 안에서 세례를 받고 완성된다."라고 말하고 있다.[15] 그리고 히폴리투스는 세례 받을 사람들은 금요일과 토요일에 금식하고 토요일 저녁에는 철야 기도를

---

14) 파스카(Pascha)가 부활절의 원래 명칭이다. 왜냐하면 예수님은 유월절 어린양으로 우리를 위하여 희생되셨고, 부활절은 바로 유월절에서 넘어온 가장 중요한 절기이기 때문이다. 이스터(Easter)라는 명칭은 후대에 복음이 영어권으로 전파되면서 들어온 말이다.

15) Tertullian, "*On Baptism*," ch. XIX, *Ante-Nicene Fathers* Vol. Ⅲ(Grand Rapids : William B. Eerdman Publishing Company, 1997), p. 678.

드리도록 했다. 그리고 새벽닭이 울 무렵, 부활절 아침 예수가 부활하신 시간에 그리스도께서 죽음에서 일어나신 것처럼 몸을 물에 담갔다 일으킴으로써 세례를 받았다고 기록하고 있다. 이렇게 초대교회는 2~3세기까지 유월절 기간 동안 연례 부활절을 지키고 있었다. 그리고 시간이 흐르면서 부활절을 전후로 해서 사순절(40일)과 부활절기(50일), 그리고 오순절 성령강림주일이 등장을 하고, 4세기 전반에 이르러 하나님을 증거하는 예수 그리스도의 사역의 시작과 관련된 주현절(Epiphany)이 등장하며, 이것은 후에 성탄절과 나뉘게 된다. 그리고 마지막으로 성탄절을 맞이하기 위한 대림절이 등장하므로 주후 4세기 말에는 오늘 우리가 가지고 있는 교회력의 기본이 그 틀을 갖추게 되었다.

동방의 황금의 입으로 알려진 교부 크리소스톰(Chrysostom)은 주후 386년에 행한 그의 설교에서 그 당시 교회력을 일목요연하게 표현하고 있는데, "만일 그리스도가 육신으로 나시지 않으셨다면 세례를 받지 못했고 따라서 주현절이 있을 수 없습니다. 그가 십자가에 죽고 다시 살아나지 않았다면 유월절이 무슨 뜻이 있습니까? 그가 성령을 보내지 않았다면 오순절도 있을 수 없습니다."[16]라고 설명하고 있다.

결국 주후 4세기까지 이루어진 교회력은 초대교회의 삶과 믿음의 내용을 거의 모두 반영하고 있으며, 그것은 곧 예수님의 오심과 수난, 죽으심, 부활, 성령의 임재, 그리고 주님의 다시 오심 등을 극적으로 표현하고 있다. 그리고 이렇게 초대교회의 믿음과 삶의 모습을 반영하고 있는 은총의 교회력은 지금까지도 거의 변하지 않고 지켜지고 있다.

3. 중세교회의 타락과 종교개혁가들의 입장, 그리고 교회력의 회복

그러나 안타깝게도 4세기 이후에 교회가 제도화되면서부터 교회력은 망가지기 시작했다. 그리고 중세에 이르러 교회가 더욱 타락하고, 우상숭배를 하기 시작하면서 교회력은 본격적으로 변질되고 말았다. 그중에서도 성모 마리아를 중심으로

16) Cited by James F. White, *Introduction to Christian Worship*, 3rd, ed., (Nashville : Abingdon Press, 2001), p. 64.

한 성자들의 축일들이 교회력의 근본적인 틀을 깨기 시작한 것이다. 이렇게 중세에 이르러서는 예수 그리스도의 구속사를 중심으로 한 초대교회의 교회력이 우상을 섬기는 축일들로 변질되어 갔고, 나중에는 일 년 365일이 모자랄 정도로 온갖 축일들로 가득 차게 되었다. 때로 사람들은 교회력은 구교에서나 지키는 것인데 개신교에서 왜 지키려고 하는가 하는 질문을 던진다. 그러나 그것은 아주 잘못된 질문이다. 원래 교회력은 초대교회 때부터 성도들이 지키던 은총의 유산이다. 그런데 타락했던 로마 천주교회가 오히려 이것을 망쳐 버린 것이다.

그래서 16세기 종교개혁가들은 교회력에 대해서 새로운 시도를 하게 되었다. 마틴 루터는 주일과 주님과 관계된 축일만 지키고, 모든 성자들의 축일은 없앨 것을 주장하였다.[17] 스코틀랜드 교회는 보다 급진적이어서 제자들, 순교자, 성녀, 성탄절, 할례일, 주현절, 마리아 등에 관한 축일들을 비난하고 제거하였다.[18] 그들의 주장은 이런 것들은 성경적인 근거가 없기 때문이라는 것이었다.

그러나 1960년에 들어와 로마가톨릭교회는 '제2 바티칸공의회'(1962-1965) 이후 다시 교회력에 대한 지대한 관심을 갖게 되었고, 절기를 지키는 것이 기독교인의 삶과 믿음의 내용을 형성하고, 그 모습을 보여 준다는 점을 다시 한 번 진지하게 평가하게 되었다. 그래서 그들은 초대교회가 가지고 있었던 교회력을 회복하고자 노력하였으며, 그 결과 1970년에 로마력(Roman Calendar)을 만들게 되었다. 그러나 이 교회력에는 아직도 성자들의 축일들이 많이 남아 있으며, 초대교회의 골격은 회복하였으나, 그때의 순수한 교회력을 완전히 회복하지는 못했다.

결국 1970년대 이후 루터교회, 성공회, 장로교회, 연합그리스도교회, 예수제자회, 연합감리교회 등의 여러 개신교회들도 예배회복운동(The Liturgical Movement)의 영향[19]으로 교회력에 다시 한 번 지대한 관심을 가지게 되었는데, 이들이 예배 때 사용할 「공동 성구집」(*Common Lectionary*)을 함께 만들면서, 1970년대 말에 전 개신교회가 초교파적으로 합의한 교회력을 회복하게 되었다. 이 새로운 초교파적인 교회력은 4세기에 완성되어진 초대교회의 교회력의 의미와 구조를 다시

---

17) James F. White, *Documents of Christian Worship*(Louisville : Westminster John Knox Press, 1992), p. 34.

18) Ibid., p. 37.

찾아보려고 노력한 결과이다. 그리고 이 교회력은 곧 최초의 교회력이 그랬던 것처럼, 기독교 신앙의 최우선이 무엇인가를 여실히 보여 주고 있다.

결론적으로 교회력이란 "예수 그리스도의 탄생, 사역, 수난, 죽으심, 부활, 영으로 임하심, 그리고 재림 안에서 완성되어진 우리의 구원역사를 매년 재현하는 것"[20]인데, 현재 전 세계의 개신교회가 공통으로 지키고 있는 연중 교회력은 다음과 같다.

대림절(Advent) : 성 안드레 기념일인 11월 30일이나 이날에 가장 가까운 주일부터 시작되며, 성탄절 전까지 4주간 계속된다.

성탄절(Christmas) : 12월 25일부터 시작하여 1월 5일까지 계속되는 12일간의 절기이다.

주현(일)절(Epiphany) : 1월 6일

예수님 수세주일(Baptism of the Lord) : 주현일 후 첫 번째 주일

산상변모주일(Transfiguration) : 사순절이 시작되는 참회의 수요일 이전의 주일

사순절(Lent) : 참회의 수요일부터 시작되어 부활절 전 토요일까지 40일간의 절기이다. 사순절기 동안에 주일은 포함되지 않으므로 실제로는 46일간의 기간이 된다.

---

19) 유럽과 북미에서 19세기 말부터 시작되어 20세기 중반에 꽃 피워진 이 운동은 교회로 하여금 초대교회의 예배와 그 정신을 회복하고자 하는 데 목적을 둔 것이었다. 초대교회의 예배라 함은 교회가 동방교회와 서방교회로 분리되기 이전의 예배를 말하는 것이고, 그것은 시기적으로 기독교가 국교화되고 제도화되기 이전의 약 3세기 초반까지의 예배를 지칭한다. 이 운동은 20세기에 들어와 더욱 활발히 진행된 초대교회에 대한 집중적인 연구로 말미암아 예배 개혁에 관한 여러 가지의 신학적 관점을 가지게 되었는데, 가장 중요하게는 초대교회의 예배와 그 정신을 회복하자는 것이다. 구체적으로는 이 회복운동은 예배에 있어서의 회중의 참여와 예배의 공동체성의 회복, 교회력의 재발견과 예배에 있어서의 성서일과의 사용, 예배의 절기를 상기시켜 주는 교회력의 색과 상징의 사용, 초대교회 교인들의 핵심적인 신앙이었던 부활신앙과 함께 관련하여 성찬의 회복, 예배 예식서의 발간 그리고 말씀이 바로 선포되어지고 성례전이 올바로 집례되어질 수 있는 예배당의 구조 등의 개혁에 그 초점을 두게 되었다. 그 결과 이 운동에 적극적으로 동참하였던 세계의 많은 교회들은 이런 면들에 있어서 많은 개혁을 이루게 되었다.

20) Horace T. Allen, Jr., *A Handbook for the Lectionary*(Philadelphia : The Geneva Press, 1980), p. 25.

부활절(Easter) : "봄의 첫날(춘분) 이후에 오는 첫 만월 후 첫째 주일이며, 그 만월이 주일인 경우에는 그 다음 주일인 부활주일"로부터 50일간의 기쁨의 절기이다.

오순절 성령강림주일(Day of Pentecost) : 부활주일 후 50일째 되는 날

삼위일체주일(Trinity Sunday) : 성령강림주일 다음 주일

왕이신 그리스도 주일(Christ the King Day) : 대림절 바로 전 주일

비절기 기간(Season after Pentecost/Ordinary Time) :

(1) 주현일(1월 6일) 후부터 사순절이 시작되는 참회의 수요일 전까지의 기간

(2) 성령강림주일 후부터 대림절 전까지의 기간

Ⅲ. 민속절기와 교회력

교회력은 기독교 역사에 있어서 중요한 초대교회의 공동유산이다. 그런데 복음이 유대와 예루살렘을 넘어 땅끝까지 전파되면서 기독교 문화권 속에서 발전한 교회력이 각 지역의 전통문화와 그 지역 나름의 절기들과 부딛히는 경우가 생겼다. 그러므로 "우리가 교회력을 더욱 풍성하게 하고 교회력에 대한 감각을 새롭게 하려면 여러 교회기념일 및 사회기념일, 우리 조상들의 노동과 축제의 절기들도 교회력의 주제에 따라 적절하게 재해석하여 기억할 수 있어야 할 것"[21]이다.

1. 민속절기와 교회력

인류의 축제 절기는 기독교의 교회력보다 오랜 역사를 지니고 있다. 절기(calendar)는 '해'를 축제 주기의 기준으로 삼은 '태양력'과 '달'의 축제 주기를 순환점으로 삼은 '음력'이 있다. 역사적으로 아시아권에서는 '음력'이 그리고 서양에서는 '양력'이 오랫동안 사용되어 왔다. 그리고 이런 절기들은 인간의 생활에도 편리했을

21) 이정훈, 「한국의 그리스도인을 위한 절기 예배 이야기」(서울 : 대한기독교서회, 2000), p. 24.

뿐만 아니라 민속적 축제주기를 제공했고, 더 나아가서 종교적 행사의 기틀이 되기도 했다. 그런데 인류의 시간적 순환주기의 척도가 되었던 음력과 양력은 해와 달을 지으신 하나님의 창조질서에 근거를 두고 발전한 것이다. 그리고 교회력도 이 둘의 조화에 의해 발전되었다. 즉, 부활절은 음력을 기준으로 발전된 절기이며, 성탄절은 태양력을 기준으로 한 절기이다.

그런데 우리 민족의 절기는 엄밀하게 따지면 태양력과 음력을 절충한 '태음력'이다. 그러므로 여기서 우리는 양력(성탄절)과 음력(부활절)의 조화로운 모습 속에서 이루어진 교회력과 우리 민족 고유의 절기와의 접촉 가능성을 발견한다. 그러므로 이제 놀라운 성장을 이룬 한국교회는 기독교의 숨결이 담긴 교회력과 우리 민족 문화의 유산의 조화를 통한 발전을 이루어 가야 한다. 기독교는 어느 민족이나 문화에 전파되든지 그 특유의 문화를 수용하면서 그 나라와 민족의 교회로 발전해 왔다. 그리고 그 문화를 수용하는 대표적인 표현이 예배에 나타난다. 그러므로 이 땅에 들어온 기독교는 이제 우리 민족 문화에 뿌리를 내려 우리 민족의 종교가 되어야 하고, 그러기 위해서 한국교회의 예배에는 우리 특유의 문화적 표현이 수용되어야 한다.

다시 말해서 이제는 한국교회도 교회력을 중심으로, 음력에 의한 민족적 절기를 조화시켜 교회의 예배를 기획하고 추친할 때가 된 것이다. 예를 들어 우리 고유의 명절인 설날과 한식, 그리고 추석 등은 교회력과 관련하여 민족 예배의 계기로 확대해 갈 필요가 있다. 그래서 한국교회의 예배가 우리 특유의 절기문화를 수용하고 표현할 수 있어야 할 것이다.

예를 들어 한국교회는 아직도 청교도들의 추수감사절을 우리의 감사절로 지키고 있는데, 이런 모습은 세계 교회 어디에서도 볼 수 없는 모습이다. 자기 민족 고유의 추수감사절이 있음에도 불구하고 그것을 외면하고 다른 나라의 감사절을 우리의 감사절로 지키고 있다는 것은 부끄러운 모습이 아닐 수 없다. 그러므로 한국교회가 추석을 우리의 감사절로 수용한다면, 성탄절이나 부활절 못지않은 교회의 경축 절기가 될 수 있을 것이다.

또한 우리 민족의 최대 명절인 설과 사순절을 연결할 수 있음도 생각해 보아야 한다. 교회력과 관련하여 생각해 보면 한국의 설날은 거의 모든 경우에 있어서 사순절 기간에 해당된다. 사순절은 회개를 통한 언약 갱신의 의미가 있는 절기이다. 그런데 설은 우리 민족에게는 새해의 첫날이자 회상과 회개의 갱신의 날이기도하다. 이를 잘 나타내 주는 풍습이 수세(watching out the year) 풍습이다. 그러므로 교회에서는 수세의 풍습과 관련하여 설날의 송구영신예배를 통하여 회개와 세례를 통한 언약 갱신 예배를 드릴 수 있을 것이다. 즉, 설날 전날 밤에 세례와 성찬, 그리고 세례의 갱신 등을 통하여 자정 예배를 드리는 것이 우리 민족의 설날에 있는 수세 풍습과 관련하여 매우 의미 있는 문화화의 작업이 될 것이다.

그리고 이런 작업들을 통하여 교회는 교인들이 새해의 첫날, 한 해의 첫 시간을 하나님께 드리고 지난 한 해를 지켜 주신 하나님께 감사하는 기쁨의 시간을 가질 수 있게 될 것이다. 또한 교인들은 지난 일 년 동안의 잘못을 회개하고 돌아보는 시간이 될 수 있을 것이다. 그리고 세례와 성찬을 통하여 언약을 갱신하는 중요한 순서(언약갱신 예배)[22]를 가진다면 우리의 전통 명절인 설날이 사순절이라는 교회력의 중요한 의미와도 연결이 되면서 한국교회는 더욱 의미 있는 절기를 보낼 수 있게 될 것이다.

2. 중요한 사회기념일들

한국교회는 교회력 이외에도 몇 가지 중요한 사회기념일들을 지키고 있는데, 이러한 일반 절기들도 중요한 의미를 지니고 있다. 그 대표적인 것들은 5월 5일 어린이날, 5월 8일 어버이날 등과 3·1절과 8·15 등의 중요한 국경일과 관련된 기념일 등이다.

한국교회는 5월 첫째 주일을 어린이주일로 지키는 일과 둘째 주일을 어버이주일로 지키는 일을 일찍부터 해 왔다. 3·1운동을 계기로 어린이들에게 민족정신을 고취하기 위하여 소파 방정환 선생을 중심으로 시작된 어린이날과 부모님에 대한 감사의 마음을 갖는 어버이날은 이제 우리 민족에게는 매우 소중한 자산이 되었다. 그러므로 이런 의미 있는 날을 교회가 함께 기념하는 것은 매우 소중한 일이다.

---

22) 교회사적으로 감리교의 웨슬레 목사는 송구영신예배 때에 '계약예배'(covenant service)라는 이름으로 세례의 갱신을 통한 언약의 갱신을 하였다. 한국에서는 감리교 선교사인 아펜젤러가 장로교 목사인 언더우드 선교사에게 처음으로 제시하여 함께 이 예배를 드리게 되었는데, 그것이 오늘날 한국교회가 드리고 있는 송구영신예배의 시효이다.

그러나 어린이날에는 어린이들에 대한 기독교교육의 중요성을 다시 한번 일깨우고, 어버이날에는 부모 공경의 도를 배운다는 의미에서 이날들을 특별한 날로 보내는 것은 가하나, 주일이라는 말을 붙이는 것은 주의해야 한다. 왜냐하면 주일은 주님의 날이며, 주님의 영광만을 위한 날이기 때문이다. 그러므로 어린이들과 부모님들을 위한 행사나 감사예배는 주일 낮 공예배 때보다는 오후나 찬양예배 때에 드리는 것이 좋겠다.

또한 한국의 많은 교회들이 3·1절과 광복절을 국경일로 기념하고 있다. 사실 3·1절과 광복절은 기독교인이든지 아니든지, 한국 국민이라면 누구나 기념해야 하는 날이다. 3·1절은 이 민족이 우리의 주권을 유린한 일제의 통치로부터 해방을 위하여 기독교인들이 중심이 되어 일으킨 독립운동이다. 또한 하나님께서 우리 민족을 해방시켜 주시고, 교회에 신앙의 자유를 주신 광복절은 우리 민족이 하나님께 영원히 찬양하고 감사를 드려야 할 기념일이다. 그러므로 교회는 이런 날들에 하나님께 특별히 감사한 마음으로 예배드려 기념할 수 있어야 한다.

유대인들은 절기들을 지키면서 항상 모든 것을 하나님의 구속사와 연결시키는 데 천재적이다. 예를 들어 유대인들은 원래 오순절은 추수감사절로 지켰으나 후에 오순절에 하나님께서 주신 율법의 의미를 가미하였고, 마침내 교회라고 하는 진정한 의미에서의 열매를 오순절 때 맺음을 축하하고 감사했다. 그러므로 한국교회는 앞서 소개한 몇 가지 중요한 사회기념일들을 교회력 안으로 가져오지는 않는다 할지라도, 우리 민족을 향하신 하나님의 구속의 은혜를 감사하고 기억하는 날들로서 이 날들의 의미를 승화시켜 하나님께 감사의 예배를 드릴 수 있도록 해야 할 것이다.

Ⅳ. 나가는 말

결론적으로 교회력이 담고 있는 여러 가지 중요한 절기들은 이미 일어난(anamnesis) 그리고 앞으로 분명히 일어날(prolepsis) 사건들을 우리의 현재의 삶 속에서 예배를 통해서 경험하게 한다. 우리가 예배에서 기념하고 선취하는 그리스도의 탄생, 사역, 고난, 죽음, 그리고 부활 등은 그리스도의 이 세상을 향한 통치와 하나님의 통치를 오늘의 현재 속에 우리에게 가져다준다. 그러므로 우리는 이런 절기들, 사건들을 통해서 계속해서 하나님의 사건을 체험하며, 또 앞으로 이루어질 사건들을 오늘 우리들의 삶 속에서 미리 경험하게 된다. 우리는 모든 주일들을 주님의 날로, 부활의 날로 지키면서, 그리고 일 년의 중심이라고 할 수 있는 부활절을 지키면서 하나님의 놀라우신 역사를 체험하며, 그의 사역에 동참하게 된다. 그리고 오늘 그 사건들을 내 삶 속에서 매일같이 경험하게 되고, 그 속에서 우리는 미래를 소망하게 된다. 이런 의미에서 각종 절기들은 우리가 계속해서 예배 가운데 하나님의 구원 역사를 체험할 수 있도록 도와주는 하나님의 은혜의 방편이라고 할 수 있다. 그러기에 은총의 교회력이라고 말하는 것이다.

적용과 실천

1. 대림절(Advent), 성탄절(Christmas), 주현절(Epiphany), 사순절(Lent), 부활절(Easter), 그리고 오순절(Pentecost)의 각 절기가 각자에게 주는 영적인 교훈에 대해서 생각해 보자.

2. 예수님의 탄생, 사역, 고난, 죽으심, 부활, 영으로 임하심과 다시 오심의 절기를 따라 예배를 드리는 것은 하나님께서 우리에게 주신 구원의 은혜가 매우 다양함을 알게 해 준다. 그 다양한 구원의 은혜에 대해서 묵상하고 감사의 기도문을 써 보도록 하자.

※ 참고한 책들

주승중. 「은총의 교회력과 설교」(서울 : 장로회신학대학교 출판부, 2004).
박근원. 「교회력과 목회기획」(서울 : 쿰란출판사, 2003).
정장복, 주승중 외. 「예배와 설교 핸드북(2011년)」(서울 : 예배와 설교 아카데미, 2011).
로버트 웨버. 이승진 역. 「교회력에 따른 예배와 설교」(서울 : 기독교문서선교회, 2006).

5과

성례전 – 세례, 성만찬

5과

성례전 – 세례, 성만찬

찬 송	"실로암 샘물가에 핀"(새 225장, 통 298장), "주 예수 해변서"(새 198장, 통 284장)
성 경	"그러므로 너희는 가서 모든 민족을 제자로 삼아 아버지와 아들과 성령의 이름으로 세례를 베풀고"(마 28 : 19). "내가 너희에게 전한 것은 주께 받은 것이니 곧 주 예수께서 잡히시던 밤에 떡을 가지사 축사하시고 떼어 이르시되 이것은 너희를 위하는 내 몸이니 이것을 행하여 나를 기념하라 하시고 식후에 또한 그와 같이 잔을 가지시고 이르시되 이 잔은 내 피로 세운 새 언약이니 이것을 행하여 마실 때마다 나를 기념하라 하셨으니 너희가 이 떡을 먹으며 이 잔을 마실 때마다 주의 죽으심을 그가 오실 때까지 전하는 것이니라"(고전 11 : 23-26).
본과의 목 적	지금 한국교회는 그동안 성례전(세례. 성만찬)의 중요성을 소홀히 취급해 왔다고 해도 과언이 아니다. 짧은 시간에 이루어지는 형식적인 교육과 천편일률적인 주입식 문답교육으로 성례전의 의미를 제대로 이해하지 못하면서 성례전이 거행되고 있는 실정이다. 그러다 보니 신앙의 토대가 흔들리며 건강한 신앙 성숙으로 이어 가지 못하는 원인을 제공한다. 그래서 성례전 교육의 필요성을 강조하고 초대교회에서의 성례전의 중요성을 강하게 인식하여 진정한 그리스도인으로서 세우기를 바라는 데 그 목적을 둔다.

✠ 함께 나누기

목회를 하면서 '하나님이 기뻐하시는 교회'를 위해 우선시해야 하는 방향이 바로 '예배회복'이다. 이를 위한 구체적인 개선요소 중에 하나가 '흙 속에 감추인 진주'를 발견한 것 이상의 소중한 의미를 지니고 있는 '성례전(세례, 성만찬) 회복'이다. 하지만 실제 목회현장에서는 초대교회로부터 종교개혁시대로 이어온 '성례전이 있는 예배에 대한 인식'이 점점 약화되어 가고 있다. 그것은 예배에 있어서 성례전이 차지하는 중요성에 대한 충분한 인식 부족과 체계적인 교육 부족, 그리고 단지 설교(말씀)중심의 예배만을 국한하는 관계로 나타나는 장애 현상이다.

기독교 예배는 기본적으로 말씀의 예전과 성례전으로 구성되어 있다. 성례전은 예수 그리스도께서 친히 제정하신 예전으로서 말씀과 함께 예배의 구심점을 이루고 있다. 이 성례전은 그리스도인들이 그리스도의 지체가 되어 살아가는 필수적인 과정으로 주님께 연접된 자신의 정체성을 확인하는 예전이다. 이 예전에서 그리스도인들은 하나님의 은혜를 직접 목격하고 경험한다. 이러한 성례전은 세례와 성찬으로 분류된다.

함께 학습하기

Ⅰ. 성례전의 이해

1. 성례전의 중요성

기독교 예배의 역사에 성례전의 의미와 그 비중은 교리적인 측면에서만 아니라 교회가 예배를 드리는 현장적 측면에서도 매우 소중하게 여겨지고 있다. 왜냐하면 성례전이 이론적 교리에서 끝나는 것이 아니고 예배 가운데서 '하나님과의 만남', '예수님과의 연접(連接)'이라는 가장 중요한 신앙의 표현과 경험을 수반하고 있기 때문이다. 이러한 성례전의 중요성은 오늘뿐만 아니라 기독교가 탄생했던 때로부터 종교개혁 때까지 가장 핵심적인 예배의 초점이 되어 왔다.

2. 성례전의 어원적 의미

성례전이라는 말은 라틴어의 'sacramentum'이라는 단어를 영어로 'sacraments'라고 번역하여 사용하고 있다. 이 말을 공식적으로 사용한 사람은 3세기의 터툴리안으로 그는 예수님을 위하여 목숨을 바치기로 약속한 후 세례를 받고 성찬성례전에 참여한 그 예전을 가리켜 성례전이라 불렀다.

3. 성례전의 신학적 의미

종교개혁이 있기 전까지 기독교 성례전은 오늘의 구교에서 지켜오는 것처럼 7성례를 가지고 있었다. 그러나 개혁자들은 이런 잡다한 교회의 행사가 모두 성례전으로 취급되는 것을 반대하고, 그리스도이신 예수님께서 제정한 것만 성례전이라고 주장하면서 세례와 성만찬을 성례전으로 지킬 것을 개혁 교회의 신조들 속에 확고히 하고 있었다. 이러한 성례전은 인간주도적인 예전이 아니고 예수님이 주관하시는 예전으로서 다음과 같은 신학적인 의미를 가지고 있다.

1) 성례전이란 모든 예배자들에게 하나님의 은혜를 전달하는 하나의 방편이다.
2) 성례전은 하나님의 은혜의 선포와 예배자들의 진지한 응답이 나타나는 현장이다.
3) 성례전을 통하여 하나님은 사랑의 실체로서 자신을 우리에게 주신다.
4) 성례전은 성도들의 공동체 의식을 재확인하는 예전이다.
5) 화육적(incarnational respect) 관계형성이 성례전을 통하여 계속적으로 다짐되어야 한다.

II. 세례성례전

세례는 기독교의 역사와 함께 변함없는 전통과 깊은 의미를 가지고 있는 하나의 성례전이다. 이 성례전은 종교개혁의 숱한 논쟁 가운데서도 수정이나 반대를 받지 않고 예배 가운데 그대로 지속되어 온 특별한 순서이다. 그러나 오늘의 그리스도인들은 자신들이 받았던 세례의 참의미와 가치를 상실하고 시간의 흐름에 따라 무디어진 감각 속에 묻어둔 채 살아가고 있다. 그 직접적인 원인은 세례와 함께 가졌던 자신의 결단과 감격을 또다시 되새겨야 할 세례성례전이 하나의 요식행위(要式行爲)로 예배 가운데 등장하고 있기 때문이다.

1. 교인의 구분

1) 헌법 – 교인의 구분

대한예수교장로회(통합) 헌법 제2편 정치 제1장 제14조 교인의 구분에 의하면 교인은 원입교인, 유아세례교인, 세례교인(입교인)으로 구분한다.

(1) 원입교인 : 예수님을 믿기로 결심하고 공동예배에 참석하는 자
(2) 유아세례교인 : 세례교인(입교인)의 자녀(2세 미만)로서 유아세례를 받은 자
(3) 세례교인(입교인) : 유아세례교인으로서 입교한(15세 이상) 자 또는 원입교인 (15세 이상)으로서 세례를 받은 자

※ 「세례문답집」(제84회 총회, 1999. 9. 13 – 학습 제외)

2) 세례교인

세례교인은 유아세례교인이나 원입교인으로서 교회생활과 신앙생활을 잘한 다음 만 15세 이상 된 자는 당회에서 문답을 받는다. 당회에서 그를 세례교인(입교인)으로서 가합하게 여기면 교회에서 신앙고백과 서약을 한 다음 당회장 목사에게 세례를 받고 완전한 교인이 된다.

3) 유아세례교인

유아세례란 부모의 신앙에 따라 자녀들에게 세례를 받도록 하는 예전으로서, 입교인의 자녀로서 2세 미만 된 자를 부모 중 한편이 세례교인이면 그 자녀에게 유아세례를 줄 수 있다(웨스트민스터신앙고백 28 : 4).

유아세례는 구약시대에 아브라함의 자손이 할례를 받을 특권이 있었던 것과 같이 복음의 은혜 아래 있는 성도의 자손에게 이 예전을 행하는 특권이 있다.

4) 입교인

입교는 유아세례 받은 교인을 만 15세 이상이 되면 부모의 서약으로 유아세례를 받은 이들이 믿는 가정과 교회에서 신앙으로 자라 각자가 당회 앞에서 자기 신앙고백을 하여 서약식을 함으로 주의 성찬에 참여하기를 허락하는 예전이다.

입교란 유아기에 부모의 신앙에 의해 받은 세례에 대하여 장성한 다음 자신의

의식과 신앙으로 직접 예수님을 구세주로 영접함과 동시에 여타의 신앙적 내용을 고백하는 예전을 말한다.

2. 세례가 무엇일까요?

1) 세례의 기원

세례는 고대 종교 의식에서도 발견되나 기독교 세례와 관련해서는 유대교에서 그 기원을 찾게 된다. 유대교에는 하나님께 나아갈 때 부정한 것을 씻기 위해 행해졌던 정결의식과 개종자들에게 요구했던 세례의식이 있었다. 유아에게 행하였던 할례의식도 기독교 유아세례에 정당성을 뒷받침하는 하나의 근거가 된다(창 7 : 7-14, 행 2 : 39, 골 2 : 11-12).

기독교 세례는 부활하신 예수님께서 승천하실 무렵 "그러므로 너희는 가서 모든 민족을 제자로 삼아 아버지와 아들과 성령의 이름으로 세례를 베풀고"(마 28 : 19)라고 하신 때부터 시작하였다.

2) 세례의 기본적인 이해와 신학적인 의미

(1) 세례는 깨끗하게 씻음을 받았다는 상징의 증거로 주님이 주신 것이다(막 7 : 4).

(2) 세례는 구원의 약속으로 받는 것이다(막 16 : 16).

(3) 세례는 성도로 하여금 예수 그리스도의 죽음과 부활에 참여하게 함으로 성도의 죽음과 부활에 대한 하나님의 약속의 보증이 된다(롬 6 : 3-11, 골 2 : 12).

(4) 세례는 죄에 대해 죽고 새 생명으로 다시 산다는 뜻이다(골 2 : 9-13).

(5) 세례는 그리스도와 연합하는 사건이다(롬 6 : 3-5).

(6) 세례는 중생, 곧 새 생명을 받는 사건이다(딛 3 : 5).

(7) 세례는 그리스도이신 예수님의 사람이 되는 결정적 사건이다(갈 3 : 27).

사실 세례는 이 외에도 여러 다른 의미를 포함하고 있다. 이렇게 풍성한 의미를 알고 세례에 참여할 때, 하나님께서 세례를 통해 우리에게 주시는 풍성한 은총을 다 받을 수 있다.

3. 세례의 실제

세례는 교회가 물을 사용하여 성부와 성자와 성령의 이름으로 목사의 집례로 시행되는 기독교 성례전이다. 세례성례전은 전통적으로 사순절 기간의 훈련을 거쳐서 부활절에 행하여졌다. 교회의 절기와 관련해서는 부활절과 더불어 세례의 의미를 잘 살릴 수 있는 성령강림주일, 주님의 수세일, 그리고 교회창립기념주일 등에 행하여지는 것도 적절하다. 세례는 전통적으로 침수(몸 전체를 물속에 담그는 방식=침례), 관수(물을 머리에 붓는 방식), 살수(물을 머리에 뿌리는 방식)의 세 가지 방법으로 행해졌기 때문에 이 세 가지 방식은 교단 특성이나 교회의 상황에 따라 적절하게 사용될 수 있고, 모두 세례의 본질을 훼손시키지 않는다. 본 교단의 경우 물을 세 번 뿌리는 방식을 주로 사용한다.

1) 세례교인의 기준과 권리 및 의무

(1) 세례교인은 유아세례교인이나 원입교인으로서 교회생활과 신앙생활을 잘한 다음 만 15세 이상 된 자는 당회에서 문답을 받는다.

(2) 세례교인은 당회에서 그를 세례교인(입교인)으로서 가합하게 여기면 교회에서 신앙고백과 서약을 한 다음 당회장 목사에게 세례를 받고 완전한 세례교인(입교인)이 된다.

(3) 세례교인이 되면 성찬에 참여하게 된다.

(4) 세례교인은 완전한 교인으로서 교회의 전체적인 공동의회 회원이 되고 교회의 일을 결정할 권리가 있다.

2) 세례의 교육

초대교회에서는 세례를 받기 위해 준비 교육과정에 있는 사람들에게 이러한 내용을 충분히 반복적으로 가르쳤으며 또한 그 가르침의 내용이 그들의 삶에서 실천되는지를 면밀히 살펴본 후에 세례를 주었다.

사도전승에서는 당시 로마교회에서의 세례 준비 기간이 3년이었으며, 후보자의 열심에 따라 그 기간은 다소 조정되었다고 기록하고 있다. 그러니까 당시 세례교육대상자는 3년 동안 매일 일터에 나가기 전에 교회에 와서 말씀을 듣고 가르침을 받아야 했으며, 3년이 경과한 후 심사를 거쳐서 사순절 초입에 세례 후보자 명부에 이름을 올린 다음, 사순절 기간 내내 또다시 교육과 축마를 받아야 했다.

세례를 받을 때는 분명하게 사탄에 대한 단절과 삼위일체 하나님에 대한 충성의 서약을 공개적으로 해야 했다. 3세기 당시에는 세례 예비자라는 신분이 공개되어 세례를 받기 전에도 순교하는 일이 발생했고, 그러한 사람은 순교당할 때 흘린 자신의 피로 세례 받은 것으로 간주되었다. 그러니까 초대교회에서는 세례를 받기까지의 과정이 매우 길고 엄격했다. 이 과정에서 세례 후보자는 예수님을 마음으로 믿는 것뿐만 아니라 진실로 그리스도 중심적인 삶의 변화를 가져왔을 때에만 세례를 받을 수 있었다. 물론 이때에 공개적인 신앙의 고백은 필수적이었다.

요즘 우리의 현실은 많이 달라졌다. 학습과정도 생략한 채 세례는 이루어지고 있다. 그러므로 한국교회도 세례를 주기 전에 이러한 사항들을 충실히 가르치면서 대상자들의 삶의 변화를 유도하고, 자연인으로서 그들이 가졌던 세속적 가치관을 그리스도 중심적 가치관으로 변화시킨 후에 물세례를 줌으로써 세례가 명실공히 중생과 성령님의 사건으로 다시 자리 잡도록 해야 하겠다.

3) 세례의 집례

(1) 먼저 세례를 받아야 할 후보자들의 선정이 필요하다.

(2) 세례성례전을 갖기 위하여 교회는 주보나 기타 광고를 통하여 최소한 한 주일 또는 두 주일 전(여유 있게는 한 달 전)에 교인들이 알 수 있도록 해야 한다.

(3) 세례의 의미는 세례 후보자들이 준비하는 공부과정에서도 충분히 전달되어야 하지만 세례성례전의 전 주일부터 설교 가운데서 언급되어지는 것이 좋다.

(4) 유아세례만을 갖게 되는 경우는 설교 전에 행함이 좋다.

(5) 목사는 수세자와의 문답이 끝나고 세례를 준 후에 또 하나의 질문을 회중을 향하여 필수적으로 해야 한다.

(6) 문답 서약과 세례 준 다음, 회중과의 문답이 끝나면 목사는 수세자가 본 교회의 일원이 된 것을 성삼위의 이름으로 선포해야 한다.

(7) 세례성례전은 어떤 경우에서라도 목사에 의하여 집례되어야 한다.

4) 세례의 순서

(1) 세례의 순서에는 전통적으로 다음과 같은 순서가 포함된다. 세례에 관련된 성경봉독, 성령 임재를 구하는 기도, 물에 대한 감사기도, 세례 받은 사람들

이 하나님의 자녀로 교회의 일원이 되었음을 선언하는 순서 등이다.

(2) 세례는 교회 공동체와의 연합과 교제를 의미하므로 교회의 공적 예배에서 시행되는 것이 마땅하다. 특별한 경우(임종 및 환자방문 등)에 당회의 결의를 거쳐 개별적인 세례를 시행할 수도 있다.

(3) 초대교회에서는 세례성례전이 수세 후보자와 집례자가 함께 각각 금식을 하면서 준비할 만큼 매우 중요한 의식이었다. 따라서 현대에서도 철저하고 엄숙한 준비를 통하여 세례성례전을 준비할 필요가 있다.[1)]

Ⅲ. 성찬성례전

1. 성찬성례전의 중요성

역사적으로 초대 기독교부터 예전의 극치를 이루어 왔던 것은 성례전이다. 그 중에서도 성찬성례전은 매주일 거행된 성례전으로서 성도들의 신앙과 생활에 새로운 활력소를 불어넣었고, 자신들의 생명을 그리스도와 연접시키어 살아 있는 신앙의 경험을 계속해 왔었다. 이러한 전통은 오늘의 교회가 조금도 소홀히 할 수 없는 부분으로서, 오히려 더욱 진지한 예전으로서의 성찬성례전이 집례되어져야 함을 가르쳐 준 것이라고 본다. 그러나 지금 우리가 보고 듣고 있는 바대로, 한국의 개혁교회에서의 성찬성례전은 신학적 의미의 전달은 물론 그 깊은 뜻이 표현된 의식마저 결여되었음을 느낀다.

루터가 종교개혁 당시에 개혁교회 신앙의 지조를 천명하였던 1530년의 아우구스부르크 신앙고백에서 교회를 '복음이 순수하게 선포되고 그 복음에 일치되게 성례전이 거행되는 그리스도인들의 모임'[2)]이라고 정의를 내린 바 있다.

그러나 불행하게도 쯔빙글리의 과격한 개혁 의지는 지금껏 말씀과 성찬성례전

---

1) 더 자세한 것은 「예배예식서」(한국장로교출판사 편), 85~111쪽과 「예배학 개론」(예배와설교아카데미), 185－215쪽, 「예배의 신학」(장로회신학대학교출판부), 275~292쪽을 참조하시기 바랍니다.

2) 아우구스부르크신앙고백 제7조 '교회'

으로 이루어져야 할 기독교 본래의 예배 전통에 심각한 불균형을 가져왔다. 그의 개혁은 설교가 성찬성례전을 몰아내는 방향을 취하였다. 그는 매 주일 성찬성례전이 없는 예배를 시도했고, 그 영향은 제네바의 의회를 움직였다. 그 결과 연 4회의 예배에서만 성찬성례전을 집례하게 된 것이 개혁교회의 전통처럼 되어 버린 것은 비극적인 사실이 아닐 수 없다.

이러한 전통의 계승자들이 120여 년 전 이 땅을 찾아와서 복음을 전파한 이래 한국교회는 그토록 소중한 성찬성례전을 1년에 2회로 지키는 현상을 나타내었다. 다시 말하면 말씀과 성찬성례전이라는 두 요소를 함께 갖추어야 했을 우리의 교회가 어느 나라의 개혁교회보다 성찬성례전과의 접촉을 가장 멀리 한 채 오직 말씀만을 강조한 모습으로 남게 되었다.

2. 성찬성례전의 장애

(1) 성찬성례전의 가장 큰 장애는 성찬성례전에 대한 충분한 인식이 없었다는 점이다. 한국의 개혁교회의 기본적인 상황은 간단하게 말해 성찬성례전을 소홀히 여겨 왔다.

(2) 성찬성례전에 관한 교육이 없었다. 바클레이는 "성찬 예배와 가르침은 병행되어야 한다."[3]고 주장했다. 성례전적 형식 위주의 예배가 설교 위주의 예배보다 단순한 사람들에게는 더 교육적일 수 있다.

(3) 교회의 예배에서 성찬성례전의 중심이 없었다. "성찬성례전이 없는 예배는 불구의 예배요, 불완전한 예배이다."[4]라는 말이 있다. 기독교 예배에서 성찬성례전을 제외시키고 나면 유대교 회당예배로 전락되면서 기독교 예배의 특성은 상실되고 말았다.[5]

3. 성찬성례전이 무엇일까요?

---

3) W. Barclay, *The Lord's Supper*, 이희숙 역, 「성만찬」(서울 : 종로서적, 1992), p. 7쪽.
4) 정용섭, "그리스도교 예배의 신학," 「기독교 사상」 제22권 12호 (1978년 12월), pp. 137-138.
5) 이장식, "예배와 성찬의식," 「기독교 사상」 제23권 제2호 (1979년 2월), pp. 63-65.

1) 성찬의 기원

성찬성례전은 예수 그리스도께서 잡히시던 밤에 친히 제정하신 예전이다. 예수님은 자신의 사역을 마치시고 십자가의 고난을 스스로 맞이하시기 전에 제자들과 마지막 식탁에서 세우신 예전이다. 그 시간은 유대인들이 출애굽 사건을 회상하는 유월절이었으나 그 의미와 대상은 새로운 차원의 것이었다. 즉, 하나님의 아들이신 예수 그리스도께서 인류의 죄를 담당하여 주시고 우리를 죄로부터 사하여 주심을 보여 주시는 구속사건의 내용을 담은 예전이었다. 이 성찬성례전을 예수 그리스도께서 부활하시고 승천하신 후에 바로 사도들에 의하여 철저히 매 주일 준수되었다. 그리고 초대교회가 예배의 핵심으로 지켜 오 존엄한 예배예전으로 오늘에 이르고 있다.

2) 성찬의 신학과 의미

(1) 성찬성례전은 그리스도인을 위해 하나님께서 행하셨던 일, 즉 죄로부터 구속하시고 믿음을 주시고 성화시키는 은혜에 대하여 감사하는 예전이다.

(2) 성찬성례전은 그리스도의 구속사(죽음, 부활, 재림)를 새롭게 회상(anamnesis : 기념, 재현)하며, 하나님의 백성 가운데 임재하시겠다는 그리스도의 약속을 보증한다.

(3) 성찬성례전에서 그리스도인은 성부하나님께 감사하고, 우리를 위한 예수 그리스도의 희생을 회상하며, 성령님의 임재를 기원한다. 이는 성령님이 오셔서 성찬을 받는 자를 그리스도뿐 아니라 역사상의 모든 그리스도인들과 하나 되게 하시고, 그리스도의 충만에 이르도록 그의 몸과 피로 양육시키는 예전이다.

(4) 성찬성례전은 그리스도와 화해한 본을 따라 성도의 교제를 이룬다. 그리스도인들 간에 갈등과 분쟁을 화해할 뿐만 아니라 하나님과 그리스도인, 나아가 온 세상의 이웃을 사랑하고 섬기는 일에 헌신할 것을 다짐하는 예전이다.

(5) 성찬성례전은 하나님 나라에서 있을 어린양의 혼인잔치를 전하고 의와 화평을 이루도록 보냄을 받는다.

3) 성찬의 실제

(1) 세계 개혁교회의 예배에서는 매주 성찬성례전을 기본으로 하고 있으나 각

교회의 형편에 따라 그 횟수는 자율적으로 조정하고 있는 실정이다. 그러나 가능한 한 성찬성례전은 자주 거행하여 예수님의 죽으심과 부활을 회상하고 참여하게 해야 한다.

(2) 성찬성례전의 형태는 다양한 방법으로 거행하여 늘 신선한 감각을 불러일으키도록 하는 것이 좋다. 분병 분잔위원들이 가져다주는 전통적인 방법뿐만 아니라 성도들이 앞으로 나와서 서서 받는 방법이든지, 또는 앞에 나와서 무릎을 꿇고 두 손으로 받는 방법들을 활용하여 성찬의 의미를 깊게 하는 것도 필요하다.

(3) 성찬을 받는 순서는 집례자, 분병위원, 회중의 순서로 함이 개혁교회의 일반적인 전통이다.

(4) 성물(빵과 포도즙)의 준비는 성결한 몸과 마음을 가지고 성스럽게 준비해야 할 것이며, 집례자 역시 이 일을 위하여 함께 준비하는 정성이 필요하다.

(5) 성찬예식은 당회가 작성하고 적어도 1주일 전에 회중에게 알려 마음의 준비를 시켜야 한다. 성찬에 쓸 떡과 포도즙은 목사의 책임하에 미리 준비하되 가급적 일반적인 상품은 사용하지 않는 것이 좋다.

(6) 성찬에 쓰고 남은 성물은 집례한 목사와 동역하는 목사가 보관하거나 먹도록 한다.[6)]

Ⅳ. 나가는 말

기독교 예배에는 반드시 성례전이 필요하다. 예배가 예수 그리스도의 전 생애를 재현하는 행위라면, 기독교 예배는 성례전에서 그 절정에 도달하여야 한다. 이것이 역사적으로 나타난 기독교 예배의 전통이었다. 이것이 없는 예배는 절름발이 예배요, 미완성의 예배이다. 초대교회의 예배는 '말씀의 예전'과 '성찬의 예전'이 균형 잡혀 있었고, 그 안에서 주님을 만나는 기쁨을 누리는 온전한 예배다.

---

6) 더 자세한 것은 「예배예식서」(한국장로교출판사 편), 54~84쪽과 「예배학 개론」(예배와설교아카데미), 216~258쪽, 「예배의 신학」(장로회신학대학교출판부), 224~274쪽을 참조하시기 바란다.

그래서 약화된 성찬성례전을 통하여 예배를 회복하기 위하여 우리가 하여야 할 몇 가지 사항을 제시하고자 한다.

1) 성례전은 주님께서 제정하신 것이며, 예배의 절정이라는 사실을 알아야 한다. 설교와 성찬은 예배의 핵심요소이며, 예배에서 설교와 성찬은 상호 보완의 관계이다. 성찬은 설교의 부족함을 채울 수 있고, 설교는 성찬의 부족함을 채울 수 있다. 이 둘이 합하여 신앙인의 지성과 정서를 움직일 수 있다.
2) 성례전 신학을 재정립할 필요가 있다. 칼빈의 사상을 이어 받은 장로교회가 성찬성례전에 있어서는 쯔빙글리의 성찬성례전 신학을 받아들여 왔다. 그렇기 때문에 성찬성례전 신학을 재정립시켜 성찬성례전을 통해서 영적으로 주님을 만날 수 있다는 신학을 성도들에게 가르쳐야 한다.
3) 성례전 준비를 철저히 해야 한다. 성찬성례전을 집례하는 집례자는 집례자대로 참여자는 참여자대로 준비된 마음으로 성찬성례전에 참여해야 한다.
4) 마지막으로 성찬성례전의 시행 횟수를 늘려야 한다. 초대교회의 성찬성례전에서 보았듯이 초대교회 성도들은 모일 때마다 성찬성례전을 행하였다. 그리고 성찬성례전을 통하여 주께서 주시는 힘을 얻었다. 장로교 창시자인 칼빈 역시 이러한 의미에서 성찬성례전이 자주 시행되어야 한다고 강조했음을 우리는 다시 한번 눈여겨보고 마음에 새겨야 한다.

적용과 실천

1. 성례전에 대한 기본적인 의미와 뜻을 이해하였는가?

2. 성례전에 대한 당신의 생각에 어떤 변화가 생겼는가?

3. 성례전 교육에 대한 당신의 각오와 결단은 무엇인가?

4. 세례문답교육에 대해 얼마나 기억하며 적용하고 있는가?

5. 교인으로서의 권리와 의무를 얼마나 다하고 있는가 생각해 보고 나누어 보자.

:: 참고 _ 필수적인 문답 사례

1. 세례문답 사례

1) 교회출석은 얼마나 되었습니까? ■ 답 : 개월

2) 예배에 잘 참석하십니까? ■ 답 : 예

3) 교회란 무엇입니까?
■ 답 : 이 세상에서 하나님의 부르심을 받아 예수 그리스도를 구주로 믿게 된 사람들이 모인 공동체이며, 그리스도께서 머리가 되시고 성도들은 그의 지체가 됩니다. 그러므로 우리들은 그리스도의 몸된 교회의 지체입니다.

4) 누구의 이름으로 기도합니까? ■ 답 : 예수님의 이름

5) 교회의 주인은 누구입니까?
■ 답 : 교회의 주인은 교회의 머리이신 예수 그리스도입니다.

6) 교회가 하는 5대 중요한 일은 무엇입니까?
■ 답 : ① 예배 ② 교육 ③ 선교 ④ 교제 ⑤ 봉사

7) 누구에게 예배합니까? ■ 답 : 하나님

8) 예배드리는 사람은 어떤 마음가짐으로 드려야 합니까?
■ 답 : 성경에는 "예배하는 자는 신령과 진정으로 예배할지니"라고 가르치고 있습니다.

9) 성경은 몇 권입니까? ■ 답 : 총 66권(구약 39권, 신약 27권)

10) 교회에서 행하는 거룩한 예식으로는 어떤 것이 있습니까?
■ 답 : 세례예식과 성찬예식이 있습니다.

11) 세례는 무엇입니까?
■ 답 : 죄 씻음을 받는 표로서 옛 사람은 죽고, 하나님의 자녀로 새롭게 태어났음을 확증하는 것이며, 그리스도의 몸된 교회의 일원이 되는 예식입니다.

12) 봉헌(헌금, 예물)생활의 표준은 무엇입니까?
■ 답 : ① 주정예물 ② 십일조 ③ 감사예물

13) 아담과 하와가 무슨 죄를 지었습니까?
■ 답 : 선악과를 따먹지 말라고 했는데 불순종하여 따먹었습니다.

14) 예수님은 어떻게 죽으셨습니까?
■ 답 : 우리 죄를 위하여 십자가에 못 박혀 죽으셨습니다.

15) 예수님은 죽으신 후 어떻게 되었습니까?
■ 답 : 십자가에 죽으신 후 3일 만에 다시 살아 나셨습니다.

16) 하나님은 몇 분입니까? ■ 답 : 하나님은 한 분이십니다.

17) 구원이란 무엇이며 어떻게 받을 수 있습니까?
■ 답 : 구원이란 죄와 죽음에서 건져냄을 받아 하나님의 자녀가 되는 것을 말하며, 예수님을 영접(믿음)함으로 구원을 받을 수 있습니다.

18) 사람에게 제일 중요한 첫 번째 목적은 무엇입니까?
■ 답 : 사람의 제일 되는 목적은 하나님을 영화롭게 하고 즐거워하는 것입니다.

19) 하나님의 약속하신 복음의 핵심은 무엇입니까? (요 3 : 16)
■ 답 : "하나님이 세상을 이처럼 사랑하사 독생자를 주셨으니 이는 저를 믿는 자마다 멸망치 않고 영생을 얻게 하려 하심이니라."입니다.

20) 이 시간 당신은 진정으로 죄에서 구원을 받았으며 영원히 살줄을 확신합니까?
■ 답 : 예

2. 유아세례 문답 사례

1) 가족이 모두 믿음 생활을 하고 있습니까? ■ 답 : 사실대로 말합니다.

2) 자녀에 대해 성경은 어떻게 가르치고 있습니까?
■ 답 : 사람의 생명은 하나님의 것입니다. 그러므로 이 자녀는 하나님이 우리 가정에 보내 주신 아름다운 선물입니다.

3) 부모는 하나님의 대리자로서 하나님의 말씀과 뜻을 따라 아이를 맡아 양육하는 청지기임을 믿습니까? ■ 답 : 예, 믿습니다.

4) 유아세례는 어떤 의미가 있습니까?
■ 답 : 구약시대에 아브라함 자손이 할례를 받음으로 하나님의 백성이 되는 특권을 가지게 된 것과 같이 복음의 은혜 아래에 있는 성도의 자녀에게 이것을 행함으로써 예수님께서 세우신 새 언약에 들어가게 하는 예식입니다.

5) 왜 유아세례를 받고자 합니까?
■ 답 : 비록 아무것도 모르는 어린 자녀이지만 이 자녀에게도 예수 그리스도의 피로 씻음과 성령님의 새롭게 하시는 은혜가 필요하기 때문입니다.

6) 자녀 어떻게 양육하겠습니까?

■ 답 : 겸손한 마음으로 하나님의 은혜를 의지하며, 아이에게 믿음의 본을 보이기에 힘쓰며, 아이들을 위해 기도하며, 교회의 거룩한 진리를 가르치며, 경건하게 살도록 믿음으로 양육하겠습니다.

7) 날마다 이 아이 앞에서 찬송을 부르며, 성경을 읽어 주며, 축복하며, 기도하십니까?

■ 답 : (사실대로 말합니다.)

8) 아이와 함께 가정예배를 드리십니까? ■ 답 : (사실대로 말합니다.)

3. 입교인 문답 사례

1) 부모님의 신앙을 나의 신앙으로 계승하는 데 동의하십니까?

■ 답 : 예

2) 유아세례를 받은 후, 성실하게 신앙(교회)생활을 하고 있습니까?

■ 답 : 예

3) 하나님은 어떤 분이십니까? (창 1 : 1, 롬 11 : 33 – 36, 요일 4 : 16)

■ 답 : 우주만물과 사람을 창조하시고 섭리하시며, 역사를 다스리시는 사랑의 하나님입니다.

4) 예수 그리스도는 어떤 분이십니까? (요 1 : 14, 요 1 : 18, 엡 2 : 14 – 16)

■ 답 : 하나님의 아들로서 우리 죄를 위하여 십자가에서 대속의 피를 흘리심으로 우리를 구원해 주신 구세주이십니다.

5) 성령님은 어떤 분이십니까? (고전 2 : 10 – 12, 12 : 3, 고후 13 : 13)

■ 답 : 하나님의 영이요, 그리스도의 영이시며, 삼위일체 하나님의 제3위에 속하는 분으로서 우리에게 능력과 위로가 되시며 우리의 삶을 지도하시는 분이십니다.

6) 교회란 무엇입니까? (고전 12 : 27, 엡 1 : 23, 롬 12 : 4 – 5)

■ 답 : 하나님의 부르심을 받아 예수 그리스도를 구원자로 믿게 된 사람들이 모인 공동체입니다.

7) 우리는 어떻게 구원을 얻을 수 있습니까? (엡 2 : 8, 롬 10 : 9 – 10)

■ 답 : 예수 그리스도를 구원자로 믿음으로서 구원에 이르게 됩니다.

8) 구원에 대한 확신이 있습니까? ■ 답 : 예

9) 입교란 무엇입니까?

■ 답 : 입교란 유아세례를 받은 사람이 성장하여 스스로 예수 그리스도를 구주로 고백하고 하나님의 은총에 대한 개인적인 응답을 하도록 하는 것입니다.

10) 입교를 받는 것이 스스로의 결단에 의한 것입니까? ■ 답 : 예

11) 입교인의 권리는 무엇입니까?
■ 답 : 성찬에 참여하고 공동의회의 회원이 되는 것입니다.

12) 입교인의 의무는 무엇입니까?
■ 답 : 공동예배에 출석하고, 헌금하며, 교회의 치리에 복종하는 것입니다.

6과

예배와 공간

6과

예배와 공간

찬 송 "시온의 영광이 빛나는 아침"(새 550장, 통 248장)

성 경 "만군의 여호와여 주의 장막이 어찌 그리 사랑스러운지요 내 영혼이 여호와의 궁정을 사모하여 쇠약함이여"(시 84 : 1-2).

본과의 목 적 교회는 물론 공간이 아니라 모임이다. 하지만 교회라는 모임은 예배, 사역, 교제 등을 나누기 위한 적절한 공간이 필요하며, 그 공간의 구성은 교회라는 모임의 성격을 나타내거나 때로는 규정하기도 한다. 본과에서는 기독교의 공간을 성서적 또는 역사적으로 이해하고 현대교회는 어떤 공간을 사용하고 있으며 또한 어떤 공간을 필요로 하는지 살펴보고자 한다.[1)]

함께 나누기

우리는 교회 공간에 들어서면서 어떤 마음가짐을 가지게 되는가? 우리는 교회 공간과 일상 공간의 구별점을 인식하고 있는가? 초기 교회 성도들은 교회 공간을 그리스도의 구원 사건이 재현되는 곳으로 인식했었다. 시대를 초월해서 교회 공간(space)은 추상적인 곳이 아니라 영적인 감동이 사건으로 일어나는 장소(place)여야 한다. 교회 공간에 들어서면서 영적인 감동의 사건들이 되살아나고, 나의 정체성과 나의 비전이 신앙적으로 회복된다면 우리는 이미 은혜로운 예배자의 자리에 선 것이다.

1) 본 글은 차명호 저, 「기독교 예배 현상과 이해」에서 부분적으로 발췌하였다.

✠ 함께 학습하기

Ⅰ. 예수와 성전

스데반은 사도행전에서 구약의 예언자들이 지적한 내용들을 적절히 정리했다. 그는 순교하기 전 설교에서 구약의 희생제도가 가진 두 가지 문제점을 지적하였다. 첫째, 그는 예수가 성전을 헐고 규례를 수정하리라(행 6 : 14)는 예수의 말을 확신하면서, 구약의 예언자들이 지적한 성전과 제사의 문제점을 제기했다. 스데반은 희생제사의 중심 공간인 장막과 제사법이 모세 때에 하나님의 명령으로 만들어지고, 후에 솔로몬에 이르러 성전과 구약의 예전이 확장되었지만, 결국 하나님은 "지극히 높으신 이는 손으로 지은 곳에 계시지" 않음을 분명히 했다(행 7 : 48). 장막과 성전은 영원한 예배 처소가 아니고, 하나님은 희생제사 자체를 기뻐하지 않으시며, 그것들이 언젠가는 사라질 대상이었다(계 21 : 22).

둘째, 스데반은 임시로 시행되는 성전과 제사법을 대신할 온전한 예배의 패러다임을 깨달았다. 그는 신명기에서 모세가 언급한 '한 사람의 새 선지자'에 주목했다(신 18 : 15 ; 18 : 18 ; 행 7 : 37). 스데반은 새 선지자가 모세의 율법과 장막의 제사를 무너뜨리고 온전히 세울 자임을 확신했다. 구약의 예언자들과 천사들 모두는 새로 오실 의인을 선포했으나 이스라엘 조상들은 그들을 박해했었다. 스데반은 새 선지자를 깨닫지 못하는 이스라엘 백성이 하나님의 영을 거스르는 자들이라고 비판했다(행 7 : 51-53). 스데반의 지적은 유대인들과 지금의 우리에게 예수의 죽음 사건을 새로운 시각에서 상기시킬 기회를 제공했다. 실제로 예수가 재판을 위해 공회에 섰을 때 한 무리들이 일어나 예수의 죄목을 구체적으로 언급한 바 있다.

> "우리가 그의 말을 들으니 손으로 지은 이 성전을 내가 헐고 손으로 짓지 아니한 다른 성전을 사흘 동안에 지으리라 하더라 하되"(막 14 : 58).

그리고 대제사장들이 예수에게 위의 죄목에 대한 변론을 청하자 그는 침묵으로 유대인들의 기소 이유를 인정했으며, 이것은 십자가형의 결정적인 증거가 되었다. 비록 내용적으로는 유대인들이 예수가 한 말을 이해하지 못했지만 겉으로 본다면 유대인들의 기소 내용은 거짓이 아니었다. 사실 예수는 이전에도 성전에서 희생제사 제도를 몸으로 거부하면서 이렇게 언급했었다.

> "예수께서 대답하여 이르시되 너희가 이 성전을 헐라 내가 사흘 동안에 일으키리라"(요 2 : 19).

실제로 성전의 쇠퇴와 파괴는 예수의 죽음과 부활과 더불어 시작되었으며, 예수가 죽는 순간 성전의 휘장이 갈라지는 현상이 이를 대변했다(막 15 : 38). 구원의 역사를 이루기 위해 손으로 만든 성전은 파괴되어야만 했지만 온전한 성전에 대한 예수의 열정은 멈출 수가 없었다.

> "주의 집을 위하는 열성이 나를 삼키고 주를 비방하는 비방이 내게 미쳤나이다"(시 69 : 9).

예수에게 성전은 외형적이고, 일회적이며, 배타적인 희생제사 제도의 본거지가 아니라 모든 사람이 기도하는 내면적이고, 영구적이며, 보편적인 곳이어야 했으며(막 11 : 17), 성령과 진리 되신 예수를 통해 아버지께 예배하는 곳이어야 했다(요 4 : 23). 이를 반영하듯 요한은 계시록에서 구원의 역사가 성취될 때의 모습을 이렇게 묘사했다.

> "성 안에서 내가 성전을 보지 못하였으니 이는 주 하나님 곧 전능하신 이와 및 어린 양이 그 성전이심이라"(계 21 : 22).

Ⅱ. 기독교 공간의 발전

1. 임의적-사적 공간

임의적-사적 공간의 대표적인 예는 야곱이 광야에서 경험한 공간을 들 수 있다.

"야곱이 잠이 깨어 이르되 여호와께서 과연 여기 계시거늘 내가 알지 못하였도다 이에 두려워하여 이르되 두렵도다 이곳이여 이것은 다름 아닌 하나님의 집이요 이는 하늘의 문이로다 하고 야곱이 아침에 일찍이 일어나 베개로 삼았던 돌을 가져다가 기둥으로 세우고 그 위에 기름을 붓고 그곳 이름을 벧엘이라 하였더라"(창 28 : 16-19).

야곱이 광야에서 하나님의 사자를 만나고 약속을 받은 후 깨달은 것은 하나님의 임재가 예상치 못했던 공간에서 이루어졌다는 새로운 사실이었다. 하나님이 계시는 곳은 편안하고 안전한 집이나 상징물이 가득한 신전이 아니라 하나님이 원하시는 임의적인 곳이라는 사실은 모세가 이스라엘 민족을 하나님의 백성으로 세우는 소명을 받을 때에도 재확인되었다.

"하나님이 이르시되 이리로 가까이 오지 말라 네가 선 곳은 거룩한 땅이니 네 발에서 신을 벗으라…… 하나님이 이르시되 내가 반드시 너와 함께 있으리라 네가 그 백성을 애굽에서 인도하여 낸 후에 너희가 이 산에서 하나님을 섬기리니 이것이 내가 너를 보낸 증거니라"(출 3 : 5, 12).

거룩한 땅인 호렙산의 어느 지점은 모세가 개인적으로 하나님과 만난 임의적 공간이었으나, 하나님은 모세에게 그곳을 '하나님을 섬기는 공간'으로 지정해 주었다. 하나님이 지정한 공간은 외형적으로 보기에 하나님의 임재를 느끼게 할 만한 땅이 아니었다. 그런 면에서 하나님의 공간은 임의적이며 즉각적이다. 임의적-사적 공간의 전통은 하나님과 영적인 만남을 갈구하는 기독교 신앙의 뿌리이다. 그래서 로마가톨릭과 그리스정교회의 경우, 개인적 신앙생활의 공간은 각자의 집에 만들어지곤 하였다. 그런 면에서 하나님의 임의적인 공간은 신앙인들이 하나님과의 영적인 만남을 가능케 하는 기독교 신앙의 뿌리가 되었다. 그러나 구약에서 임의적-사적 공간은 역사시대를 지나며 성전으로 고정화되고 말았다. 이미 앞서 언급했듯이 예수의 예배 공간에 대한 시각에서 볼 때, 복음은 아브라함과 야곱과 모세가 경험한 임의적-사적 공간을 회복하려는 노력이었다.

"두세 사람이 내 이름으로 모인 곳에는 나도 그들 중에 있느니라"(마 18 : 20).

진정한 기독교 공간은 끊임없는 하나님의 임재 경험에 의해 점령되는 공간을 의미한다. 초기 교회 공간 역시 이 전통을 충실히 회복하기 위한 목표였다. 2세기의 예배와 신앙 공동체의 모습을 아폴로지아(Apologia)를 통해 생생히 전해 준 저스틴(Justin)은 로마 군인에 붙잡혀서 이러한 심문을 받았다 : "너희들은 어디서 모이는가?", "어느 장소에서 만나는지 말하라!" 그러자 저스틴은 매우 간단한 대답으로 순교의 길을 택했다. "주님이 머무르시는 곳이라면 어디서든 사람들이 함께 모인다."[2] 그래서 피터 콥(Peter Cobb)은 어느 특정한 방법으로 고정된 기독교적 건축이란 존재하지 않는다고 단언했다.[3]

2. 역동적-소그룹 공간

임의적이고 사적인 장소는 어디에서나 가능한 곳이었다. 야곱은 자신이 경험한 그 공간을 무심코 지나치지 않고 '벧엘' 이라는 과도기적인 기념공간으로 만들었다.[4] 이렇게 해서 기존의 이방적 이름들이 유대교적 이름으로 전환됨으로써 세속적 공간은 조금씩 종교적 공간으로 재생산되었다. 구약 대부분의 지명들은 하나님을 경험한 사람들과 사건을 기념하기 위해 지어졌으며, 그곳은 제단을 쌓은 종교 공간이 되었다. 이스라엘 사람들은 신앙적 의미를 지닌 지명을 정함으로써 후에 그곳을 지날 때마다 그곳에서 역사하는 하나님을 기억하곤 했다. 성막은 신앙적 상징성을 최대한 부여한 공간으로서 하나님의 공간적 역동성(mobility)을 잘 표현해 주었다. 또한 이 역동적 공간은 유대교 전통의 예배 공간이 사적 공간에서 성전, 회당과 같은 정규적 공간으로 발전되기 위한 다리 역할을 했다. 구약의 전

---

2) Herbert Musurillo, *The Acts of the Christian Martyrs*(Oxford : Oxford University Press, 1972), p. 45. Gordon W. Lathrop, *Holy Things* (Minneapolis : Fortress Press, 1998), p. 109. 재인용.

3) Peter Cobb, "The Architectural Setting of the Liturgy," *The Study of Liturgy*(New York : Oxford University Press, 1993), p. 529.

4) 이는 인류학적으로 빅터 터너(Victor Turner)가 말하는 종교 의식에 있어서 과도기적 단계인 리미널(liminal) 상태의 예가 될 수도 있다. 이 상태는 모호한(ambiguous) 무공간적(neither here nor there) 과도기적(betwixt and between) 속성을 갖는다. Victor Turner, *The Ritual Process* (New York : Cornell University Press, 1969), p. 95.

통은 초기 기독교 교회 건물들의 이름과 위치를 설정하는 데에 기준이 되곤 했는데, 예를 들어, 6세기 그레고리 대제(Gregory the Great)는 사도 베드로의 무덤 위에 실제로 성찬의 제단(altar)을 고정시켰으며 그 교회의 이름을 '성베드로성당' 이라고 명했다.[5]

기독교에서 정규적 공간 이전에 나타난 역동적 공간은 가정교회(house church)이다. 초기 교회는 흔히 부자의 집을 이용했는데, 그 예는 두라 유로포스(Dura Europos)이다. 동시리아에서 발견된 이 유적은 200년경에 만들어진 집으로서 230년경 교회로 개조된 흔적을 가지고 있다. 이 건물은 전형적인 사각형의 구조를 가지고 있으며, 두 개의 방과 성찬을 위한 하나의 큰 거실(약 13m×5m)을 가지고 있고, 다른 방에는 세례를 위한 장식과 벽화가 있는 공간도 확보되어 있다.[6] 가정교회와 함께 예배 공간으로 흔히 알려진 곳은 '카타콤' (catacomb)이다. 그러나 카타콤은 예배 공간은 아니었다. 카타콤은 2세기를 전후해서 각 도시에 법으로 정해진 무덤으로 로마의 외곽지역 40개 정도의 카타콤이 있었다. 카타콤 안에 벽을 파서 만든 니치(niche)는 시신을 안치하는 곳이었다. 물론 니치들을 연결하는 통로들은 죽은 자를 위한 일시적 기도 공간이 될 수는 있었겠지만 정규적인 예배 공간은 아니었다. 카타콤에 묻힌 순교자들의 시신들은 로마제국이 멸망하던 5세기에 대부분 교회로 옮겨져 지하에 안치되었다.

초기 가정교회 모임은 교회의 본질을 잘 드러내는데, 그 특징들을 살펴보면 다음과 같다.

첫째, 가정교회는 독특한 교제와 예배를 드리기 위해 가장 적절한 조건을 가졌으며, 회중들이 자연스럽게 복음적인 교회 본질을 경험하게 하는 데 공헌했다. 아버지와 아들, 자녀라는 성경적 어휘들은 가정에서 드리는 예배환경에서 가장 적절했으며, 이는 더 나아가 가족들만이 공유할 수 있는 박애 정신을 강화시켰다(엡 2 : 18-19 ; 3 : 14-15 ; 6 : 23).[7]

둘째, 가정교회는 문화적으로 적절한 모델이었으며, 다양한 문화적 환경 속에서 창조적인 표현을 위한 자유를 제공했다. 소아시아의 교회들은 한 도시의 거대

5) Cobb, "The Architectural Setting of the Liturgy," p. 530.
6) Edward Foley, *From Age To Age* (Chicago : Liturgy Training Publications, 1991), p. 27.
7) Del Birkey, *The House Church* (Waterloo : Herald Press, 1988), pp. 54-60.

한 에클레시아(ekklesia) 안에 존재하는 여러 가정교회들을 의미했으며, 다양한 그룹들이 모여서 신앙생활을 했음을 보여 준다. 이러한 문화적 적응력은 결국 초기 선교 전략의 문제를 해결해 주었다.

셋째, 가정교회는 기독교인의 회심에 공동체적 개념을 강화시켰으며, 가정과 교회 중 하나를 포기해야 하는 문제들을 해결함으로써 건강한 사회적 통합 능력을 보여 주었다.

넷째, 가정교회는 교회의 리더들을 양성하는 데 긍정적인 영향을 끼쳤다. 알렉산드리아의 클레멘트(Clement of Alexandria)는 사도 요한이 "이방인의 이웃으로서 장로들을 세우고, 그들이 성령의 인도하심에 따라 새 교회 설립과 각종 목회 사역을 담당했다"고 증거한다.[8)]

3. 정규적-공동체적 공간

임의적-사적 공간이 가정을 중심으로 고정된 것은 교회가 그리스도의 지체가 되고 그 몸을 통해 하나님 나라를 세상에 역동적으로 알리기 위함이었다. 그러기 위해서 초기 기독교 공동체는 예배라는 특정한 목적을 가지고 모였으며, 예배는 공간의 중심을 차지하게 되었다. 그레코-로만 문화라는 토양에 뿌리를 내린 초기 기독교는 공간을 염두에 두면서 이방신전에 눈을 돌려야 했다. 로마 문화에서 신전은 '공적 성역'과 '사적 성역'으로 나뉘었다. 공적 제단은 시민의 이름으로 다신들에게 바쳐지는 공간으로서 그곳을 훼손하면 성전모독죄의 처벌을 받았지만, 사적 공간에 대해서는 성전모독죄가 성립하지 않았다.

시대가 지나면서 그레코-로만 지역에는 신전들이 파괴되거나 방치되곤 하는데 이는 도시가 그것을 관리할 책임이 없고 그 종교의 신도들이 관리하기 때문이었다. 각 종교가 문화의 변천에 따라 인기를 잃으면 바로 그 종교의 신전도 버려졌다. 신전은 그 지역의 신성을 대표하기 때문에 로마 군인들은 점령하는 곳에다 자신들의 신당을 짓고 지역 신전은 파괴했다. 초기 기독교 공간은 당시의 신전 개념이 아니라 가정교회 개념이었기 때문에 파괴의 대상이 아니었다. 초기 기독교인

8) Ibid., p. 59.

들은 대중적 종교 예식이 아닌 자신들만의 생활 중심적(식사) 예식을 거행했는데, 이러한 특징은 박해를 이겨 내는 힘이 되었다. 하지만 데키우스(Decius, 205년)와 디오클레티안(Diocletian, 303년) 황제는 로마 제국 내의 모든 종교들에게 '평화의 신' (pax deorum)에게 제물을 바치게 했고, 통치자에게 충성을 맹세시켰다. 기독교인들은 이를 거부했으며, 교회 건물, 소품, 서적들을 압수당하는 박해를 받았다.

313년 밀라노 칙령(Edict of Milan)은 기독교를 합법적 종교(religio licita)로 선언했으며, 교회는 건물에 대한 권리를 갖게 되었다. 이는 다른 종교 추종자들에게 기독교가 합법적 신앙의 대상으로 권고됨을 의미했다. 이제 기독교는 로마의 전통적 신들과 이방에서 들어오는 외부 종교들과 경쟁해야 했다. 로마의 상원은 대부분 전통적 로마 종교의 숭배자들이었고 로마의 대부분의 건축물들은 그들의 신전들이었다. 콘스탄틴은 324년 아예 콘스탄틴노플로 수도를 옮기고 기독교의 건축물이 도시를 지배하길 바랐지만, 새롭게 모든 건물을 짓기보다는 기존의 신전들을 사용하게 했다. 4세기 말이 돼서야 기독교 황제들은 이방 신전들을 제거하고 이방 예식을 중단토록 했다. 그라티안(Gratian) 황제는 암브로스의 영향 아래 밀라노에 법정을 세웠고 '폰티펙스 막시무스' (Pontifex maximus, 최고 제사장)의 칭호를 없앴으며, 로마 상원에 있는 승리의 제단(Altar of Victory)을 없앴다. 하지만 당시 고트족의 침입으로 인해 로마 신에 대한 숭배가 다시 확산되었기 때문에 신상은 내버려 두고 제사만을 없애는데 만족했다. 공적인 신전에 대한 관리는 오직 황제의 권한에 속했기 때문에 콘스탄틴은 먼저 기독교 성지에 있는 신전을 없애기 시작했다.

기독교는 예배 공간이 부족해지자 황제 신전 옆에 있는 바실리카(basilica)를 사용하기 시작했다. 황제 신전(forum)과 달리 바실리카는 집회 장소로 만들어진 곳이었는데 시장, 법정, 또는 공공 모임 장소로 사용되던 곳이었다. 바실리카의 내부는 지역마다 구조가 달랐지만 대개 장방형이었고, 문 앞 공간(narthex vestibule), 회중석(nave), 그리고 제단 공간(apse)으로 이루어졌다. 유대인들은 3세기에 이미 자신들의 종교 공간으로 바실리카를 이용했는데 기독교도 이를 모델로 삼았다. 로마의 첫 바실리카는 콘스탄틴이 로마의 감독에게 준 로마의 라테란(Lateran) 왕궁의 건물이었으며, 후에 이 건물은 성라테라노성당(St. John Lateran)으로 불렸다.

교회 공간의 구성은 곧 로마 사회의 구조를 닮은 회중 구조(사제와 회중, 신자와 예비세례자, 남자와 여자, 유지와 평민)로 바꾸었다. 사제는 제단 앞 공간(apse)에,

신자는 말씀을 듣기 위해 회중석(nave)에, 성찬을 하기 위해 제단 앞 공간(chancel)에, 예비 세례자는 회중석 양쪽 통로(aisle)에, 구도자는 문 앞 공간(narthex)에 모였다. 이외에도 교인이지만 출교를 당한 후 교회 밖에서 회개하는 '우는 자'(weeper)들이 있었는데, 이들은 문 밖에서 교회 안에 들어간 신자들에게 기도를 부탁하곤 했다.

318년이 되자 로마의 감독은 기독교인들 간의 또는 기독교인과 비기독교인 간의 소송을 판단하는 권한을 부여받았다. 이는 감독이 사회적 지위의 상승을 의미하는 것으로써 지위, 문양(스톨), 예식 손수건, 신발, 모자, 관, 금반지, 손에 입맞춤 등을 얻게 되었다. 또한 공공장소에 그들의 초상화가 걸리고, 공공 예식에서는 사람들이 찬송하는 노래로 그들을 맞이했다.

그러나 종교개혁의 정신은 회중이 중심이 되는 교회에 있었다. 교회 공간은 더 이상 분리되지 않으며, 말씀 외의 다른 대상에 의해 초점이 흐려지길 원하지 않았다. 마틴 부처(Martin Bucer)는 "찬양대가 교회 공간에서 동떨어져 있거나, 예배가 모든 사람에게 집중되지 못한다면 그 예배는 반기독교적(anti-Christian)이라고 할 수 있다."[9]고 단언하였다.

Ⅲ. 예배 공간의 역동성

예배적 시각에서 리차드 키에케퍼(Richard Kieckhefer)는 교회 공간을 세 가지 전통으로 나누었다.[10]

첫째 전통은 고전적-성례적(classical sacramental) 교회로서 바실리카, 동방정교회, 로마가톨릭, 성공회 교회 공간이 그 예가 된다. 이 공간은 장방형의 회중 공간(nave)과 찬양대 / 사제 공간(chancel), 그리고 제단(altar)으로 구성된다.

둘째 전통은 고전적-복음적(classical evangelical) 교회로서 16세기 이후 유럽 북구 개혁교회들에 의해 시작되었으며, 19세기에는 도시를 중심으로 일어난 부흥

---

9) Cobb, "The Architectural Setting of the Liturgy," p. 537.

10) Richard Kieckhefer, *Theology in Stone*(New York : Oxford University Press, 2004), pp. 18-20.

운동의 결과로서 설교 중심의 공간으로 발전했다. 그래서 강단은 교회의 중심이 되었고, 상대적으로 다른 상징물들이 제거되는 결과를 낳았다.

셋째 전통은 현대적-공동체적(modern communal) 교회로서 구교와 신교의 절충안으로 등장했다. 공간은 강단과 제단 양쪽을 둘러싼 회중을 위해 만들어졌고, 교회의 다른 공간을 사회적으로 이용할 수 있도록 배려했다.

역사적으로 교회의 공간은 항상 예배만을 위해 존재하지는 않았다. 예를 들어, 12~13세기 프랑스 샤르트르(Chartres) 지역의 한 교회는 매우 사회적인 의미를 보여 주는데, 중세교회의 장식이 주로 성경의 주인공들이나 이야기들이 표현되지만, 샤르트르대성당(Chartres Cathedral)의 창문들은 크게 세 가지의 주제로 장식되어 있다. 빵 굽는 사람들, 와인 제조업자들, 그리고 환전하는 사람들이다. 그들이 표현하려 했던 것은 빵과 포도주로 대변되는 옛 방식의 삶과 환전으로 상징되는 새로운 방식의 삶이었다. 빵이 교구의 경제적 기초이며 농민들의 주식을 의미했다면, 포도주는 교회와 영주의 부유함을 상징했다. 또한 동전은 당시 화폐 교환을 중심으로 한 새로운 시장 체제를 보여 주었다.[11]

그럼에도 불구하고 예배 행위는 교회 공간의 최우선 목표이기 때문에 교회 공간은 그 예배를 가장 효율적으로 진행시키기 위해 의도적으로 구성되어야 한다. 교회 공간의 상징적 표현 역시 예배와 성례의 의미를 강화하는 이유에서만 타당하다. 공간적 표현은 그 자체로 말씀의 해석자가 된다. 알렉산더 슈메만(Alexander Schmemann)은 "상징주의는 모든 비잔틴 예배에 공통적이며 특별히 예배의 핵심인 성찬 예식에 있어 하나의 주석적(commentaries) 기능을 담당한다."[12]라고 말한다. 틸리히도 예배에서 보고 듣는 행위의 중요성을 강조하였으며, 교회가 단지 말씀(the Word)만을 위한 공간이 아니라고 단언했다. 그에 의하면 말씀은 인간의 언어가 아닌 성례를 통해서도 현존할 수 있으며, 말하고 듣는 언어적 표현 이전에 이미 시각적 표현이 존재한다는 것이다.[13] 그러나 그런 균형이 깨져

---

11) Jane Welch Williams, *Bread, Wine, & Money*(Chicago : The University of Chicago Press, 1993). pp. 142-143.

12) Alexander Schmemann, *Liturgy and Tradition*(Crestwood : St. Vladimir's Seminary Press, 1990), p. 116.

13) Paul Tillich, *On Art and Architecture*, Eds. John and Jane Dillenberger(New York : Crossroad Publishing Co., 1987), p. 196.

서 너무 과도한 청각적 공간이 구성되면, 성례와 종교적 상징이 힘을 잃게 되고, 반대로 시각적 효과만을 강조하면 3차원적 조형물을 중심으로 사람들이 모이게 되고, 말씀의 힘이 약화된다. 교회 공간은 비어 있든 아니든 그 자체로 의미를 지니기 때문에 특정 상징물에 의해서 다른 공간을 부가적인 위치로 약화시키는 것은 옳지 않다는 것이다.[14]

키에케퍼는 균형적인 시작에서 예배 공간을 분석하면서 네 가지 척도를 제시하고 있다 : '공간의 역동성', '공간의 중심 포커스', '공간의 심미적 영향', '공간의 상징적 반향'.[15] 그중에서도 교회 공간을 가장 쉽게 평가할 수 있는 것은 공간의 역동성인데, 그것은 교회 내의 통로들을 구조를 보면 알 수 있다. 통로는 회중들의 움직임을 통제하고 인도하는 중요한 예배 공간이다. 다시 말하면 회중의 포커스가 어디로 향할 것인지 정해 줄 뿐 아니라 회중들이 심미적으로 느끼는 경험을 제공한다. 기존 교회에 우리가 볼 수 있는 통로의 모양들은 다음과 같다.

축 통로(axial path) : 성소를 마지막 기점으로 해서 공간을 가로지르는 모양
분리 통로(split path) : 마지막 기점을 향해 여러 갈래로 난 길 모양
원중심 통로(radial path) : 여러 출발점이 중심부로 모이는 모양
격자 통로(grid path) : 중심부가 없이 흩어져 있는 모양
순환 통로(circumambulating path) : 공간 내의 통로가 집중되지 않고 순환하는 모양
구획 통로(segmented path) : 각 공간이 나뉘어 연관성이 없는 모양[16]

예루살렘의 성전의 문들이 성경의 중요한 복음 사역지로 등장하는 것을 보면 회중의 동선이 얼마나 중요한지 알 수 있다. 또한 중세의 로마에서는 감독이 성례 집전을 위해 한 도시의 여러 교회를 방문하게 되어 있었으며, 감독이 교회에 들어오는 모습은 회중에게는 매우 감격적인 예식적 내용이었다. 일반 사제의 입장

14) Ibid., pp. 193-194.
15) Kieckhefer, *Theology in Stone*, 1, 2, 3, 4장 참조.
16) Thomas Barrie, *Spiritual Path, Sacred place : Myth, Ritual, and Meaning in Sacred Architecture*(Boston : Shambhala, 1996), Chapter 5.

(Introit)은 9세기에 이르러서야 가능했으며, 입장은 한 번에 이루어지는 것이 아니라 축복, 향, 회개, 무릎 꿇기, 성수뿌림과 같은 다양한 행위를 거치고서야 이루어졌다. 교회의 통로들을 보면 그 교회가 드리는 예배의 역동성을 알 수 있다. 일반적인 교회의 형태는 바실리카에서 따온 장방형인데 이 형태의 최대의 장점은 '전후의 움직임' 또는 '행진(procession)'이 가능하다는 것이다. 행진이 예배에 주는 특징은 우선 예배인도자와 회중을 움직이게 하며, 서로 관계성을 갖게 하고, 예배의 각 부분을 나누어 주며, 공간적인 형태가 회중으로 하여금 초대받고 있음을 상기시켜 주는 장점이 있다.[17] 하지만 강단과 회중석과의 거리가 일정치 않음으로 발생하는 소외감과 권위적인 위치가 발생할 수 있다.

Ⅳ. 현대예배 공간의 특징

현대예배는 역동성에 있어서 매우 취약한 것이 사실이다. 예배가 정적이며, 심하게 말하면 죽어 있는 느낌을 주는 이유는 그 공간적 구조에서도 기인한다고 할 수 있다. 그러나 교회 공간을 평가하는 데에는 몇 가지 점들을 고려해야 한다.

첫째, 문화적 관계성이 교회 공간을 결정한다. 예를 들면, 아프리카인들이 유럽인들보다 교회 건물과 분위기에 훨씬 더 민감하게 반응한다고 한다. 기독교인들이 아니더라도 지나가던 행인이 건물 자체만을 보고 "이곳은 신이 사는 곳이다!"라고 무릎을 꿇고 감탄하기도 한다.

둘째, 교회 공간은 그 안에서 실제로 실행되는 예배나 활동 내용에 의해서 평가된다. 이는 흔히 유럽의 전통적 교회들을 방문했을 때, 관광객의 입장과 예배자의 입장은 매우 다른 것이다. 예배를 드리지 않을 때 방문한 관광객들은 교회 공간을 외적인 규모와 상징성에 의해서만 평가하는 경향이 있다.

셋째, 교회 공간은 회중의 공동체성에 의해 평가되어야 한다. 교회는 고대 또는 동양적 사원 개념보다는 회당 개념이다. 회당은 우선 모임을 우선으로 하고 부차적으로 개인적으로 사용하지만 사원은 개인적인 목적이 우선이다. 공동체의 개념

---

17) Kieckhefer, *Theology in Stone*, p. 26.

이 강해질 때 교회 공간은 공간의 활용도와 밀집도가 높아지게 되며, 공간의 구조 자체가 변화하게 된다.

물리적 공간(space)이 역사적 장소(place)가 되는 것은 그 공간 안에서 활동하는 공동체가 지향하는 사건에 의해 결정된다. 전통적으로 제단(altar)과 성수대(font)는 모든 예배 공간의 중심에 있었다. 그러나 개신교의 예배 공간의 중심에는 강단이 있다. 문제는 제단과 성수대에서는 그리스도의 몸과 세례가 연상되지만, 강단에는 오직 설교자만이 있다는 것이다. 설교자가 특정한 움직임이나 상징행위를 하지 않는 한 설교 중심의 예배는 소리 중심의 공간만을 생산한다. 이러한 메커니즘은 현대교회의 공간을 다음과 같이 특징화하고 있다.

첫째, 회중은 교회 공간에서 소리 나는 곳을 중심으로 모인다. 예를 들어, 설교와 찬양이 잘 들리는 곳이 회중들이 선호하는 예배 공간이다. 아론 코프란드(Aron Copland)는 소리와 음악은 다음의 다섯 가지 기능을 발휘한다고 주장한다. 분위기를 창조한다, 주인공들의 심리적 상태를 정의한다, 배경을 채운다, 연속성을 만든다, 긴장감을 유지시킨다.[18] 이를 예배 공간에 적용한다면 복음의 메시지는 설교뿐 아니라 전주, 회중 찬양, 찬양대 찬양 등과 같은 음악적 요소들에 의해 더 효율적으로 전해지고 있다고 해도 과언이 아니다. 그렇기 때문에 설교의 메시지가 음악적 내용과 일치하지 않을 때에 회중은 내적으로 안정감을 갖지 못하게 된다.

둘째, 예배 공간은 기술적 소리 매체에 의해 구성된다. 과거와 달리 현대 교회의 회중은 좀 더 잘 듣기 위해 강단으로 다가갈 필요는 없다. 왜냐하면 발달된 음향시설로 인해 교회 어디에서나 같은 음량의 소리를 들을 수 있기 때문이다. 또한 소리 내는 주체와 듣는 청중과의 사이에 공간적 제약이 없어지면서 설교자가 없는 다른 공간에서도 스크린과 스피커를 이용해 예배를 드릴 수 있게 되었다. 이는 전통적인 성례예식의 의미와 형식에 변화를 가져오게 되는 계기가 되었다.

셋째, 찬양의 경우 소리의 크기와 질은 생산자의 성량이 아닌 음향기계의 용량과 기능으로 조작될 수 있다. 이러한 기계적 조작은 회중 찬양의 경우 문제를 일으키게 되는데, 소리의 변환이 너무 과도할 때 찬양하는 회중들이 자신의 소리를 들을 수 없게 됨으로써 콘서트식의 수동적인 태도를 생산한다.

---

18) Simon Frith, *Performing Rites*(Cambridge : Harvard University Press, 1996), p. 115.

넷째, 같은 원리로 설교의 경우, 기계를 통한 음질과 음량의 보강은 과거에 음량을 보충하기 위해 보여 주던 설교자의 시각적인 몸동작이나 열정적인 태도가 상대적으로 줄어들게 되었다. 전통적인 방식에서는 의사소통을 위해 표정과 제스처와 같은 이차적 수단이 큰 역할을 했지만 현대 설교에 있어서는 더 논리적인 언어적 기술이 필요하게 되었다.

다섯째, 현대예배 공간에서는 소리가 기계적으로 전달됨으로써 공간적으로 대형화되고 있다. 이때 발생하는 시각적 제한은 대개 대형 스크린과 같은 시각 매체를 사용한다. 소리 중심적 공연은 청중을 동시성과 행위성의 중심부에 두지만, 시각 중심적 공연은 청중을 주변부의 수동적 위치로 밀어낸다.[19] 이 방법을 사용하게 되면 회중의 시각적 초점이 설교자가 아닌 배경의 스크린에 맞춰지게 되는데, 이 역시 의사소통에 있어서 심각한 문제가 생긴다. 왜냐하면 설교자와 회중은 서로 눈을 마주치지 않는 관계가 되며, 설교자가 청중의 표정을 제대로 읽지 못하는 것은 의사전달에 장애가 되기 때문이다.

여섯째, 설교와 성례의 중심이었던 강단은 다양한 이벤트를 위한 공간으로 변한다. 문제는 회중들이 강단이라는 거룩한 공간에 대한 경외심이 사라진다는 것이다. 물론 거룩함은 공간에 대한 제한성을 가지지 않는다. 그러나 교회 공간이 일반 공간과 구별될 수 있는 독특한 상징성은 여전히 갖고 있어야 한다. 신앙교육에 있어서도 어린아이들에게 거룩한 공간에 대한 교육을 시킬 공간적 구별점이 없어지게 되는 것은 안타까운 일이다. 예배의 근간인 세례와 성찬을 위한 세례반/성수대(font)와 성찬상(altar / table)은 이벤트에 의해 이리저리 쫓겨 다니게 됨으로써 현대 교회에는 거룩함의 공간적 구심점이 사라졌다. 또한 대부분의 대형 교회들이 가지고 있는 다층 구조는 회중이 위에서 아래로 내려다봄으로써, 전통적인 올려다보는 경외심의 표현이 사라졌다.

일곱째, 예배 공간은 음향과 영상 시설의 도움으로 날로 커지지만 교회 공간으로 볼 때 비효율적 공간이 늘어가게 된다. 대규모 예배 공간은 한 번에 많은 회중이 예배를 드린다는 점에서는 수긍이 되지만, 일주일에 불과 하루만 사용할 뿐 나머지의 시간에는 죽은 공간이 된다. 현대 목회가 소그룹 중심의 교육 프로그램으

19) R. Laurence Moore, *Selling God* (New York : Oxford University Press, 1994), p. 44.

로 채워지고 있는 현실에서 대규모 예배 공간은 지양되어야 할 것이다.

여덟째, 거대한 공간은 예배를 수동적인 회중의 관객화를 가져온다. 이는 중세의 거대한 교회들이 가졌던 공통의 문제였다. 특히 성례는 회중의 무관심 속에 사제만의 행위였다. 세례와 성찬이 현대교회에서 걸림돌이 되는 이유는 연속적 예배의 시간적 제약뿐 아니라 공간적인 문제도 크다.

✚ 적용과 실천

1. 교회 공간을 일상 공간과 구별된 곳으로 교회에서 교육하고 있는가?

2. 교회 공간에 꼭 있어야 할 말씀과 성례의 도구 또는 시설을 갖추고 있는지 살펴보자.

3. 교회 공간을 외적인 화려함이나 웅장함에 초점을 맞춰 치장하고 있지 않은가?

4. 교회 공간이 예배, 교육, 그리고 사역에 맞춰 효율적으로 운용되고 있는가?

5. 교회 공간을 청소하고 정돈하는 일에 회중들이 참여하고 있는가?

7과

예배 음악

7과

예배 음악

찬 송　"태산을 넘어 험곡에 가도"(새 445장, 통 502장)

성 경　"이 백성은 내가 나를 위하여 지었나니 나를 찬송하게 하려 함이니라"(사 43 : 21).

본과의 목 적　예배에서 음악의 위치와 역할을 성서적이고, 예배학적으로 관찰하고, 예배 음악의 역사를 개괄적으로 살펴봄으로 예배 음악을 더욱 깊이 이해하려는 것이다. 최근 현대문화의 변화에 따라 등장한 대중음악형식의 예배 음악에 대해 다각도로 분석하며 예배 음악 역사와 연계된 음악으로서 필요한 기본적인 요건들을 정리한다. 찬양대에 대한 기본적인 이해도 확인해 본다.

함께 나누기

예배에서 음악은 반드시 필요한 것일까? 예배 중에 음악을 통해서 표현하는 것은 다양하다. 즉, 하나님의 말씀의 선포, 기도, 신앙적 결단, 권면, 하나님의 성호를 찬양, 봉헌, 간증 등 예배의 모든 요소를 다 포함하고 있다. 그런데 설교, 기도, 헌금, 광고 등 예배의 각 요소가 이미 하고 있는 것을 음악이 다시 중복하여 할 필요가 있는가? 필요하다면 왜 필요한 것일까?

함께 학습하기

I. 예배에서 음악의 위치

예배에서 음악이 사용되어야 함은 성서적으로나 음악 고유의 특성으로 보나 신학적인 면에서 그 근거를 찾을 수 있다.

1. 성서적 근거

예배에서 음악을 사용해야 할 가장 중요한 이유는 성경이 찬송할 것을 명령하고 있기 때문이다. "여호와께 노래하라"[1], "찬송하라"[2]는 명령이 신구약에 걸쳐 수 없이 많이 있다. 때로는 노래로 찬송하는 것이 그 어떤 제물보다도 하나님을 기쁘시게 할 것이라고 한다. "내가 노래로 하나님의 이름을 찬송하며 감사함으로 하나님을 위대하시다 하리니 이것이 소 곧 뿔과 굽이 있는 황소를 드림보다 여호와를 더욱 기쁘시게 함이 될 것이라"(시 69 : 30-31).

그러므로 예배에서 음악을 사용한다는 것은 주의 명령에 따라 성례전을 행하는 것처럼 순종해야 할 성질의 것이다.

2. 음악 고유의 특성

예배에서 사용되는 언어는 세 가지 형태로 구성되어 있는데, 즉 말, 침묵, 노래이다. 각자 고유한 특성을 가지고 예배에서 회중에게 작용한다. 말과 침묵은 사람의 사고체계에 영향을 주는데 비해 음악은 마음과 감정에 작용을 한다. 브래번트(F. H. Brabant)는 예배는 "단순한 표현적 기능(expressive function)뿐만 아니라 암시적(suggestive) 혹은 감명적(impressive) 기능을 포함하고 있다."[3]라고 했다. 예배의 각 순서는 이 두 가지 기능을 모두 기대하고 있으나 설교나 기도, 신앙고백 등이 언어의 표현적 기능에 더욱 의존한 것이라면, 음악을 포함한 모든 교회

---

1) 새 노래로 여호와께 노래할지어다(시 96 : 1), 노래 중 하나를 노래하라(시 137 : 3), 너는 외쳐 노래할지어다(사 54 : 1), 시온의 딸아 노래할지어다(습 3 : 14), 여호와께 노래하라(렘 31 : 7), 주께 노래하며 찬송하며(엡 5 : 19), 신령한 노래를 부르며(골 3 : 16).

2) 그를 경외하는 너희들아 무론대소하고 다 우리 하나님께 찬송하라 하더라(계 19 : 5), 너희여 그를 찬송할지어다(시 22 : 23), 영화롭게 찬송할지어다(시 66 : 2).

3) F. H. Brabant, "Worship in General," in *Liturgy and Worship* (ed. Clarke and Harris), p. 13, R. Abba, 「기독교 예배의 원리와 실제」(서울 : 기독교서회, 1973), p. 145에서 인용.

예술은 암시적 또는 감명적 기능에 더욱 의존하고 있다. 전자는 진리를 서술하고 설명하는 것을 강조한다면, 후자는 예배자로 하여금 진리로 향하게 하고 마음을 예비하게 한다.

3. 성화의 과정에 있는 예배자의 믿음을 적절하게 표현

그리스도인과 찬송은 불가분리의 관계를 지닌다. 하나님의 백성의 존재에 대해서 이사야 선지자는 "이 백성은 내가 나를 위하여 지었나니 나를 찬송하게 하려 함이니라"(사 43 : 21)고 전하고 있기 때문이다. 따라서 그리스도인은 찬송을 통해서 하나님의 뜻을 성취하게 된다. 나아가 성경에서 특히 시편에서 나타나는 것처럼, 그들의 삶의 상황을 반영한 노래를 통해서 하나님과의 관계를 확인한다.

Ⅱ. 예배에서 음악의 역할

예배에서 음악은 이미 없어서는 안 될 중요한 요소가 되었다. 주일예배의 경우 1시간의 예배시간 중에서 회중 찬송, 오르간 연주, 송영, 찬양대 찬양, 기도송 등으로 20분에서 25분 정도를 음악이 차지하는 것을 보면 그 중요성을 짐작할 수 있다. 그런데 예배에서 음악이 구체적으로 어떤 역할을 하길래 이렇게 큰 비중을 차지하고 있는 것일까?

1. 하나님의 행하심에 대한 회중의 독립적 응답

당연하다고 생각되는 이러한 음악의 역할이 드러나기 위해서는 다음과 같이 올드(H. O. Old)가 경계하고 있는 기존의 생각들을 수정해야 한다. 즉, 예배에서 음악을 예배의 장식(decoration)으로, 어렵고 따분한 진리에 초콜릿 코팅 처리하는 것으로, 회중의 적극적인 참여를 유도하는 것으로, 설교나 기도에 대한 응답으로, 설교의 주제나 교회력의 분위기를 표현하는 것으로 생각해서는 안 된다는 것이다.[4] 음악은 예배의 다른 요소를 돕는 보조 수단이 아니라 설교나 기도처럼 자체가 완전한 요소로 하나님의 행하심에 대해 응답한다. 입례송, 송영, 기도송, 성찬에서 분배 중의 성찬 찬송 연주 등도 그 자체가 온전한 의미가 담긴 순서이지, 순서 간의 부드러운 연결을 위한 것이 아니다.

2. 예배의 다른 요소의 의미를 강화

이것은 첫째의 역할, 즉 음악이 예배에서 독립적인 요소라는 것을 충분히 인식한 후에야 인정된다.

3. 곡조 있는 기도

예배 역사에서 예배구성의 3요소로 말씀, 성찬, 기도를 드릴 때 찬송은 기도에 포함된다. 즉, 곡조 있는 기도인 것이다. 찬양, 감사, 탄원, 죄고백, 신앙고백의 가사가 담긴 노래로 기도를 하나님께 드리는 것이다.

4. 하나님의 계시에 대한 응답

찬송은 하나님의 백성에게 주어진 은총의 계시에 대해 응답하는 방식이 된다. 즐거워하며, 소고 치며 춤추며 노래하면서 하나님의 부르심과 계시에 응답하는 것이다.

Ⅲ. 예배에서 음악의 위험성

위에서 음악에 대한 잘못된 이해를 극복했다고 하더라도, 예배에서 음악에 대한 기대나 음악이 가져오는 효과가 모두 예배를 풍요롭게 하는 것은 아니다. 때로는 예배를 위협하는 큰 장애물이 될 수도 있음을 알아야 한다. 따라서 예배에서

---

4) Nicholas Wolterstorff, "The Genius of Reformed Liturgy," *Reformed Worship*, No. 2 (Winter 1986/1987), p. 11.

음악의 역할의 한계를 규정할 필요가 있다.

1. 음악의 예술적 미의 성취가 목적이 되어서는 안 된다.

압바(R. Abba)는 예배에서 음악은 완전의 미 또는 예술적 미(Beauty of Wholeness)를 통하여 성결의 미(Beauty of Holiness)를 구하는 것[5]이라고 하는데, 때로는 예술적 미를 성취하다가 성결의 미를 놓치는 때가 있다. 어거스틴은 이런 위험성을 그의 참회록(10.33)에서 다음과 같이 경고한다.

> 나의 신앙 초기에 있어서 찬양에 의해 감동을 받아 흘렸던 눈물을 기억할 때, 맑은 음성과 석낭한 억양으로 불려질 때, 그 노래의 소리에 의하여서가 아니라 노래로 불리는 그 일들에 의하여 감동되고 있는 것을 알게 될 때, 나는 이 찬양의 유용함을 깨닫게 된다. 그러나 노래로 불리는 그 일보다는 노래 자체에 의하여 감동될 때에 나는 비통스럽게도 죄를 짓고 있음을 인정하며 그러한 때에는 노래를 듣지 않았었다면 하고 생각하지 않을 수 없게 된다.

이 두 가지 미적 추구를 엄격하게 구분하기는 어렵지만, 예배에서 음악으로 표현하려고 할 때마다 스스로 물으면서 관찰하지 않으면, 음악의 예술적 성격 때문에 예술적인 미에 머무르려고 하는 위험에 처할 수 있다.

2. 음악이 주는 정서적 감동을 영적이고 도덕적인 발전으로 혼돈해서는 안 된다.

음악을 통해 기쁨이나 환희, 간절함 등을 느꼈다고 해서 영적으로 성장했다거나, 도덕적인 행동능력이 향상되었다고 생각해서는 안 된다.

5) R. Abba, Ibid., p. 146.

3. 어떤 음악 속에 예측 가능한 감동과 힘이 있다고 확신해서는 안 된다.

아무리 그 음악의 곡과 내용이 좋고 은혜스럽다고 해도, 그 음악 자체에 그러한 감동과 힘이 담겨 있는 것은 아니다. 그리스도인의 예배를 결과가 예측되는 그런 음악들로 꾸미려고 하는 것은 예배를 크게 훼손하는 것이다.

4. 음악이 예배와 예배자를 인도하는 것이 아니다.

음악이 믿음과 감격을 가져오는 것이 아니라 이미 우리 속에 있는 믿음과 감격을 음악을 통해 표현하는 것이다. 이것에 대해 해롤드 베스트(Harold Best)는 다음과 같이 적절히 말한다.

> 음악이 우리를 감동시키느냐의 여부와 상관없이 성령님은 언제나 자유롭게 우리의 예배를 인도한다. 음악으로부터 오는 감동이 하나님을 향해 본래 가지고 있던 열정과 연결될 때 우리는 진실로 감동하게 된다……. 이 모든 것의 배후에는 와서 예배를 계속하라는 주님의 끊임없는 초대가 있다. 하나님은 모든 사람이 하나님을 예배하기를 원하신다. 음악, 예술, 연극, 무용, 건축, 분위기, 환경 같은 모든 부수적 감동 뒤에는 으뜸가는 감동 제공자가 있는데, 주님의 조용한 부르심과 상기시키심은 그 어떤 감동적인 예술품보다 더 많은 것을 말해 준다.[6]

이같이 음악과 예배의 우선순위가 전도된 상황에 대한 진단을 위해 다음과 같은 질문이 필요하다. "음악이 없이도 예배할 수 있는가?" 이렇게 질문하는 것은 예배자가 음악이 없이도 예배할 수 있을 때, 비로소 음악을 올바로 사용할 수 있기 때문이다. 음악이 우리의 예배 분위기를 돋우는 것이 아니라 우리가 표현하고 싶은 마음을 음악과 함께 표현하는 것이다.

---

6) Harold Best, p. 151.

Ⅳ. 예배 음악의 역사

1. 성서시대의 예배 음악

구약시대 성전에는 성전 음악인으로 임명된 레위인이 희생제사 중에 음악을 담당했다. 성경의 시편과 여러 시적인 본문들을 담당했고, 일반인들은 후렴구를 반복하는 것으로 참여가 제한되었다. 예를 들면 출애굽기 15장의 '모세의 노래', '미리암의 노래' 등이 있다. 회당예배는 말씀의 선포와 기도로 구성되어 있는데, 18개의 축복기도가 노래하듯이 불려졌다. 음악으로 드리는 기도는 회당장들이 초청된 사람들에게 맡겼다. 회당의 예배 음악은 아카펠라였고 민요 경향을 띠었다.

신약시대의 초대 기독교 예배는 성진 음악보다 회당 음악의 영향을 디 많이 받은 것이 확실하다. 경배찬송구절(롬 16 : 27), 하나님 찬송(벧전1 : 3-5), 그리스도 찬송(빌 2 : 6-11), 마라나타, 호산나, 그리고 다른 음악적인 언급(계 4)에서도 나타나고 있다. 또 에베소서 5 : 19, 골로새서 3 : 16, 고린도전서 14 : 15에서 찬송에 대해 설명하고 있다. 매일 기도시간에 불린 마리아의 찬가(Magnificat), 사가랴의 노래(Benedictus), 시므온의 노래(Nunc Dimittis) 등도 있다. 이 당시 음악은 악기에 의한 것이 아니고 목소리에 의한 것이었으며, 전문인에 의해서 인도되었다. 초기 예배에서 불려진 찬송가로 보이는 빌립보서 2 : 5~11, 골로새서 1 : 15~20도 있다.

2. 교회역사에서 예배 음악

기독교 예배 중에 찬송을 불렀다는 증거가 플리니의 편지(115)에서 "기독교인들이 신으로서의 그리스도께 노래했다."라고 언급한 구절에 나타난다.

2~3세기에도 회당예배의 무반주 발성이 계속되었는데, 악기 사용은 부도덕성과 관련된 것으로 이해했기 때문이다. 이때는 독창자보다는 공동체적 노래 형식이었고, 회중들이 얼마나 참여했느냐가 중요했던 것으로 보인다.

4~7세기는 기독교가 공인된 후 음악에도 변화가 있었는데, 예전 가창자들의 특수학교가 시작된 것으로 보이며 소년, 여성 합창단이 시작되었다. 그 후 음악을 인도하는 전문가들이 나오면서 여성들이 배제되고 목소리와 언어 중심의 음악으

로 발전되었다. 점점 노래와 말의 구별이 생기게 되었다.

8~11세기에 들어와서는 다성음이 출현했는데, 가사의 본문을 모호하게 만드는 격이 되기도 했다. 예전의 본질에 대한 관심보다 음악의 전문성에 민감할 수밖에 없는 상황이 발생하게 된 것이다. 또 이 시기부터 노래하는 미사와 읽는 미사가 구분되기 시작했다.

12~15세기에는 예전과 음악이 분명히 분리되었고, 다성음악(polyphony)이 출현했다.

3. 종교개혁과 예배 음악

루터(1483 - 1546)는 지역언어로 된 찬송가나 찬트(chant)를 사용함으로써 예배 음악의 주체자가 전문음악인으로부터 회중에게로 옮겨 가게 했다. 대표적인 찬송이 "내 주는 강한 성이요"이다. 루터는 "하나님 말씀 다음으로 음악은 가장 위대한 선물이다."라고 말한 데 반해, 쯔빙글리는 음악적 재능이 있었음에도 음악을 본질상 세속적인 것으로 간주하고 모든 음악을 취리히 교회에서 제거했다. 칼빈은 루터와 쯔빙글리의 중도적 입장으로 다성음악이나 악기를 거부하고 단성으로 시편을 부르는 것을 허용했다. 로마가톨릭은 트렌트회의에서 모든 성악과 기악을 금지시키고, 음악은 본문을 돕는 것임을 재확인했다. 그러나 개혁자들의 찬송가와 대중적인 노래는 차츰 부분적으로 가톨릭 미사에 사용되었다. 18세기경에는 찬송가가 미사의 통상문에도 허용되었다. 비록 개혁자들이 지역 언어와 단성에 의한 노래를 강조하였지만 다성음악과 라틴어 작품들을 배제하지는 않았다.

칼빈주의자들은 시편집에 맞는 다성곡을 만들고, 영국 종교개혁의 작곡자들은 다성음으로 된 찬양대용 노래(anthem)를 만들었다. 루터교 신자들은 합창대 성가, 합주 성가, 교회 칸타타 등을 작곡했다. 16세기 후반과 17세기에 접어들면서 박자 있는 찬송가가 대중화되기 시작했다. 가톨릭교회에서도 많은 합창곡과 기악, 그리고 오페라를 위한 작곡이 이루어졌다.

18세기경 가톨릭교회들은 오르간 작품을 제외하고는 음악적 중심으로서의 역할을 잃어가고 있었으며, 몇몇 모차르트의 미사와 같은 작품들이 있을 뿐이다. 반면 개신교회는 "기쁘다 구주 오셨네"를 작고한 아이작 와츠를 비롯하여 존 웨슬리, 찰스 웨슬리에 의한 찬송가들이 쏟아져 나왔다.

19세기는 웨슬리와 와츠에 뒤이은 낭만주의시대로 이어지면서, 화음 있는 찬송가와 반음계가 사용되었다. 이 시기에 유명 시인에 의한 가사와 주관적이고 개인적인 내용의 특징을 보인다.

4. 20세기의 예배 음악

로마가톨릭교회의 예배 음악에 관한 입장은 파이우스 10세 교황(1914년)의 세 가지 기준, 즉 거룩성, 진정한 예술성, 보편성을 제2바티칸 공의회의(1963년)에서 재확인하고 있다. 예배음악의 필요성은 음악이 예전의 성경 본문과 연합하여 그 본문을 돕는 능력이 있음을 인정하기 때문이다. 또한 음악이 본문뿐 아니라 예식 행위도 돕는 것을 인식한다.

V. 한국교회의 최근 예배 음악의 동향

최근 한국교회에서 예배 음악을 음악 장르에 따라 크게 두 가지 흐름으로 나누는데, 하나는 예전 음악이고, 다른 하나는 현대 대중음악이다. 여기에 국악 음악이 어디에 속하는가에 따라 흐름이 바뀔 수 있다.예전 음악이 역사적 연구나 성서적 근거와 신학적 고찰로 활발하게 연구되고 있는 반면에, 경배와 찬양식의 예배에 대해서는 논의되고 있는데 비해서 이에 대한 신학적 연구들이 아직 미흡하다. 따라서 이 글에서는 경배와 찬양식의 예배가 한국교회에 어떻게 수용될 수 있겠는지를 다룬다.

가장 자주 제기되는 질문은 "주일예배 중에 복음송을 부를 수 있는가?", "부를 수 있다면 곡의 선정 기준은 무엇인가?"일 것이다. 한국교회 대부분의 교회들은 주일 낮예배 이외에는 복음송에 대해서 긍정적으로 수용하여 가는 추세이다. 그러나 대중음악의 변화에 따라 급격하게 변해 가는 복음송이나 CCM[7]을 수용하는 문제에 대해서는 의견이 분분하다. 청소년이나 청년집회에는 비교적 관대하지만 기성세대들은 이에 대해 조심스럽게 바라보며 수용과 한계의 범위를 정하기 위해 고심하고 있다.

Ⅵ. 예배 음악과 CCM(대중적 기독교음악)

1. CCM 또는 가스펠 음악의 특성[8]

선조들의 신앙 유산을 전통적 선율에 따라 질서 있게 부르는 찬송가와는 달리 CCM 음악들은 개인의 구체적 고백들을 현대의 유행하는 음악적 선율에 맞춰 부른다. 찬송가가 이지적이라면 CCM은 감정적이며, 전자가 회중들이 표현해야 할 것을 담고 있다면, 후자는 표현하고 싶은 것을 담고 있다. 넓은 의미의 가스펠 음악은 19세기 말 미국에서 시작되었다.[9] 20세기 초 미국 LA에서 시작된 성령운동은 가스펠 음악에 새로운 장을 열었는데, 하비 콕스는 성령운동과 재즈의 근원적 유사성을 주장한다.[10] 그에 의하면 성령운동과 재즈의 유사성은 근원적인 것에서뿐 아니라 그 성격에서도 매우 유사하다는 것이다.

성령운동과 재즈는 세 가지 유사점이 있는데, 첫째는 실체화 또는 현장화이다.

---

7) CCM은 Christian Contemporary Music(직역하면 그리스도인 현대음악)의 약자로, 그리스도인들이 부르는 현대적인 음악을 가리킨다. 1964년 미국의 Ray Repp이 가톨릭교회에 포크 미사를 선보임으로써 시작되었고, 1965년 랄프 카마이클(Ralph Carmaichael)이 빌리그래함의 영화에서 싱코페이션을 사용한 것도 새로운 시도였다. 그 이후 LA의 갈보리교회(Calvary Chapel)에서 히피를 위한 침례식, 1960년 후반의 'Jesus Movement', Rock opera인 'Jesus Christ Superstar', 1971년 갈보리교회의 'Maranatha! Music' 설립, 1972년 'Expolo 72' 대회, *CCM* 잡지 창간(1978), Amy Grant, Sandi Patti, Hossana Integrity Music, Vineyard Church의 Worshipsong 등도 CCM의 질적, 양적 성장에 큰 역할을 담당했다.

8) 양동복, 「새로운 대중음악 CCM」(서울 : 예영, 2000), p. 256 이하. 양동복은 찬송과 성가곡 이외의 모든 기독교 음악을 '가스펠 음악'이라고 부르고 다음과 같이 구분한다. 가스펠 음악(양동복은 이러한 기독교적인 대중음악을 '대중성가'라고 부른다.)

1. CCM - Pop/Rock, Hard Rock/Heavy metal, Punk, Techno Pop, New wave, Southern Rock/Classical Rock, Country Rock, Ballard, Folk, Acapella
2. Gospel - 전통 가스펠, 흑인 가스펠, Country Gospel, Southern Gospel, Gospel Hymn
3. 경배와 찬양(Praise and Worship)
4. 연주 음악 - Jazz, 명상/무드 음악

9) 양동복, p. 26 : 양동복은 가스펠 뮤직의 역사를 19세말, 즉 1874년 당시 미국의 부흥사 휘틀(D. W.Whittle)의 집회에서 찬양인도자로 활동하던 블리스(Phillip Bliss)에 의해서 출판된 노래모음집 「가스펠송」에서 비롯되었다고 한다. 한국찬송가에 있는 "하나님의 진리등대", "저 장미꽃 위의 이슬", "저기 갈보리산 험한 십자가는" 등이 여기에 속한다는 것이다.

성령운동은 자유로운 성령의 역사를 통한 말씀의 실체화를 꾀하고, 재즈는 악보를 벗어난 즉흥적 연주를 시도한다. 둘째, 홀림(possession)인데, 성령운동이 무아적 몰입 상태의 경험을 강조하는 것처럼 재즈 음악도 연주자와 악기와 청중이 하나 되는 것 같은 모습을 보여 준다. 셋째, 비통제성이다. 성령운동이 교회 제도와 교리의 틀을 벗어나는 것처럼 재즈도 기존의 음악 형식에 머무르지 않는다는 것이다.[11] 콕스의 이러한 분석은 오늘날 CCM 또는 가스펠 음악의 성격을 더 잘 이해할 수 있게 해 준다.

2. CCM의 가치와 위험성

CCM은 사실 현대적이기는 하지만 회중에게 갑자기 나타난 '새로운' 음악은 아니다. 이미 사회에서 유행되고 있는 음악을 반영한 것이기에, 베스트(Harold Best)의 말처럼 음악적으로는 급진적이라기보다는 보수적이며, '새로운 것' 이기보다는 '선호되는 것' 이다.[12] 베스트가 CCM의 가치에 대해서 분석한 것을 보면 CCM이 예배에서 사용될 가능성을 높여 준다. 그에 의하면 CCM은 음악적으로나 가사에 있어서 다원론적 음악 문화의 정신을 가지고 있다는 것이다. 민요, 가요, 락(Rock), 랩(Rap) 등 대중적인 스타일 뿐 아니라, 세미클래식 스타일도 가지고 있어서 대중문화의 모든 것을 요약해 놓았다는 것이다. 또한 CCM은 질적인 면에서도 높은 수준을 지니고 있는데, 특히 인격적이고 영적인 성실성도 지니고 있다. 게다가 젊은 세대에게는 세속 음악에 대한 확실하고 유익한 대안이 되고 있고, 그들의 다양성과 창의성을 쏟아 부을 수 있다는 것이다.[13]

그러나 이러한 가치가 예배에서 유지되기 위해서는 CCM의 위험성을 인식하고

---

10) Harvey Cox, *Fire From Heaven*(1995), 유지황 역, 「영성. 음악. 여성」(동연, 1996), pp. 213-215. 재즈는 남부 지역 부흥집회에서 주로 사용되던 찬송이 사회적으로 차별이 심한 뉴올리언스의 흑인 지역에서 합치됨으로써 탄생한 것처럼, 성령운동도 LA의 아주사 거리(Azusa Street)에서 시무어(W. Seymour)의 인도하에 열렸던 부흥집회를 통해 전 세계적으로 번지기 시작했다.

11) Harvey Cox, pp. 218-223.

12) Harold Best, p. 160.

13) Harold Best, pp. 176-179.

그에 대한 대책이 강구되어야 한다. CCM에 대해서 전통적인 예배가 회의적으로 바라보는 가장 큰 이유는 CCM의 상업주의적 성격 때문이다. CD제작, 매니저, 콘서트(Concert) 알선자, 라디오 방송국 PD와의 관계 등 세속 대중음악의 상업주의적 요소들을 다 포함하고 있기 때문이다. 두 번째 위험성은 CCM은 스타에 의해서 주도된다는 점이다. 전통적인 음악에 있어서는 스타는 없다. 있더라도 이미 세상을 떠난 이들이다. 그러므로 그들의 믿음과 삶에 대한 안정된 기억들이 있는데 비해서 CCM의 스타들은 여전히 우리의 눈앞에 있기 때문에, 그들의 믿음과 삶의 변화에 따라 그들의 음악에 대한 가치도 달라질 수 있다. 아울러 세속 음악에서처럼 스타의 독특하고 강한 이미지가 음악을 지배해서 회중에게 영향을 줄 때가 많다.

세 번째 위험성은 CCM을 선호하는 예배자는 고전적 찬송에 대해 배타적인 경향이 있다. 고전 음악인들 중에는 고전 음악을 하면서도 현대 대중음악을 좋아하는 이들이 많으나 이상하게도 CCM을 선호하는 예배자는 대개 CCM만을 참된 영적 음악으로 생각한다. 이러한 편협한 자세로는 그리스도교 예배의 역사성과 세계성을 표현할 수가 없을 것이다.

마지막으로 유행에 따라 노래가 바뀌면서 경험했던 예배의 감격이 유치한 것으로 생각될 수 있다. 당시 유행했던 CCM을 통해 느꼈던 기쁨과 감사가 노래의 잊혀짐과 함께 사라질 수 있다.

3. CCM과 예배 음악

최근 한국 개신교 예배의 이슈로 전통음악과 대중음악의 대립과 조화문제가 자주 등장한다. 대부분의 기성교회들은 주일예배 시간에 서구교회에서 소개한 찬송가와 서양고전음악을 바탕으로 한 성가곡을 예배찬송으로 사용하고 있는데 비해서, 최근에 설립된 교회들은 대중음악을 바탕으로 한 복음송 또는 CCM이 사용된다. 그러나 기성교회도 청년대상 예배에서는 복음송이나 CCM이 거의 주된 찬송으로 빠르게 자리를 잡아가고 있다. 음악, 드라마, 미술, 무용과 같은 예술적 표현들로 예배의 각 요소들을 새롭게 표현할 수 있는데, 특히 음악의 경우 최근에 활발히 논의되고 있는 복음송의 주일예배 수용문제에 대해서 적극적인 자세로 임하는 것이 좋겠다.

이미 많은 교회에서 시행하고 있는 방법으로 복음송 중에서 예배송으로 적합하고, 회중에게 잘 알려진 노래를 선곡하여 먼저는 봉헌송이나 찬양대 합창으로 소개함으로써 예배의 찬송으로 도입할 수 있겠다. 또한 교회 기도 후나 성도의 교제 시에 사랑과 기쁨과 간구를 주제로 한 복음송을 함께 부르는 것도 좋은 방법이 될 것이다.

Ⅶ. 예배에서 음악의 수용 기준

전통음악이든지, 현대복음성가이든지 예배에서 사용될 음악의 수용 기준이 필요하다. 이미 앞에서 성스러운 음악이 따로 있는 것이 아님을 밝혔다.

1. 성서적 근거와 신학적 정당성

성서적 근거가 있어야 한다는 의미는 문자적인 것이 아니라 성서의 정신을 말하는 것이다. 음악의 가사는 하나님을 찬양하는 것은 물론 기도와 간구에서부터, 하나님께서 우리와 이 세상을 향해 행하신 것을 선포, 고백, 권면, 결단하는 내용에 이르기까지 다양하다.

2. 교회의 공동체적 공감대

아무리 나에게 은혜가 되는 음악이라도 그것이 모두에게 은혜스러운지를 따져봐야 한다. 이것은 회중 찬송은 물론이고, 찬양대의 연주 찬송의 경우에도 해당된다.

3. 예술적 탁월성

여기서 예술성이란 부조화, 조잡함, 천박함, 적당주의, 무질서의 반대를 말한다. 또한 유행 따라 움직이는 상업성을 뛰어넘는 것을 말한다. 경쟁적이나 모방이 아닌 진정성을 추구하는 음악이어야 한다. 다른 영역의 음악에 대한 예술성에 대해 따지는 대신, 자신이 선호하는 음악의 예술성을 물어야 한다.

4. 다양한 음악적 형식에 대한 개방성

예배에서의 음악은 고전음악 형식이나 대중음악 형식을 포함할 수 있어야 한다. 기독교적인 음악을 익숙한 것과 생소한 것, 도덕과 비도덕으로 나누기는 쉽지 않다. 음악에 대한 편협한 자세는 음악이 예배의 장애물이 되게 한다. 고전음악 형식을 선호하는 예배자는 대중음악 형식을 선호하는 예배자들을 모방적이고, 세속적이고, 상업적, 감정적인 이로 보는 반면, 후자는 전자를 형식적이고, 고지식하고, 감격이 없는 이들로 본다.[14] 그러나 음악적 가치의 우열을 가리기는 사실상 불가능하다. 베스트는 확신하기를 추상적으로는 X음악이 Y음악보다 좋다고 하더라도 다른 상황에서는 Y음악이 X음악보다 더 바람직할 수도 있다고 하면서, 음악적 가치란 상황에 매우 많이 좌우된다고 한다.[15] 예배자들은 자기의 '음악적 고향' 만을 회상할 것이 아니라 다른 회중들이 선호하는 음악을 '이해' 하려고 하는 자세가 필요하다.

Ⅷ. 찬양대

1. 찬양대에 대한 이해

1) 찬양대의 역할

첫째는 찬양을 회중을 대신하여 부르는 것이다. 찬양대의 역할은 정성껏 준비한 음악을 회중을 대신해서 하나님께 드리려는 데 있다. 이는 회중 중에서 한 사람이 기도를 준비하여 회중을 대신하여 기도하는 것이나, 목사가 말씀을 준비하여 설교하는 것과 같다. 다함께 부르는 회중찬송만을 선호하기도 하는데, 회중들

14) 성령운동과 재즈의 유사성을 강조하며 개인적으로 재즈풍의 기독교음악을 선호했던 하비 콕스(Harvey Cox)는 수많은 교회집회를 관찰한 후에 다음과 같은 고백을 한다 : "최근 나는 은사운동에 대한 초기의 부정적 생각을 교정했다. 세상에는 내가 싫어하고 따분해 하는 음악적, 종교적 표현을 좋아하는 사람들이 많이 있을 수 있으며, 그런 점에서 다른 사람들의 음악적, 종교적 태도에 대해 관대해야 한다는 사실을 깨닫게 되었다". Harvey Cox, p. 225.

15) Harold Best, p. 108.

은 잘 준비된 음악을 들음으로 더욱 깊이 참여하며 은혜를 경험할 수 있다.

둘째는 예배의 진행을 돕고, 회중찬송을 적극적으로 인도하는 역할을 할 수 있다. 예전적인 예배는 물론이고 자발적인 현대예배에서도 찬양대는 음악성을 유지하면서 회중찬송을 이끌 수 있다.

2) 찬양대의 자세와 기준

첫째는 예술성(artistry)으로 참된 아름다움을 추구하는 것이다. 예배 음악은 실용적이기보다 예술적 가치가 있어야 할 것이다. 물론 현대문화를 반영하되 천박성, 조잡함, 문화적 저급성을 경계하는 자세가 필요하다.

둘째는 창조성(creativity)과 독창성(originality)을 유지하는 것이다. 창조성은 하나님의 속성으로 예배음악은 모조나 모방이 아니고 다양한 달란트를 수용하는 정신이 유지되어야 한다.

셋째는 탁월성(excellency)을 위해 노력하는 것이다. 탁월한 음악이란 어느 한 사람에 의한 인위적이고 조작된 음악이 아니라 자연스러운 것이다. 설교자는 설교를 잘해야 한다. 반주자는 반주, 지휘자는 지휘를 잘하고, 찬양대원은 노래를 잘해야 한다. '찬송의 미'를 가꾸어야 한다. "새노래로 그를 노래하며 즐거운 소리로 아름답게 연주할지어다"(시 33 : 3). "하나님이여 내가 주께 새 노래로 노래하며 열 줄 비파로 주를 찬양하리이다"(시 144 : 9).

넷째는 보편성(universality)이다. 회중이 공감해야 한다. 찬양의 형식과 곡은 회중과 공감대를 가져야 한다. 음악 전문가에 의한 일방적인 선곡은 위험하다. 눈높이를 회중에 맞추어서 예술적인 감각을 더해 문화선도적으로 이끄는 섬세한 노력이 필요하다.

3) 누가 찬양대원이 될 수 있는가?

찬양대원의 기본적인 자격으로 세례교인으로 한정하는 교회가 많을 것이다. 그보다 더욱 중요한 것은 하나님을 알려는 마음이 중요하다. 힘써 여호와 하나님을 알려고 애쓰는 마음이 예배의 기본이기 때문이다(호 6 : 6). 찬송과 세속적인 노래의 차이는 음악의 장르나 가사에 있는 것이 아니라 그 노래가 자신의 실력으로 부른 것인지 아니면 하나님의 계시와 은혜에 대한 응답으로 부르는 것인지에 달려 있다.

✚ 적용과 실천

1. 자신의 신앙의 이야기가 담긴 찬송이 있다면 어느 찬송인지 소개하고 나누어 보자.

2. 최근 예배음악의 변화에서 전통적 음악(찬송가)과 현대예배음악(복음송)에 대해 경험했던 바를 나누어 보자.

3. 찬양대를 통한 은혜를 나누고 바라고 싶은 것이 있다면 어떤 것인지 소개해 보자.

8과

장로교 예배

8과

장로교 예배

찬 송 "큰 영광 중에 계신 주"(새 20장, 통 41장)

성 경 "너희 권능 있는 자들아 영광과 능력을 여호와께 돌리고 돌릴지어다 여호와께 그의 이름에 합당한 영광을 돌리며 거룩한 옷을 입고 여호와께 예배할지어다" (시 29 : 1-2).

본과의 목 적 본 과의 목적은 우리가 속한 장로교의 예배가 어떤 것인지를 배우고 알기 위함이다. 이를 위해서 먼저 장로교회의 역사와 신학을 간단히 살피고, 나아가 장로교 예배 정신과 원리, 그리고 장로교 예배 순서와 형식 등을 소개하도록 하겠다.

함께 나누기

웨스트민스터 요리문답(Westminster Catechism)은 "우리 인간의 제일 되는 목적은 하나님을 영화롭게 하고 그분을 영원토록 즐거워하는 것이다."라고 말한다. 하나님은 우리를 예배하도록 창조하셨고, 우리는 예배를 통해서 하나님의 영광을 기리게 되는 것이다. 장로교 예배는 무엇보다도 "하나님의 영광"을 제일로 한다. 왜 우리가 예배하는가? 그것은 곧 하나님의 영광을 위해서라는 것이다. 장로교 신학의 창시자인 존 칼빈(John Calvin) 역시 이 점을 철저하게 강조하였다. 오늘 우리의 예배는 어떤가? 예배를 통하여 하나님의 영광을 기리고, 예배 속에 하나님의 영광이 참으로 나타나고 있는가? 아니면 하나님의 영광보다는 인간의 기쁨을 위해서 예배하고 있지는 않는가?

✠ 함께 학습하기

세계 모든 교회들은 자신들의 전통과 예전을 가지고 있다. 종교개혁 이후 개신교의 한 교파로 시작된 장로교회 역시 자신들의 고유한 전통과 예배를 가지고 있다. 특별히 예배에는 각 교회(교파)가 자신들의 신학과 사상을 반영함으로써 독특한 전통을 계승해 오고 있는 것이다. 그러면 장로교회의 예배는 어떤 특성을 가지고 있는가? 이를 이해하기 위해서 먼저 장로교회의 역사와 신학을 간단히 살피고, 이어서 장로교회의 예배 정신과 원리, 형식 등을 알아보도록 하겠다.[1]

Ⅰ. 장로교회 이해

1. 장로교회의 역사

장로교는 16세기 종교개혁을 통해서 형성된 개신교(Protestantism)의 한 줄기이다. 더 정확히 말하면 개신교 내에서 쯔빙글리(Huldrych Zwingli)-칼빈(John Calvin)-낙스(John Knox)로 이어지는 개혁교회(the Reformed Church)에 속하는 한 그룹이라고 말할 수 있다.[2]

처음 종교개혁이 시작될 무렵에는 함께 출발한 개신교가 나중에는 독일을 중심하여 루터의 신학과 교리를 따르는 루터 계열(Lutheran)과 독일 이외 지역, 특히 스위스를 중심한 쯔빙글리와 칼빈의 교리를 따르는 개혁교회 계열로 나뉘게 된다. 그 결과 개혁교회 계열은 독일 이외의 많은 나라들, 스위스, 프랑스, 네덜란

---

1) 이현웅, "장로교 예배 모범의 역사와 전망에 관한 연구"(미간행 박사학위논문, 장로회신학대학교 대학원, 2004), pp. 53-93.

2) 개혁교회(the Reformed Church)와 개신교회(the Protestant Church)를 같은 것으로 혼동하는 사람들이 더러 있는데, 개혁교회와 개신교회는 다르다. 개혁교회는 개신교에 속한 일원으로 쯔빙글리, 칼빈, 낙스의 신학과 전통을 따르는 교파이며, 장로교회나 유럽 등에 있는 개혁교회 등이 이에 속한다.

드, 영국, 스코틀랜드 등으로 확산되게 되었고, 여기서 개혁교회 교리를 따르는 그룹들이 형성되었는데, 프랑스의 위그노(Huguenots), 영국의 청교도(Puritan) 등이 그 대표적인 것들이다.

대륙에서는 특별히 프랑스의 위그노와 네덜란드를 중심으로 장로교가 발전하게 되었고, 영국에서는 청교도들을 중심으로 장로교가 형성되었다. 영국에서 청교도들은 칼빈의 교리를 철저히 따르면서 영국국교회(성공회)의 신학과 교리와 예배에 대해서 반대하게 되는데, 장로교는 이러한 청교도와 관련을 가지면서 나중에 그 체제를 갖추고 본격적으로 출발하게 되었던 바 그곳이 바로 존 낙스를 중심한 스코틀랜드였다. 그러므로 지금도 장로교의 발원지를 스코틀랜드로 인정하고, 존 낙스를 장로교의 아버지라 부르는 것이다.

장로교는 신학적인 면에 있어서는 칼빈의 신학을 기본으로 하여 따르고 있다. 장로교의 설립자인 낙스는 제네바에 가서 칼빈의 영향을 받게 되었는데, 그는 칼빈의 이러한 교리와 신학을 따라서 스코틀랜드에서 교회의 제도를 조직하게 되었던 것이다. 이와 같이 칼빈의 신학이 장로교를 지배하고 있기 때문에, 많은 사람들은 칼빈을 장로교회의 이론적 설립자(theoretical founder)로 여기고 있다. 그러므로 낙스가 장로교의 실제적인 면에서 설립자(practical founder)라면, 칼빈은 이론적인 면에서 설립자라고 할 수 있다. 장로교의 대표적인 신학적 이론은 '하나님의 주권' (sovereignty of God), '성서의 절대권위', 그리고 '예정설' (predestination of the elect) 등이라고 할 수 있다.

그러나 장로교(Presbyterian)라는 명칭이 붙게 된 것은 신학이나 교리적인 것보다는 교회의 조직 체계(Church Government)에 기인하고 있다고 보는 것이 타당하다. 종교개혁은 교회의 신학과 사상뿐만 아니라 교회의 조직과 제도에 관한 전반적 변화까지도 함께 진행하도록 하였다. 그동안 로마가톨릭교회는 교황을 중심한 감독제 형태를 취해 왔으나, 교회의 부패와 타락의 주요 원인이 여기에 있다고 생각한 개혁가들은 교회의 제도에 대한 개혁도 함께 시도하였던 것이다.[3] 따라서 종교개혁 그룹 안에서는 교회 정치 제도상 크게 세 가지 입장으로 나뉘게 되는

---

3) 교회의 정치 제도적인 측면에서 보면 기독교는 성직자를 중심한 감독제, 회중이 중심이 된 회중제, 중간적인 성격의 장로 제도로 크게 나눌 수 있다.

데, 하나는 감독제(Episcopacy)를 그대로 지켜나가는 그룹과 감독제에 적극 반대하여 회중이 중심된 회중제(Congregationalism)와 그리고 이 둘의 절충적 입장이라고 할 수 있는 장로제(Presbyterianism)가 그것이었다. 그중 장로교회는 바로 이 장로제를 교회의 정치 제도로 채택한 그룹이었다.

2. 장로교회의 신학

"장로교 신학의 특징은 무엇인가?"라는 질문에 대한 대답은 그렇게 간단하지만은 않다고 본다. 그러나 장로교회가 취해 온 신학적 입장은 칼빈 이후 형성되어 온 개혁교회(the Reformed Church)의 신학적 전통을 따르고 있다고 보는 것이 일반적이라고 하겠다. 그러면 장로교회의 신학은 무엇인지 정리해 보도록 하겠다.

먼저 장로교 신학의 특징은 하나님 중심 신학(theocentric theology)이다. 개혁교회 신학의 중심은 인간이 아니라 창조자이시며, 예수 그리스도를 통하여 자신을 계시하신 하나님이시다. 개혁교회 신학에 있어서 신앙의 대상은 삼위일체 하나님이시다. 그리스도인들이 예배하는 하나님은 하늘과 땅을 창조하신 주 하나님이시요, 위로를 주시는 성령님이시요, 그리고 예수 그리스도 안에서 그 백성들을 만나시고 구속하시는 하나님이시다. 삼위일체 하나님은 하늘과 땅의 주인(the Lord)이시다. 그러므로 칼빈에 의하면 그리스도인의 생활은 하나님과 그분의 뜻에 대한 충성이라고 보았다. 하나님은 절대자로서 어떤 존재에 의하여 영향을 받지 않으신다. 그분은 스스로 계신 분이시다. 그러므로 우리 인간은 그 높으신 하나님의 영광과 위엄을 높여드려야 한다. 하나님의 위엄과 영광을 나타내지 않는 곳에 개혁교회의 신학은 있을 수 없다(There is no Reformed theology that does not articulate the majesty and glory of God).

둘째로 장로교 신학은 성경의 권위를 무엇보다도 앞세우는 성경 중심 신학(theology of the Bible)이라고 할 수 있다. "개혁신학은 언제나 철저히 성서적이었다. 개혁주의 신학자들이 중세 가톨릭과 논쟁을 하면서 내세운 첫 번째 주제는 신학에 있어서 성경이 결정적인 권위를 가진다는 것을 단호히 선언하는 것이었다."[4] 따라서 장로교 전통은 언제나 하나님의 말씀인 성경의 권위를 최우선으로 삼았다. 교회나 신학, 예배, 생활 등에 있어서 성경은 언제나 그 근거로서 역할을 하였다. 칼빈은 "성경은 우리가 알아야 할 필요가 있는 것들과 유용한 것들을 하나도 빠뜨리지 않고 있으며, 알아서 유익이 되지 않는 것은 하나도 가르치지 않는 성령의 학교(the school of the Holy Spirit)다."[5]라고 하면서, 성경은 기독교 진리의 유일한 근원이요 규범임을 말하고 있다. 장로교신앙고백의 모체라고 할 수 있는 '웨스트민스터 신앙고백'에서도 이러한 입장이 잘 반영되고 있는데, 웨스트민스터 신앙고백서는 다른 어떤 항목에 우선하여 '성경'에 관한 권위와 내용을 제일 먼저 제1장에서 기술하고 있다. 따라서 개혁신학의 특징은 철학적이라기보다는 항상 성경적이었고, 16세기 초부터 20세기 칼 바르트(Karl Barth)에 이르기까지 개혁교회 신학자들은 어느 누구보다도 성경에 정통한 신학자(theologian of the Bible)들이었다.

셋째로 장로교 신학의 가장 큰 특징 중의 하나인 예정론(Predestination)을 들 수 있다. "개혁교회 신자들은 보편적으로 예정론과 연관되어 있다. 이런 관계는 신학, 신앙고백, 그리고 전통에 관한 논쟁들에서 그 토대가 되고 있다. 그러므로 예정론은 개혁교회 신학의 큰 특징이라고 할 수 있다."[6] 예정론은 모든 인간의 삶이 하나님의 뜻과 계획에 그 근거가 있음을 주장한다. 하나님은 모든 만물의 주인이시요 또한 그것들을 통치하시는 창조자이시다. 우리의 신앙은 우리의 인간적인 노력에 의해서가 아니고, 하나님의 역사에서 출발한다. 하나님은 모든 사람들을 존재케 하실 뿐만 아니라 그들을 선택하시는 분이시다. 그렇기 때문에 하나님의 선택을 받는 사람이 있는가 하면, 어떤 사람은 하나님으로부터 버림을 받은 것이다. 그러나 이 예정론은 성경적인 근거가 분명함에도 불구하고 많은 논쟁의 주제가 되어 온 것도 사실이다. 기독교 내 다른 교파에서는 예정론 대신 의지론을 주장하고 있기도 하기 때문이다.

그 외에도 창조주이신 하나님과 피조물인 인간의 차이와 이에 따른 하나님의 주권, 죄인 된 인간의 타락과 타락한 인간에게 베푸신 하나님의 은총론 등이 개혁교회가 갖는 신학적 요소들이라고 하겠다.

---

4) John H. Leith, *Introduction to the Reformed Tradition*(Atlanta : John Knox Press, 1981), p. 100.

5) Calvin's Institute. Ⅲ. xxi. 3. John T. McNeill, ed., *The Library of Christian Classic* vol. XXⅠ, *Calvin : Institutes of the Christian Religion 2*(Philadelphia : The Westminster Press), p. 924.

6) John H. Leith, *Introduction to the Reformed Tradition*, p. 103.

Ⅱ. 장로교 예배의 정신과 원리

장로교회는 칼빈의 종교개혁 사상에 영향을 받아 이에 동조한 스코틀랜드의 낙스(John Knox)와 그를 따르는 스코틀랜드 교회가 중심이 되어 만들어졌기 때문에 장로교회의 예배는 자연스럽게 개혁교회의 예배 정신과 신학을 반영할 수밖에 없었다.

낙스는 칼빈이 개혁하고 있던 제네바로 가서 칼빈의 영향을 많이 받게 되는데, 그는 여기서 칼빈이 사용하고 있던 예배 형식을 본국으로 가지고 돌아와 약간의 수정을 거쳐 스코틀랜드 교회에서 사용하게 되었다. 그러다가 후에 영국 교회와 웨스트민스터 총회에서 합의로 만들어진 '예배 모범'(A Directory for the Publique Worship of God)에 근거하여 스코틀랜드장로교회는 자신들의 예배를 마련하게 되었고, 그 후 장로교회는 이러한 예배의 줄기를 따라서 오늘에 이르게 된 것이다.

1. 장로교회 예배 신학 혹은 정신은 무엇인가?

1) 하나님의 주권

장로교회의 예배는 '하나님의 주권'(majesty of God)에 초점을 맞춘다. 장로교회의 예배는 하나님의 주권과 인간의 죄성을 강조한다. 이것은 마치 이사야가 성전에서 하나님의 위엄하신 주권 앞에서 자신의 약함과 죄를 자복하고 용서받는 장면을 연상하면 쉽게 이해할 수 있을 것이다. 하나님은 초월적인 분이시요 전능하신 분이시다. 그 앞에 선 우리는 연약한 인간이다. 그러므로 전통적인 장로교 예배에서 죄를 자백하는 순서와 용서를 선언하는 순서는 중요한 의미를 갖게 된다. 거룩하신 하나님 앞에 우리 인간은 겸손히 엎드려 그분의 위엄을 찬양하고, 위로부터 주시는 사랑과 용서와 은혜를 덧입게 되는 것이다. 여기서 우리가 하나 잊지 않아야 할 것은 예배의 주인은 인간이 아니라 하나님이라는 사실이다. 우리는 그분 앞에 나아가서 창조와 구속의 은총을 베풀어 주신 하나님을 찬양하고 경배하는 것이다. 오늘 예배 현장이 자칫 인간 중심으로 흐르는 것은 그런 의미에서 매우 주의하고 경계해야 할 것이다. 장로교 예배는 인간 중심이 아니라 하나님이 중심된, 즉 그분의 주권을 철저히 인정하는 데서 출발하는 것이다.

2) 성경에 근거

장로교 예배는 철저히 성경에 근거해야 한다(according to Scripture)는 점이다.[7] 예배의 모든 원리와 정신은 하나님의 말씀인 성경에 근거해야 한다. 성경의 원리에 위배된 예배는 예배일 수가 없다. 그러므로 장로교 예배는 무엇보다도 성서에 근거한 예배를 강조하였다. 칼빈은 자신의 예배를 통해서 초대교회의 예배를 회복하고자 하는 노력을 기울였는데,[8] 이러한 태도는 모두가 예배를 보다 성서적 근거 위에 세우고자 하는 시도들이라고 하겠다. 참된 예배는 인간의 의도에 따라 드리는 것이 아니라 하나님께서 요구하시는 방법을 따라서 드리는 것이다. 성경은 하나님의 이러한 요구를 기록하고 있다는 점에서 모든 기독교 예배의 정신과 원리를 제공하는 근거가 된다. 예수님께서 진리(진정)를 따라 예배하라(요 4 : 24)는 의미는 하나님의 말씀의 진리를 따라서 예배하라는 의미를 함축하고 있음을 잊지 않아야 할 것이다.

3) 하나님의 말씀에 근거

장로교 예배는 기록된 하나님의 말씀(written Word)에 근거하여 그 말씀을 선포하는 것, 즉 설교를 예배의 핵심적인 요소로 여기고 있다. 칼빈과 그의 추종자들은 하나님의 말씀의 선포(proclamation of the Word)는 예배의 중심이라고 보았다. 중세교회의 예배가 잘못된 데는 예배 가운데서 하나님의 말씀이 약화되어 버렸기 때문이다. 그 결과 하나님의 말씀을 듣지 못한 회중들의 신앙과 삶은 하나님의 뜻과는 거리가 멀 수밖에 없었다. 따라서 칼빈은 하나님의 말씀의 선포를 예배에서 가장 중요한 것으로 강조하게 되었으며, 이 전통을 이어받은 오늘의 장로교 예배 역시 하나님의 말씀을 예배에서 가장 중요한 요소로 간주하고 있는 것이

---

7) Hughes Oliphant Old, *Guides to the Reformed Tradition*(Atlanta : John Knox Press, 1984), pp. 3f.

8) 칼빈은 사도행전 2 : 42을 근거로 하여 "가르침(말씀), 떡을 뗌(성찬), 교제, 기도"를 예배의 가장 기본적인 요소로 보았는데, 이러한 것들은 개혁교회 예배가 말씀, 성찬, 이웃에 대한 사랑의 표현으로서의 구제 봉헌, 기도 등을 예배의 필수적 요소로 보게 된 근거가 되었다.

9) Calvin's Institute, Ⅲ. ii .6. John T. McNeill, ed., *The Library of Christian Classics* vol. XX, *Calvin : Institutes of the Christian Religion* 1(Philadelphia : The Westminster Press), p. 548.

다. 칼빈은 신앙과 하나님의 말씀은 서로 나뉠 수 없는 영속적 관계에 있음을 언급하면서, "신앙은 하나님의 말씀(God's Word)에 의존한다."[9]라고 강조하고 있다. 중세교회의 신앙이 잘못된 것은 예배에서 하나님의 말씀이 부재한 것에 원인이 있음을 알고, 칼빈은 예배에서 하나님의 말씀을 회복시키는 데 힘을 다했던 것이다.

4) 성령의 인도하심

장로교 예배는 성령의 인도하심을 중요시한다. 기독교 예배는 성령의 역사(the work of the Holy Spirit)이다. 예배는 성령에 의하여 영감을 받고, 능력을 받고, 인도를 받으며, 그 열매를 맺게 된다. 성령은 그분의 계속적인 성결의 역사로 말미암아 우리의 예배를 정화하신다(purify). 성령의 조명으로 우리가 예배를 할 때 우리의 예배는 인간의 의식(human work)에서 신성한 의식(divine work)으로 바뀌게 되는 것이다. 칼빈은 "하나님의 말씀도 성령을 통하여서 우리의 신앙에 더욱 능력 있게 되어지며"[10] "오직 성령만이 우리를 그리스도께로 인도한다."[11]고 언급하고 있다. 그러므로 예배에 있어서 성령의 임재와 역사하심은 필수적이다. 이러한 입장은 장로교의 성찬이론이 영적 임재설인 것과도 관련이 있다고 하겠다. 성찬 성물(elements)의 실질적 변화를 인정한 루터의 공재설이나 이를 부인한 쯔빙글리의 기념설에 비해서 칼빈은 영적 임재설을 주장함으로써 성찬에서의 성령의 역사를 강력하게 주장하였던 것이다.

예배는 성령의 역사 속에서 이루어질 때 진정으로 신령한 예배로 드려질 수 있다. 그런 점에서 장로교 예배는 언제나 성령의 임재와 역사를 중요시하였음을 잊지 않아야 할 것이다. 예배에 있어서 성령의 역사를 강조하는 것이 마치 오순절 계통의 전유물처럼 생각하면서 여기에 대한 관심을 소홀히 하는 것은 잘못이다. 이미 장로교 예배에서 성령의 역사는 예배의 원동력이 됨을 분명히 하고 있는 것이다.

---

10) Calvin's *Institute*. Ⅲ.ii.33.
11) Calvin's *Institute*. Ⅲ.ii.34.

Ⅲ. 장로교 예배

그러면 장로교회가 드리는 실제 예배는 어떤가? 여기서는 먼저 장로교 예배의 기본 요소(순서)들은 어떤 것들이 있는가를 알아보고, 이어서 장로교회 예배 형식들은 어떻게 변화되어 왔는지 존 칼빈의 예배, 웨스트민스터 예배, 미국 장로교회 예배, 그리고 한국 장로교회 예배 형식들을 소개하도록 하겠다.

1. 장로교 예배의 기본 요소

개혁교회 예배를 연구한 니콜스(J. H. Nichols)는 "말씀이 선포되지 않고, 기도가 드려지지 않으며, 성찬이 집례되지 않고, 구제 헌금이 없는 것은 교회의 모임이 아니다."는 칼빈의 주장에 따라 개혁교회 예배의 필수적인 요소로서 '말씀, 기도, 성찬, 헌금'을 들고 있다.[12] 이러한 요소들은 후에 개혁교회, 특별히 장로교 예배의 기본 요소가 되었는데, 여기에 기초하여 말씀, 기도, 찬양, 헌금, 세례, 성찬, 축복 기도 등이 장로교 예배의 기본적 순서들이 되었다.

1) 말씀

개신교회 중에서도 개혁교회만큼 하나님의 말씀을 강조하는 데도 없을 것이다. 개혁교회는 교회의 모든 활동 영역이 언제나 말씀에 기준하여 이루어지도록 하였다. 그러므로 하나님의 말씀이야말로 개혁교회 예배의 최우선적인 자리에 위치할 수밖에 없는 것이다. 개혁교회에 속한 장로교회 역시 이러한 예배의 전통에 따라서 말씀을 예배의 가장 중요한 자리에 두고 있다. 예배에서 말씀과 관련된 순서는 성경봉독과 설교를 들 수 있다.

2) 기도

개혁교회 예배에서 사용되는 기도들은 대표적으로 죄의 고백, 용서를 구하는

---

12) J. H. Nichols, *Corporate Worship in the Reformed Tradition*(Philadelphia : The Westminster Press, 1952), pp. 29－51.

기도, 설교 전 성령의 임재를 구하는 기도, 교회 기도, 축복 기도 등이었다. 이러한 기도들은 그 후 계속해서 장로교를 포함한 개혁교회 예배에서 중요한 위치를 가지고 이어져 오게 되었다.

3) 찬송

찬양은 기독교 예배에 있어서 매우 중요한 자리를 차지한다. 개혁교회는 예배에서의 찬송을 소중히 여기면서 찬송의 전통을 예배에서 계승하고 있다. 특별한 점은 칼빈 등이 예배에서 부르는 찬송 역시 하나님의 말씀과 관련되어야 한다는 입장에서 시편송을 부르기를 권장하였다는 것이다. 이것은 개혁교회가 그만큼 하나님의 말씀을 소중히하는 그룹임을 증거하는 것이라고 하겠다.

4) 구제 헌금

기독교 예배는 전통적으로 봉헌의 순서를 가져왔다. 하나님 앞에 예배를 드릴 때마다 정성된 예물을 준비하여 드리는 것이 기독교 예배의 관례였던 것이다. 구약시대는 동물이나 곡식으로 예물을 삼아 하나님 앞에 희생제사를 드렸다. 그러나 초대교회 이후 봉헌의 개념은 성찬과 관계를 맺으면서, 예물을 드리는 것과 동시에 성찬의 성물(빵과 포도주)을 제단에 바치는 것을 의미하였다.

그 후 개혁교회에서의 봉헌은 또 다른 개념으로 발전하게 되는데, 칼빈은 사도행전 2 : 42에 근거하여 '말씀, 기도, 성찬, 친교' 가 예배 속에서 이루어져야 한다고 보았다. 그런데 헌금의 개념은 바로 교제의 개념과 연관을 갖는 것이다. 성도들은 예배를 통하여 성도 간의 사랑을 나누어야 할 뿐만 아니라 그 사랑의 교제는 세상으로까지 확대될 수 있어야 한다. 그리스도와 함께 성찬상에 모인 사람들은 그것이 세상으로도 이어져서 세상 사람들의 이웃이 될 수 있어야 한다. 여기서 헌금은 바로 가난한 자들을 위한 구제의 목적으로 주어질 수 있어야 한다는 이론이 나오게 되었다. 즉, 가난한 자에 대한 구제헌금은 그리스도의 사랑을 이웃에게 나누는 교제인 것이다. 따라서 개혁교회 전통에는 가난한 자를 위한 구제 헌금이 예배 순서 가운데 포함되게 되었다.

5) 세례

기독교 세례 역시 유대교적 배경에서 나오게 되었다. 유대교에서는 할례와 개종자에 대한 세례를 실행하였는데, 그들은 무엇보다도 이 의식을 통해 하나님과의 언약과 이스라엘 공동체의 일원이 되는 의미를 부여하였던 것이다. 그러나 이런 유대교적인 배경을 갖고 있음에도 불구하고 기독교의 세례는 또 다른 차원의 의미를 갖는다. 그것은 무엇보다도 예수 그리스도가 세례의 중심에 있다는 사실이다. 기독교는 예수를 구주로 고백하고 영접한 후 그를 통하여 죄사함을 받고, 그로 더불어 새로운 삶을 시작하고, 교회 공동체의 일원이 되는 의미로서 세례를 베풀었다.

그러면 개혁교회의 세례에 대한 신학은 무엇인가? 먼저 세례는 성례전의 하나라는 것이다. 가톨릭이나 동방정교회가 일곱 가지 성례전(칠 성사)을 지키고 있는데 비해서, 개혁교회는 세례와 성찬의 두 가지만을 성례로 인정한다. 그리고 세례 성례전은 눈에 보이는 말씀(visible Word)이다. 말씀의 신학에 기초한 전통에 따라 성례전은 삼중의 말씀, 즉 기록된 말씀, 선포된 말씀, 보이는 말씀 중의 하나이다. 하나님의 약속이 성례전을 통하여 보다 확실하게 나타나는 것이기 때문에 이는 눈에 보이는 말씀이라고 한다. 칼빈은 세례의 의미를「기독교 강요」에서 세 가지로 정의하고 있다. "세례는 교회 공동체로 받아들여지는 입교의 징표요, 그리스도와의 접붙임이며, 우리가 하나님의 자녀로 삼아지는 것이다."[13]

칼빈은 또한 세례는 설교가 있는 예배 시간에 시행할 것과 목사에 의하여 집례되어야 한다고 하면서, 세례반은 강단 가까이 두도록 했다. 특별히 마틴 부처는 세례를 반드시 정규 공중 예배에서 시행하도록 하고 있는데, 이것은 세례가 그리스도의 몸인 교회로 연합하는 성례전이라고 생각했기 때문이다.

6) 성찬

성찬은 기독교 성례전의 하나로서 오늘까지 중요하게 지켜져 오고 있다. 예수님께서는 제자들과 함께 유월절 만찬을 드시면서 최초 성찬을 제정하시고, 이를 계속 행할 것을 명하셨다. 주님의 명령에 따라 초대교회는 성찬을 성실하게 진행하였다. 그들은 주님의 부활을 기리는 매 주일 성찬을 거행하였으며, 몇 명이 소그룹으로 모여 이 예식을 집행하지 않고 기독교 공동체 전체가 참여하는 예전으

---

13) Calvin's *Institute*, Ⅳ.xv.1.

로 거행하였으며, 성찬은 말씀과 긴밀한 관계를 갖고 집례되었다. 그 후 5세기 말 어거스틴에 이르러서 성찬의 계약적인 면과 성찬은 하나님이 주도하시는 것이라는 점, 그리고 성찬은 하나님의 은총의 징표라는 점들이 강조되었다.

칼빈은 성찬을 계약적인 것으로 보았다. 성찬은 하나님이 그의 택하신 백성들과 맺으신 언약의 징표인 것이다(계약신학). 그는 또한 말씀과 성찬의 관계를 중요시하면서 성찬 예전에서 계약의 선포(말씀)는 예전의 필수적인 요소라고 하였다. 성찬은 눈에 보이는 하나님의 가시적인 말씀(visible Word of God)이기 때문이다.

또한 성찬에 있어서는 떡과 잔에 참여하는 것이 가장 중요한 것으로써 회중들의 성찬 참여를 강조하였다. "빵이 몸을 자라고 지탱하고 지켜주는 것처럼 주님의 몸은 우리 영혼을 강하게 하고 힘을 주는 유일한 음식이다. 포도주가 우리 몸에 유익을 주는 것처럼 그리스도의 피는 우리에게 영적 유익을 준다."[14] 그러므로 성찬대에서 집례되는 떡과 잔을 받는 것은 예배의 가장 중요한 순간이다.

또한 칼빈은 그리스도의 임재 방식에 대하여 영적인 임재를 주장하였다. 그리스도는 하늘 보좌 우편에 앉아 계시지만 그럼에도 불구하고 그분은 성령을 통하여 우리 가운데 임재하신다. 우리는 성령을 통하여 그리스도와 연합을 이루게 된다. 성찬에 참여하는 것은 그리스도의 몸을 나누는 신비한 사건이다.

마지막으로 칼빈의 성찬론은 깊은 윤리적 도덕적 연관성을 가진다. 성찬은 하늘에 계신 하나님과만 이루는 것이 아니라 이 땅의 기독교 공동체와도 연결이 된다. 그러므로 우리는 성찬을 받음으로써 거룩하고 정의롭고 평화를 실천하는 삶을 살도록 힘써야 한다.

7) 강복선언

기독교 예배에서는 언제나 축도(降福 宣言)가 있었다. 하나님께 예배하는 무리들에게 하나님의 주실 복을 선언하는 것은 당연히 있어야 할 순서이다. 전통적으로 이 순서는 모든 예배를 마치는 마지막 부분에 두어서 예배를 마치고 돌아가는 성도들을 축복하도록 하였다. 기독교의 축복 기도 형태는 대표적으로 두 가지가

---

14) Calvin's *Institute* Ⅳ. xvii, 3.

사용되고 있다. 첫째는 아론의 축도(Aaronic Blessing)요, 다음은 바울 사도의 축도(Apostolic Blessing)이다. 먼저 아론의 축도는 민수기 6 : 24~26에 나오는 내용으로 하고 있다.

> "여호와는 네게 복을 주시고 너를 지키시기를 원하며 여호와는 그의 얼굴을 네게 비추사 은혜 베푸시기를 원하며 여호와는 그 얼굴을 네게로 향하여 드사 평강 주시기를 원하노라 할지니라 하라."

그리고 바울 사도의 축도는 고린도후서 13 : 13에 기록된 내용이다.

> "주 예수 그리스도의 은혜와 하나님의 사랑과 성령의 교통하심이 너희 무리와 함께 있을지어다."

이 두 가지 축도 중 개혁교회의 마틴 부처, 존 칼빈, 존 낙스 등은 모두 아론의 축도를 예배에서 사용하고 있다.

2. 장로교 예배 형식

장로교 예배와 관련된 중요한 예배 형식 몇 가지를 예시하면 다음과 같다. 이것은 장로교회의 예배를 이해하는 데 도움이 될 것이다.

1) 존 칼빈(John Calvin)의 예배(1542)

〈말씀의 예전〉

- 성구낭독(시 124 : 8, 예배로 부름)
- 죄의 고백
- 용서를 위한 기도
- 시편송
- 성령의 조명을 위한 기도(Collect for Illumination)
- 성경 봉독

• 설교

〈성찬 예전〉

• 봉헌
• 교회기도
• 주기도문 해설
• 사도신경송을 하면서 성물준비
• 성찬제정사(Words of Institution)
• 권면
• 성찬기도
• 분병례(Fraction)
• 배찬(Delivery)
• 성찬참여(시편이나 성경을 읽음, Communion)
• 성찬 후 기도
• 아론의 축도

2) 웨스트민스터(Westminster) 예배(1664)

〈말씀의 예전〉

• 예배로 부름 : "하나님께 예배드립시다."
• 준비 기도(Pray of Approach)
  – 경배와 성령 임재를 위한 기원 : 구약 봉독(1장), 신약 봉독(1장)
• 운율 시편송 : 성경 봉독 전이나 그 사이에 부름
• 고백과 교회의 기도
  – 죄의 고백, 용서를 구하는 기도, 사죄의 확신
  – 교회기도 : 전 세계와 교회들과 왕과 국회와 지도자들을 위해
    목사, 교사, 학교, 대학, 도시와 지역 회중들을 위해
    좋은 일기와 결실을 위하여
    주일 성수를 위하여
    모든 사람들이 함께 하나님과의 충만한 교제의 은혜를 나누도록
    목회자의 직무와 생활을 위해

- 설교
- 기도
  - 복음과 구원에 대한 감사
  - 설교 말씀과 관계된 간구
  - 영적인 제물로 예배 속에서 자신을 헌신하도록
  - 그 시간에 필요한 특별한 기도나 교회 기도
- 주기도문 : 성찬이 없을 때는 주기도문에 이어 시편 찬송과 축복기도로 예배를 마쳤다. 성찬이 있는 경우는 주기도문 후에 바로 성찬으로 이어진다.
- 시편 찬양(성찬이 없을 때)
- 축도(降福 宣言 : 성찬이 없을 때)

〈성찬 예전〉

- 봉헌 : 성찬상에 성물이 놓여서 덮여 있다. 시편송을 부른다.
- 성찬 초대사와 성찬상에 대한 보호(fencing)
- 성물 배열
- 성찬 제정사
- 권면
- 성찬 기도
  - 입례 기도(Prayer of Access)
  - 창조와 섭리에 대한 감사 기도
  - 구속에 대한 감사 기도
  - 말씀과 성례전에 대한 감사 기도
  - 기념
  - 성령 임재 기원
- 분병례
- 배찬
- 성찬 참여
- 권면 : 값진 생활을 위해
- 성찬 후 기도
  - 성찬을 받은 은혜에 대한 감사

–값진 생활을 위해

• 운율 시편 찬송

• 축도(강복 선언)

3) 미국 장로교회의 예배(1993)[15)]

미국 장로교회는 1983년 남북 장로교회와 다시 연합하게 되었다. 그 결과 미 장로교회(PCUSA)는 다시 1989년에 예배 모범을 개정하고, 이 예배 모범과 조화를 이룰 수 있는 예배서를 1993년에 만들게 되는데 이것이 바로 「공동예배서」(Book of Common Worship)이다. 다음에 소개되는 주일 낮예배 순서는 공동예배서에 예시된 것으로써 크게 4부로 구성되어 '개회–말씀–성찬–폐회' 의 순서로 되어 있다.

〈주일 예배〉 **〈성찬 주일 예배〉**

• 개회(Gathering)

–예배로 부름

–오늘의 찬송 또는 개회기도

–찬송, 시편 또는 영가

–죄의 고백과 용서

–평화의 인사

–송가, 시편, 찬송, 또는 영가

• 말씀

–성령 임재를 위한 기도

–첫 번째 성경 봉독

–시편송

–두 번째 성경 봉독

–교송, 찬송, 시편송, 송가, 또는 영가

–복음서 봉독

---

15) PCUSA, *Book of Common Worship*(Lousville : Westminster/ John Knox Press, 1993), 예배 순서 참조.

- 설교
- 초청
- 찬송, 송가, 시편송, 또는 영가
- 신앙의 확증(신앙 고백)
- (목회 예식 : 세례 등)
- 회중의 기도(교회의 기도)
- 평화의 인사
- 봉헌
- 감사기도
- 주기도문

• 성찬
  - 봉헌
  - 성찬 초대
  - 대 감사 기도
  - 주기도문
  - 분병(breaking)
  - 회중의 수찬

• 파송
  - 찬송, 영가, 송가, 또는 시편송
  - 위탁과 축도(강복 선언)

4) 한국 장로교회의 예배(2008)

• 전주
• 입례송
• 예배로 부름
• 응답송
• 기원
• 참회의 기도와 사죄의 확신
• 성시교독
• 경배찬송
• 목회기도
• 응답송

- 봉헌
- 감사기도
- 봉헌송
- 성경 봉독
- 찬양
- 설교
- 성찬찬송
- 권면
- 제정의 말씀
- 성령님의 임재를 위한 기도
- 신앙고백
- 성찬참여
- 감사찬송
- 축도

장로교 교인으로서 장로교회의 예배를 이해하는 것은 매우 중요한 일이다. 장로교회가 어떻게 생기게 되었는지, 장로교회의 신학과 교리는 무엇인지, 그리고 장로교회의 예배는 어떤 특성과 전통을 가지고 있는지를 아는 것은 장로교 교인이 가져야 할 기본적인 지식이라고 본다. 우리는 간략하게나마 장로교 예배에 대해서 함께 공부하였다. 이를 통해서 우리가 하나님께 드리는 예배가 진정 하나님께 영광을 돌려드리는 예배가 되기를 바란다. 그리고 말씀과 함께 영적 생동감이 넘쳐나는 예배가 교회들 속에서 실현되기를 소망한다.

✚ 적용과 실천

1. 장로교 예배의 기원과 특징에 대해서 다시 한번 간략하게 자신의 말로 정리해 보자.

9과

현대교회 예배 이해

9과

현대교회 예배 이해

찬 송	"태산을 넘어 험곡에 가도"(새 445장, 통 502장)
성 경	"이 백성은 내가 나를 위하여 지었나니 나를 찬송하게 하려 함이니라"(사 43 : 21).
본과의 목 적	오늘날 교회에 등장한 예배 현상에 대해 관찰하고, 주변 교회의 새로운 예배 변화를 이해함으로 혼란과 갈등을 극복하고 우리가 드리는 예배의 자리를 확고히 하려는 데 있다.

함께 나누기

현대교회 예배 변화는 20세기 중반에서부터 뚜렷이 나타나는데, 그 변화의 양상은 다양하고, 때로 정반대적인 모습도 보이고 있다. 즉, 더욱 예전을 강조하는 예배가 있는가 하면, 이와는 반대로 현대문화를 적극적으로 반영하는 예배가 있다. 예배 변화에서 보이는 중요한 특징 중의 하나는 교파와 교단이 가진 전통과 관습을 초월하고 있다는 점이다. 구체적으로 예배에 어떤 변화가 있었는지 살펴보자.

함께 학습하기

I. 현대교회 예배 변화의 동향

다양해진 예배 변화를 이야기함에 있어 교단이나 교파별 구분보다는 새로운 구분이 필요하다. 여기서는 개신교회를 중심으로 교회일치운동, 오순절운동, 경배와 찬양운동, 구도자 예배, 이머징 예배, 세대통합 예배 등으로 나누어 고찰하고자 한다.

1. 교회일치운동

교회일치운동(The convergence movement)에서 공통적으로 강조하는 요소들은 다음과 같다.[1] 첫째는 성례전, 특히 성찬의 회복이다. 그동안 세례와 성찬에 대해서는 두 가지 견해가 있어 왔다. 예전적 교회들이 세례와 성찬을 성례전(sacraments)으로 이해하는 데 비해서, 복음적이고 은사적인 교회에서는 주님의 명령에 의한 교회의 규례(ordinances)로서 순종 이상의 의미는 없다고 보았다. 그러나 점차 성례를 영적 의미를 가진 상징으로 이해하면서 주님의 임재와 능력이 성례를 통해서 예배자에게 나타난다고 하는 데 이해를 같이하고 있다. 이는 초대교회 연구와 종교개혁자들의 주장을 토대로 얻어진 결론으로 예전적인 교회나 복음적인 교회들이 공통적으로 공감하고 있다.

둘째는 초대교회에 대한 관심의 증가이다. 현대사회의 자유적 분위기는 신앙에서도 자유로운 표현을 허용하고 있고, 따라서 수많은 교파들이 생겨나고 있다. 이때 교파 간의 대화와 토론에서 대두되는 것은 교회의 본질과 뿌리에 대한 관심이다. 자연히 신약성서와 초대교회로부터 사도들에 의해 지켜져 왔던 믿음과 원리에 대한 연구의 필요성을 공감하게 되었다.

셋째는 보편적 교회에 대한 관심과 하나의 온전한 교회에 대한 기대감이 커지고 있다. 이는 세계 지구촌화의 분위기를 반영하는 것 같은데, 그리스도의 한 몸으로서 교회를 지향하는 것이다(요 17장). 하나의 일치된 교회는 교리와 신학의 타협을 통해서가 아니라 예수 그리스도의 인격 아래에서 다양성 속의 일치를 꾀하

---

1) Randy Sly and Wayne Boosahda, "Common Elements of Convergence Churches," in *The Complete Library of Christian Worship [or TCOCW]* vol II(Nashville, TX : StarsSong, 1994), pp. 138-139.

는 것이다. 이 운동은 각 교회가 우주적 교회에 공헌하는 다양한 은사들을 인정함으로써 그리스도의 몸의 지체로서의 독특한 표현을 유지하도록 한다. 잃어버린 이들을 찾기 위해서, 그리스도 앞에 모인 백성들이 함께 나아가기 위해서, '한 몸'이 되기 위해 노력하고 있는 것이다.

넷째는 자발성을 강조하는 예배구조에 대한 관심이다. 흔히 예전(liturgy)이라고 하면 집례자 중심으로 일정한 형식을 따라하는 예배로 이해하고 있는데, 본래 이 단어는 헬라어로 '백성들의 활동 또는 일'을 뜻한다. 그러므로 예전이 예전답게 되려면 자발성이 적극적으로 강조되어야 한다. 한국교회는 예전적 예배보다는 자발성을 더욱 강조하는 예배이나 형식에 있어서 특히 성례전에 있어서는 극히 단조로운 예전을 행하고 있다.

다섯째는 표징과 상징에 대한 적극적인 이해이다. 한때는 우상화될 염려 때문에 위험한 것으로 여겼으나 점차 내적이고 영적인 의미를 이해하고, 예배자들을 진리로 향하게 하는 데 도움을 주는 것으로 이해한다. 예를 들어 십자가는 물론이고, 상징적 그림들로 된 깃발(banner), 때로는 촛불 등을 사용한다. 때로 자유교회 목사들도 가운을 입기도 한다.

마지막으로 개인구원, 성서적 교훈, 성령의 역할과 사역에 대한 헌신을 강조한다.

2. 은사적 갱신 운동

20세기 초에 시작된 은사적 갱신 운동(Chairsmatic Renewal)은 하나님의 능력, 방언이나 예언처럼 성령의 기적적이고 계시적 은사의 현현을 강조하는 운동이다. 1960년대에 가톨릭을 비롯한 기성교단에 영향을 미치면서 신오순절주의(neo-pentecostalism)를 형성하였다. 이러한 운동의 특징은 자발성(spontaneity)인데 미리 준비된 순서가 없고, 회중은 누구든지 어느 때든지 예배에 공헌할 수 있다. 성경구절을 그대로 만든 노래(Scripture songs)와 찬양경배식 찬양대(praise choruses), 그리고 경배의 춤을 시작했다. 예전적 춤은 이미 영국성공회의 예전에도 있었지만, 이 운동에서는 그것을 수용하여 보다 자발적이고 정서적으로 발전시켰다. 이 갱신 운동의 특징은 1) 시편과 성경구절로 된 찬송(Scripture songs)의 강조, 2) 경배와 찬양을 위한 음악, 3) 다양한 악기의 사용, 4) 찬양인도자에 따라 부르는 회중찬송, 5) 예배 춤의 사용, 6) 드라마와 팬터마임의 사용, 7) 찬양사역자의 예언적 역할에 대한 강조, 8) 손을 들고 찬양, 서로 팔을 끼는 것, 예배참여자 누구나 예배에 공헌할 수 있다는 것 등이다.

3. 경배와 찬양예배[2)]

한국교회에까지 청년들을 중심으로 크게 영향을 미치고 있는 경배와 찬양(The praise and worship movement) 형식의 예배의 기원에 대하여 로버트 웨버(Robert Webber)는 다음과 같이 정리했다.

> 경배와 찬양 형식의 예배는 1960~1970년대에 기존 전통예배가 현대문화를 반영하지 못하는 한계를 느끼고 시작된 운동인데, 이 운동의 관심은 성령의 즉각적 임재(immediacy)와 친밀감(intimacy), 그리고 비공식성(informality)이며 특히 음악에 현대문화를 반영하는 것이다.[3)]

경배와 찬양의 가장 큰 특징은 감정적인 측면으로 인간의 느낌과 감정에 집중한다는 점이다. 그렇다고 이 예배를 단순히 감정주의적 예배라든지, 내용이나 성서적 기초가 부족한 예배라고 할 수는 없다. 또 다른 특징은 신구약성서에서 발견되는 찬양의 회복을 추구한다는 점이다. 예배에서 가장 먼저 하나님을 찬양해야 하고, 그 다음에 다른 요소들이라는 것이다. 경배와 찬양예배의 인도자로 널리 알려진 콘월(Judson Cornwall)은 찬양과 예배의 차이점을 시편 95편을 근거로 설명하였다. 그는[4)] 찬양(1-2)이 먼저이고, 그 다음에 예배(6)라는 것이다. 찬양은 예배를 위한 준비인데 찬양은 하나님의 행위에, 예배는 하나님의 본성에 초점을 둔다는 것이다.

---

2) 경배와 찬양예배 운동에 큰 영향을 미친 책들은 다음과 같다. Graham Kendrick, *Learning to Worship*(Minneapolis : Bethany House, 1985), Jack W. Hayford, *Worship His Majesty*(Waco, TX : Word Books, 1987), Judson Cornwall, *Let Us Worship*(Waco, TX : Word Books, 1983).

3) Robert E. Webber, "The Praise-And-Worship Renewal," in *TCOCW*, pp. 131-134.

4) Judson Cornwall, 143f., cited in Robert E. Webber, "The Praise-And-Worship Renewal," in The Complete Library of Christian worship vol II (Nashville, TX : StarSong, 1994), p. 132.

경배와 찬양의 예배순서는 구약의 성막과 성전에서의 입당순서를 따른다. 즉, 성전 바깥뜰에서 성전 안으로 그리고 지성소(Holy of Holies)로 들어간다. 이들의 예배를 자세히 살펴보면 맨 먼저 개인 간증의 합창이 있는데, 주로 '나'(I, me)가 들어간 찬송을 한다. 이때는 성막의 바깥뜰의 단계로 아직 예배할 수 없다. 그 다음에는 성전 문으로 들어가는 노래로서 찬양에서 예배로의 전이를 표현한다. 주로 감사의 노래가 불린다. 세 번째 단계는 지성소로서 하나님의 본성에만 초점을 둔다. 이때 하나님의 임재를 경험하면서 감정적인 표현들을 한다. 고개를 들고, 손을 들고, 눈물을 흘린다. 예전적 예배로 말하면 성찬에서의 그리스도의 임재에 해당할 것이다.

모든 경배와 찬양의 예배들이 위와 같은 순서를 따르는 것은 아니다.[5] 이 예배들의 공통된 특징은 찬양에 있는데, 그 외에도 말씀의 선포가 아니라 가르침, 교회의 기도, 치유의 시간이 있다는 것이다. 특별한 형식이 없기 때문에 말씀을 가르친 후 회중들의 질문이나 토론을 하기도 하고, 교회의 기도도 자발적으로 한다. 교회의 기도 후에는 회중들이 여러 방에 흩어져서 특별한 은사를 받은 이들로부터 안수기도를 받는다.

4. 구도자 예배 / 기신자 예배

1970년대 트리니티대학의 학생이었던 빌 하이벨스(Bill Hybels)에 의해 시작된

---

5) 예를 들면, 존 윔버(John Wimber)의 빈야드 교회(Vineyard Church in Anaheim)는 약간 다른 순서를 갖는다.

1. 초청의 시간(invitation phase) – 초청의 노래를 부르며(예를 들면, I just came to praise the Lord), 손뼉치고, 몸을 흔들고, 회중들 웃으며 서로 바라보며 인사한다.
2. 나아감의 시간(engagement phase) – 회중들은 서로에게서 하나님께로 나아가는 시간이다. 하나님께로 향하게 하는 노래를 부른다.
3. 경배의 시간(adoration phase) – 이전의 다양하고 활발한 분위기에서 진지하고 조용한 톤으로 부른다.
4. 영적 만남의 시간(Intimacy phase) – 예배 중에서 가장 조용하고 가장 개인적인 시간으로 주님과의 직접적인 만남을 기대한다. 일어서서 손을 올리고 눈을 감고 조용히 부르거나, 앞으로 나와 무릎을 꿇고, 어떤 이는 엎드려 있기도 한다.
5. 정리하는 시간(closeout song) – 다음 단계로 넘어가기 위해서 분위기를 바꾸는 찬송을 한다.
6. 그 후에 말씀을 가르치는 시간을 갖는다.

구도자 예배는 청소년들을 대상으로 시작되었고, 몇 년 안에 수백 명이 모여서 윌로우크릭 커뮤니티 교회(Willow Creek Community Church)를 세웠다. 이 교회는 세 가지 목표가 있었는데, 첫째는 사도행전과 같은 성경적 공동체를 세우는 것이고, 둘째는 구도자들을 대상으로 한다는 것, 따라서 새로운 예배의 틀이 필요했다. 셋째는 그리스도에 대한 전적인 헌신인데, 잃은 영혼을 찾아 제자로 삼을 뿐 아니라, 이 일을 행할 때 효율적이고 매력적인 방법으로 한다는 것이다. 이들은 처음부터 구체적이고 현실에 접근하는 메시지와 함께 음악과 드라마 사역을 했기에 높은 수준의 예술성을 지녔다. 주중에는 신자들을 대상으로 하고, 주말에는 구도자를 위한 예배를 드리는데, 주말예배는 기존의 예배요소 중에서 기본적인 찬송과 예전만을 넣고 나머지는 무대 공연을 하는 것처럼 진행한다. 많은 청중과 극장식 분위기 때문에 새신자들은 편안해 하며 점차 복음에 접하게 된다는 것이다. 봉헌시간에도 예배인도자는 처음 온 사람은 방문객이니 헌금하지 않아도 된다고 강조한다.

5. 이머징 예배

이머징 예배(Emerging Worship)는 1990년대 후반부터 뉴질랜드, 호주, 영국, 미국 등지에서 시작된 교회갱신운동에 참여한 교회를 일컫는다. 이머징 예배란 이머징 교회[6]가 지닌 신학과 실천을 표현하는 예배를 말하는데, '대안예배'(Alternative worship), '포스트모던의 예배', '유기적 예배'(organic worship), '단순한 예배'(simple worship)라는 명칭으로도 표현된다. 이머징 예배는 신학적, 문화적으로 구분하여 다음과 같은 몇 가지 특징을 지닌다. 신학적으로는 성육신적 신학을 표현하는 예수의 삶과 가치관을 강조하는 메시지, 선교적 메시지, 때로는 성례전을 강조한다. 문화적으로는 복음주의교회가 잃어버린 예배공간과 예전을 심미적(aesthetics) 감각을 활용하여 사용한다. 따라서 고대의 유산을 미래적 감각으로 되살려 내려는 시도들이 보인다. 기존의 현대예배보다 참여적이고, 유

6) 이머징 교회를 설명한 중요한 인물로는 에디 깁스와 리얀 볼거(이머징 교회, 2006), 댄 킴볼(시대를 리드하는 교회, 2003), 브라이언 맥라렌(저 건너편의 교회, 2000), 로버트 웨버(고대 미래신앙, 1999), 레너드 스윗(모던시대의 교회는 가라), 렉스 밀러(밀레니움 매트릭스, 2004).

기적이며, 다감각적이고, 공동체적인 특징이 있다. 이머징 예배의 유형에 따라 다르지만 예수의 임재에 초점을 맞추는 예전과 상징 활용, 성찬과 교회력의 적극적 도입, 개인기도보다 공동체 기도, 창조적인 음악, 미술, 무용 등으로 참여를 권장하며, 때로는 향의 사용까지도 시도한다.

6. 세대통합예배[7]

세대통합예배란 세대 간 구분하지 않고 매 주일 주일예배를 함께 드리는 예배인데, 행사 때 간헐적으로 온 교회가 함께 모이는 특별예배와는 그 목적과 내용에서 완전히 다르다. 세대통합예배란 어린이에서 노인까지 온 세대가 함께 드리는 예배를 말하는 것으로, 점점 세분화되어 가는 세대 차이에 맞춰 세대별로 따로 드리는 예배의 문제점과 한계를 극복하기 위한 예배이다. 가장 중요한 점은 가족예배적 성격이 아니라 교회 공동체적인 이해가 전제되어야 한다는 점이다. 가족예배는 혼자 나오는 어린이나 결혼하지 않은 독신들에게 소외감을 줄 수 있기 때문에 세대통합예배라는 용어를 택한 것이다. 그러나 세대통합예배에서 모든 세대의 평등한 참여가 전제되지만 참여 세대의 숫자는 고려해야 한다.

세대통합예배는 교회론적, 예배학적, 기독교교육적 이해를 실천하려는 것이다. 즉, 모든 예배자들이 그리스도의 한 몸(one body)의 지체들임을 확인하고, 하나님나라 백성 공동체에 임한 삼위일체 하나님의 현현 사건으로서 예배를 이해하고 경험하며, 세대에 걸친 통합적 신앙성장 발달 기회를 제공하려는 것이다. 세대 간의 잠재력이 예배를 역동적으로 만들뿐 아니라, 일생의 여정에서 배우는 순례자적 신앙이 표현될 수 있다. 성서 인물들의 세대 차이, 문화의 차이를 아우르는 하나님의 백성 공동체의 삶을 표현하고 배울 수 있으며, 세대 간의 갈등의 경험이 오히려 성서의 깊은 진리로 이끌 수 있다.

---

7) 세대통합예배의 구체적인 예로서 「총회예식서」(2009년)를 참고. 자세한 논문을 위해서는 김세광, "한국교회 예배유형의 다변화에 따른 대안적 모색 – 중소형교회를 위한 세대통합예배의 필요성과 가능성연구," 「신학과 실천」 (15호, 2008), pp. 11 – 38. 이미 오래전부터 세대통합예배를 드리는 모델이 될 만한 교회로 순천동부교회(안금남 목사), 강릉노암교회(김홍천 목사), 사랑방공동체(정태일 목사), 제주의 사랑하는교회(서성환 목사), 서울교회(이종윤 목사), 수원의 원천침례교회(김요섭 목사) 등이 있다.

중요한 것은 성서에 나타난 하나님 백성 공동체가 추구하는 예배가 현대문화의 요구에 친절히 응하면서도 예배의 공동체적 성격, 성육신적 성격, 만남의 광장(meeting place)으로서의 성격, 사건적 성격을 잃지 않아야 한다는 것이다. 세대통합예배의 공동체성은 개인이나 가족예배적 성격이 아니라 교회 공동체적이어야 함이 중요하며, 교회학교 예배를 대체하는 것이 아니라 함께 병행해야 하고, 미래 회중을 생각하여 장기적으로 계획할 때 회복될 수 있을 것이다.

그러나 세대통합예배의 시도에는 많은 어려움이 있을 것이다. 세대통합예배의 실현 가능성은 성령님의 임재와 활동하심, 스토리텔링, 예술적 표현, 예전의 활용, 멀티미디어의 적절한 사용, 신체언어(body language)를 얼마나 적절히 사용할 수 있는가, 또 예배기획과 진행에까지 회중들이 어떻게 참여할 수 있도록 하는가에 달려 있다. 세대통합예배는 어린이, 청소년들을 예배 순서에 참여시킴으로써 어린 시절부터 공동체 신앙의 틀이 형성되는 것을 기대한다. 주일 저녁 각 가정의 가족모임과 병행하는 것도 한 방법이다. 예를 들어 낮에는 온 가족이 함께 예배하고, 주일 오후에는 교회학교 각 부서별로 교육과 훈련을 실시하며, 저녁에는 각 가정에서 온 가족이 함께 시간을 갖는 것이다. 이때 가족모임을 위한 프로그램은 교회에서 제공한다.

Ⅱ. 현대교회 예배와 문화

급변하는 사회의 변화에 교회의 예배도 변화의 물결을 타고 있다. "새 포도주는 새 부대에 담아야 둘 다 보존된다"라는 말씀이 바로 오늘을 위해 준비된 것이 아닐까? 이것을 적용한다면 복음이 복음으로 나타나려면 문화의 옷을 입어야 한다는 것이고, 또 예배가 참된 예배로 거듭나려면 현대문화의 옷을 입어야 한다는 말씀이 아니겠는가? 우리에게 주어진 두 가지 과제는 다가오는 현대문화를 어떻게 수용할 것인가에 대한 것이고, 다른 하나는 어떻게 예배를 갱신할 것인가이다. "열린 예배를 해도 되는가?", "복음송이나 CCM을 예배에 사용할 수 있는가, 한다면 어디까지 수용할 수 있는가?", "멀티미디어의 사용은 어떻게 하는 것이 유익이 되겠는가?", "예배에 영화를 사용해도 되는가?" "강단의 스크린 사용에 규칙은 없는가?", "시각적 예술의 사용에는 원칙이 없는가?" 이러한 문화 수용문제는 곧 예배 갱신과 연결되면서 한국교회 예배의 갱신의 가능성을 묻게 된다.

1. 현대문화 이해

예술 문화의 분야로는 음악, 미술, 연극, 문학, 조각, 무용 등이 있는데, 이들은 내부적으로 각각 전통예술과 대중예술이 서로 긴장관계를 이루고 있다. 미술적 표현의 경우 대부분의 개신교회들은 음악보다 관심이 적은 데 비해, 회중에게 미치는 영향은 결코 음악 못지않게 크다. 따라서 예배실 안에 있는 커튼, 십자가, 강대상의 카펫, 예배실 벽면의 플래카드, 방석 등의 색깔이 미적인 조화를 가지도록 연구 검토해야 한다. 왜냐하면 부적절하고 자극적인 색깔들은 음악의 불협화음처럼 거슬리고 예배자의 마음과 정신을 산만하게 만들 수 있기 때문이다. 또한 매우 혁신적으로 생각되는 드라마나 무용의 경우, 성경봉독을 입체낭독이나 간단한 드라마 형식으로 대신하거나 설교 전이나 후에 잘 준비된 연극을 할 수도 있다. 예배 시작을 입례 행렬로 시작하는 교회에서는 예전 무용단이 그 행렬에 참가할 수도 있다. 이러한 형태의 참여는 예배의 각 요소의 의미를 강화시켜 줄 것이다.

2. 현대문화의 예배 수용 원리

예배에서 현대문화의 수용이 불가피하다고 해서, 모든 문화가 정당성을 갖는 것은 아니다. 현대문화에는 예배에 해를 끼치는 요소들이 많이 있으므로 이를 경계하지 않으면 안 된다. 현대문화에 대하여 경계해야 할 것으로는 문화적 저급성, 개인주의, 소비주의, 세속적인 악의 개념이다.

첫째, 문화적 저급성을 경계해야 한다. 저급한 문화는 예배의 가장 큰 방해꾼이 된다. 왜냐하면 저급한 문화는 회중들 속에 있는 하나님께서 주신 재능으로 최선을 다해 사용하는 것을 막기 때문이다. 또한 하나님과 하나님의 선물들이 저급한 문화로 표현될 때, 하나님에 대한 아름다움의 이미지가 파괴되고, 이는 하나님께 불경스러운 일이다. 여기서 저급한 문화를 정확히 규정짓기는 어려운 일이지만, 대개 창조성과 아름다움이 결여된 예술과 인식이라고 정리할 수 있다. 창조성과 아름다움이 결여된 문화가 보여 주는 특징들은 조잡함, 무질서, 부조화, 모방성, 서투름 등이다. 예배인도자들 중에는 예배를 역동적으로 혹은 자연스럽게 이끌기 위해서, 이러한 저급한 문화들을 그대로 수용하는 경우가 있는데, 이는 창조성과 아름다움이 담긴 문화를 포기하는 것을 의미하기 때문에 바람직한 예배인도자의 모습은 아닌 것이다. 이런 분위기에서는 창조성과 아름다움은 오히려 사치스럽고, 비본질적인 것으로써 천덕꾸러기 취급을 받기 쉽다.

그럼에도 저급한 문화를 정당화시켜 주는 배경에는 실용주의가 있음을 알아야 한다. 실용주의는 절약이라는 이름으로 모든 조잡함, 부조화, 모방과 서투름을 합리화시켜 주며, 하나님께서 주신 재능을 도구로 전락시킨다. 따라서 실용주의에 뿌리를 둔 예배자가 예배에서 창조성과 아름다움은 부차적이고 사치스럽게 생각하는 것은 어찌보면 당연하다. 이러한 자들에게는 예술이나 매스미디어와 같은 현대문화매체들은 교회성장을 위한 도구일 뿐이다. 예배실도 아름다움보다는 보험회사나 자동차회사의 사무실처럼 전도목표나 실적을 전광판으로 표시하여 회중들에게 전도사명을 각성하게 하는 곳이 될 것이다. 플래카드의 색감의 미적 조화나 창의성 있는 언어에 대해서 논의할 여유조차 없는 분위기라면, 현대문화를 수용하는 것은 더욱 위험스럽다. 왜냐하면 모든 문화를 도구로만 보고 수용하여 문화를 조잡하고, 모방하며, 무질서하게 다루기 때문이다. 최근 복음송이나 소위 열린 예배에 대하여 어떠한 준비나 연구 없이 이웃교회의 모습만을 모방하려는 시도들도 이런 위험에 빠질 가능성이 매우 높다.

둘째, 개인주의를 경계해야 한다. 포스트모더니즘의 특징 중의 하나가 다원성이라는 환경 안에서 개인의 개성을 인정하고 개인의 즐거움과 자유를 강조하는 것이다. 이것이 현대문화 형성에 활력을 불어넣었고, 과거의 문화와는 다른 모습을 갖게 하였다. 예배 회중은 각자의 믿음 표현에 있어서도 각자가 느끼는 대로 과감히 표현하고 싶어하는데, 예를 들면 찬송을 부를 때 주위의 시선은 아랑곳하지 않고 손을 들거나 일어서서 손을 흔들기도 하는 모습을 통해 알 수 있다. 청년예배에서 영상물을 제작하여 광고를 할 때도 제작자의 특별한 시각으로 편집되는 것들을 볼 수 있다. 이러한 모습은 적극적인 예배참여와 자발적인 믿음표현이라는 면에서 기존 전통적인 예배에 신선한 도전을 주는 것 같다. 그러나 여기서 주의할 것은 믿음의 표현을 개인의 감정과 느낌에 전적으로 의존할 가능성이 있다는 점이다. 공동예배의 가장 중요한 요소 중의 하나가 공동체의 믿음표현이라는 것을 생각하면, 비록 느낌이나 감정이 없어도 의지적으로 표현할 수 있는 공동예배의 분위기를 유지하는 것이 중요한 것이다. 이런 관점에서 가장 경계해야 할 것은 예배가 공연장처럼 관람하면서 감동 받으려는 분위기이다. 내가 감동 받아야 은혜스럽고 참된 예배이고 그렇지 않으면 형식적인 예배일 뿐이라고 생각하는 경향이 큰 문제이다. 현대문화를 수용하는 것이 개인의 감동을 창출하고 효과 있게 하려는 것이 목표라면, 크게 우려해야 할 일이다. 이러한 위험을 막기 위해서는 회중 전체가 공감하고 인정하며 자연스럽게 참여할 수 있도록, 현대문화의 수용은 약간은 보수적으로 움직이는 것이 좋을 것이다.

셋째, 소비주의를 경계해야 한다. 현대문화의 창조성과 예술성이 소비주의를 합리화해서는 안 된다. 비쌀수록 아름답다거나 많이 투자해야 창조적인 것이 나온다던가 하는 논리에 빠져서는 안 된다. 위에서 지적한 대로 서툴거나 조잡하지 않기 위해서 많은 물질과 전문가가 있어야 한다는 확신도 위험하다. 창조성이나 예술성이 귀족들만의 소유는 아닌 것이다. 역사적으로 보면 오히려 창조성과 아름다움은 일반 서민층으로부터 나왔다. 여기서 경계해야 하는 것은 물질을 우상시하고 탐욕을 조장하는 소비주의에 빠지는 것이다. 물질만능, 소비지상주의는 하나님의 대적자이며, 예배의 방해꾼이기 때문이다. 예배복장으로 깨끗하고 조화되는 옷을 준비하기 위해서 비싸고, 화려한 옷을 사야 할 필요는 없다. 예배실을 아름답게 장식하기 위해서 순금과 옥으로 치장할 필요는 없다. 문화를 실용적 입장에서만 보는 실용주의를 경계해야 하는 것처럼, 문화라는 이름으로 사치와 향락을 정당화하려는 소비주의도 경계해야 한다.

넷째, 세속주의화된 악의 개념을 경계해야 한다. 예배자들이 가장 혼돈하기 쉬운 부분이 문화라는 이름으로 가장한 악의 모습이다. 사랑이라는 이름으로 새롭게 형성되는 동성애 부부, 가족에 대한 신개념이나 혼전 섹스는 현대문화라고 해서 수용할 수 없는 개념들이다. 또한 컴퓨터의 발달로 야기되는 사이버교회(cyber church)도 경계해야 할 대상이다. 혹자는 사이버교회가 공동체에 대한 신개념이라고 예언적으로 설명하지만, 끝까지 거부해야 할 악의 개념이다. 왜냐하면 시공을 초월한 주님의 몸으로서의 공동체로 사이버교회를 생각하면 되지 않겠느냐는 주장은 설득력이 없다. 현재 함께하는 공동체가 없는 성도에게는 시공을 초월한 공동체가 있을 수 없기 때문이다. 또한 사이버교회가 장점으로 내세우는 무시간성이야말로 공동체예배가 지닌 시간의 중요성을 상실하게 한다. 예배에서 선포되는 설교는 듣고 싶을 때 꺼내 들을 수 있는 것이 아니라 함께 한자리에서 들을 때 이해되고 살아 있는 하나님의 말씀이 되는 것이다. 성찬 또한 함께 한자리에서 나눌 때 비로소 주님의 임재를 확인하고 의식할 수 있는 것이다.

3. 현대문화의 예배 수용 지침

현대문화를 적극적으로 수용하기 위해서는 역설적이지만 다음의 요소들이 더욱 강조가 되어야 한다. 만일 현대문화를 수용할 때 다음 요소들이 약화된다면, 그 예배는 교회전통의 아름다운 유산을 잃어버리게 된다.

첫째는 과거 성도와의 연합이다. 그리스도의 몸의 지체인 성도들이 과거 성도와도 한 몸이 됨을 확인하게 되는 것은 예배의 현장에서이다. 과거 성도와의 연합을 강화시키기 위해서 예복과 교회력을 충실히 따르면서, 현대문화를 수용해야 한다. 또한 최근 불려지는 복음송의 무분별한 도입 때문에, 과거 성도들로부터 불려져 왔던 찬송가를 소외시켜서는 안 된다. 과거 성도들의 기도를 발굴하고 소개하는 것도 좋은 방법이 될 것이다.

둘째는 공동체성을 유지하는 것이다. 현대문화의 특징 중의 하나가 연령과 이해에 따른 소그룹화현상이다. 자연히 과거의 대가족제도 같은 공동체가 유지되기 점점 어려워지는 것이다. 더구나 교회의 대형화에 따라서 소그룹화가 교회의 역동성 유지에 필수적인 것으로 인식되고 있기도 하다. 그러나 본질적이고 영속적인 신앙의 가치들은 소그룹화된 공동체보다는 연령의 이해와 관심을 초월한 더 큰 공동체 예배 속에서 확인되고 전달된다.

셋째는 전통적 말씀형식을 유지하는 것이다. 수사학의 변화나 컴퓨터의 발달로 기존의 일방적 말씀의 전달방식과는 다른 전달방식들이 — 예를 들면, 사이버교회의 설교청취 — 요청되고 있지만, 현재의 설교와 성찬을 통한 말씀의 전달이 약화되거나 변형되어서는 안 된다. 이는 시대와 문화가 변화해도 변할 수 없는 예배의 두 축이기 때문이다. 다른 방식이 더욱 효과적일 수는 있으나 본질적인 것이 변화될 염려가 있기 때문이다.

Ⅲ. 현대교회 예배의 새로운 표현

1. 예배와 멀티미디어

이 시대를 멀티미디어 시대, 디지털 시대, 영상 시대라고 부르고 있으므로 예배의 논의 중에 멀티미디어의 등장은 당연하다. 여기서 멀티미디어란 각각의 매체들을 하나로 묶어 효과를 극대화시킨 시스템으로 컴퓨터를 주로 말한다. 따라서 멀티미디어 예배란 예배에서 컴퓨터의 테크놀로지는 물론, 영상 비디오와 같은 현대 미디어를 사용하는 것을 말한다. 강대상 위에 대형 스크린을 걸고 복음송 가사를 비추든지, 영상물을 보여 주는 교회가 점차 증가하고 있고, 여의도 순복음교회를 위시해서 몇몇 대형교회가 지역마다 교회를 세워 ○○성전이라고 부르면서, 본 교회 설교를 지역 성전의 대형 스크린에 동시에 생중계하는 것도 현대문화적 현상 중의 하나이다. 컴퓨터의 급격한 성장으로 컴퓨터상에서만 존재하는 사이버 교회(cyber church)의 출현을 기정사실화하고 있다. 이 교회에서는 전자화폐로 헌금하고, 마음에 맞는 목회자의 설교를 원하는 시간에 언제든지 들을 수 있다. 예배의 기본적인 두 요소인 시간과 공간의 벽을 뛰어넘은 시대가 온 것이다. 왜 예배에서 이러한 새로운 문화 매체를 사용해야 할까?

첫째는 현대사회가 새로운 문화적 형식을 요구하기 때문이다. 오늘의 시대는 정보화시대, 영상문화시대, 또는 디지털시대라는 말들로 잘 설명될 수 있다. 활자가 발명되던 시대에는 인쇄물로, 라디오 시대에는 음성으로 하듯이 현 시대의 산물인 멀티미디어를 예배의 커뮤니케이션으로 사용하는 것을 거부할 수는 없다.

둘째는 자신에게 맞는 문화적 행동을 하기를 원하는 인간의 속성 때문인데, 특히 신세대 회중들에게 멀티미디어는 필수적인 커뮤니케이션 수단이며, 이러한 매체를 사용하여 이미지를 창조하고 싶어하기 때문이다. 예를 들면, 멀티미디어 예배의 경우 40대 이상에게는 낯설고 부담스럽게 들릴 수 있으나, 연령층이 낮을수록 더욱 친근하고 신선한 주제가 된다. 연령층이 낮아질수록 이런 변화는 뚜렷해지는데, 따라서 이들 세대들은 영상 세대 또는 디지털 세대라고 불린다. 신세대라고 부를 수 있는 이들이 기성세대와 크게 구별되는 점은 기성세대들이 소수의 전문가들에 의해 만들어진 이미지를 수용하는데 익숙한 반면, 신세대들은 각자가 이미지를 창조하고 싶어한다는 점이다.

이들은 예배에서도 적극적으로 표현하고 싶어한다. 찬송을 할 때도 온 몸을 사용하는 것을 더욱 자연스럽게 느끼고, 광고도 음성이 아니라, 영상을 통한 광고에 더 큰 감동을 받는다. 신앙의 표현을 드라마나 어떤 몸짓으로 하는 것을 더욱 선호하는 세대라는 점을 간과해서는 안 된다. 최근의 N세대보다 발전된 개념의 포스트디지털세대(PDG)의 등장은 멀티미디어에 대한 진지한 연구의 필요성을 말해준다. 정말 이들이 '차가운 디지털환경에서 자랐으나 인간적, 아날로그적 감성과 함께 주체적이고 낙천적인 성격을 가진 세대' 라면 예배에서도 이들을 위한 배려가 있어야 할 것이다.

멀티미디어를 사용하려면 전문성과 예술성을 유지할 수 있어야 한다. 멀티미디어는 현대문화의 유행적 내용에 접해 있기 때문에, 전문적인 이해와 준비가 없을 때 경박하고 조잡한 내용에 엮기기 쉽다. 이를 위해서는 전문적인 훈련을 받은 이들로 사역 팀을 구성할 필요가 있다. 이들로 하여금 건축가나 실내장식가가 예배실을 꾸밀 때처럼 탁월성과 예술성, 그리고 창조성이 드러나는 작업을 하도록 격려하는 것이 필요하다.

2. 예배와 공간

기독교 역사에서 교회 건축은 당시의 신학과 교회의 전통과 그 시대의 문화를 담고 있는 결정체였다. 한국교회의 교회 건축에도 한국교회의 신학과 전통, 그리고 한국 문화가 담겨 있다. 1970년대 이후로 한국교회가 급성장하면서 교회 건축이 활발해졌는데, 근래에 신도시개발과 건축술의 발달, 그리고 회중들의 문화 양식의 현대화 등의 이유로 교회 건축은 교회 신축이나 리모델링 등 새로운 과제로 떠오르고 있다. 현재 교회 건축에서 가장 중요하게 고려하는 부분은 현대 회중의 문화 코드인 것 같다. 그래서 교회 건축가들은 회중들의 감성과 문화적 양식에 맞는 건축을 개발하기 위해서 일반 건축물들의 최신 디자인과 양식들을 적극적으로 수용하는 분위기이다. 그러나 교회 건축은 그 지역과 시대의 문화적 양식에 앞서서 고려해야 할 중요한 원리가 있다.

예배실을 위한 건축의 신학적 원리로 가장 먼저 고려해야 할 것은 예배의 기능을 위한 공간을 만드는 것이다. 교육적 기능이나 사회 봉사의 기능을 위한 공간이외에 예배 공간은 예배의 의미와 목표에 합당한 구조와 분위기를 고려한 건축이 되어야 한다.

첫째, 교회의 건물은 어떤 면에서든지 그리스도를 나타내야 한다. 교회의 건물에서 그리스도가 나타내야 한다는 말은 다음 두 가지의 의미가 있다. 즉, 그리스도의 임재를 표현하는 것과 그리스도의 말씀을 증거하는 것이다. 그리스도의 임재를 표현하기 위해서는 성례전적 성격을 지닌 구조와 분위기를 유지하는 것이 중요하다. 이것이 유지된 다음 회중의 자발적 신앙 표현(찬송이나 기도 등)을 위한 현대적 분위기를 고려해야 한다. 성례전적 성격의 구조란 무엇보다도 성찬상의 중심성을 강조한 말인데 그렇다고 성당처럼 직사각형의 긴 예배실에 어두침침한 분위기를 말하는 것이 아니다. 성찬상의 중심성을 인식하면서 현대적이고 예술적인 감각으로 실내를 디자인할 수 있어야 한다. 교회 건축은 그리스도의 임재와 함께, 그리스도의 말씀을 증거하는 곳이 되어야 한다. 이 부분에 대해 한국교회의 건축은 이미 충분히 강조하는데 대부분의 한국교회는 하나님의 말씀 선포와 회중의 응답을 고려한 건축과 실내 구조를 가지고 있다. 그러나 이것은 앞의 그리스도의 임재를 표현하는 구조를 앞서서는 안 된다. 왜냐하면 그리스도의 말씀을 증거하는 구조만으로는 그리스도를 충분히 나타낼 수 없기 때문이다.

둘째, 교회의 건물은 종말론적 긴장감을 담고 있어야 한다. 종말론적 긴장감이란 복음이 표현하고 있는 하나님 나라에 대한 대망과 실현의 과정의 분위기이다. 이것을 교회의 건물이 구조적으로 표현해야 한다. 강단에서 선포되는 세상의 종말과 교회의 영원성에 대한 메시지에 부합하는 공간과 분위기가 되어야 할 것이다. 현대 회중의 현실감 있고 역동적 참여를 충분히 염두에 두면서도, 고전미술관이나 박물관에서 느껴지는 초시간성의 감각의 극대화가 이루어질 수 있도록 설계한다면, 복음의 메시지를 입체적으로 경험할 수 있을 것이다. 이것은 예배실 안에서의 악기 사용이나, 대형스크린의 설치와 사용에서, 또한 극장식의 편안한 의자의 설치 시에도 질문해 보아야 할 중요한 요소이다. 교회 건축에서 현대화, 선교화, 고급화, 회중의 문화적 코드를 적용하기에 앞서서, 그리스도의 임재의 표현이나 복음의 종말론적 긴장감의 표현을 위해 진지하고 지속적인 연구가 필요할 것이다.

3. 예배 공간의 구성 요소(I) : 설교단, 성찬상, 세례반, 찬양대, 회중석

예배 공간을 계획할 때 고려해야 할 요소들은 다음과 같다.

첫째, 설교단의 위치와 높이, 그리고 크기이다. 강단 위에 설교단 외에 사회석이 따로 있는 경우는 회중석에서 강단을 향해 볼 때, 오른쪽이 사회석이고 왼쪽이 설교단이다. 영미 교회들을 방문할 때, 왼쪽의 설교단의 높이와 크기가 사회석보다 높은 것을 많이 보게 되는데, 그것은 말씀의 계시를 크게 강조한 개혁교회 전통이나 청교도 전통의 유산이다.

둘째, 성찬상의 위치이다. 로마가톨릭교회에서는 제2차 바티칸공의회(1962-1965) 이전까지 성찬상을 제단 벽에 붙여 놓고 사제는 회중을 등지고 성찬상을 향해 집례했으나, 공의회 이후로 성찬상 앞에서 회중을 바라보며 집례하고 있다. 개신교회의 경우 강단 위에 사회석과 설교단이 따로 있는 경우는 성찬상을 그 중앙에 위치해 두고 있고, 사회석과 설교단을 함께 사용하는 교회는 그 밑에 성찬상을 둔다.

셋째, 세례수를 담은 세례반의 위치이다. 성공회나 루터교 이외에는 세례반은 필요한 때만 들고 나오는 세례수 그릇을 사용한다. 그러나 세례반이 갖는 신학적 의미가 매우 중요함으로 적극적으로 세례반의 위치를 정하고, 교회 전통을 찾아 예술적이고 상징성이 풍부한 세례반을 둔다면, 예배 회중에게 주는 예배적 의미뿐 아니라 교육적 효과도 클 것이다. 세례반의 위치는 신앙의 시작을 의미하여 예배실의 입구에 두거나 성찬상 옆에 둘 수 있다.

넷째, 찬양대의 위치는 교단의 전통에 따라 크게 다르다. 로마가톨릭의 경우 성소(강단) 위의 양 통로에 있거나, 회중석의 발코니 위에 두어 천사의 찬송의 분위기를 연출한다. 침례교회는 설교자의 뒤에 있어 설교자 등을 보게 되는 위치에 둔다. 그 이외의 대부분의 교회는 설교단 좌우 공간에 찬양대석을 두는데, 이때 강단과 회중석을 골고루 볼 수 있도록 하는 것이 자연스러울 것이다.

다섯째, 회중들의 공간과 좌석이다. 회중석을 만들 때 가장 중요한 것은 가운데 통로를 확보하는 일이다. 십자가를 향해 입례하는 예전적 예배를 위해서는 필수적인 것이다. 전통적인 교회는 성당처럼 회중석이 직사각형으로 길게 되어 있는데, 그리스도의 한 몸 의식을 확인하는 예전적 효과를 위해서는 할 수 있는 대로 원형에 가까운 배열이 좋겠다. 어느 정도 서로를 바라볼 수 있는 위치가 된다면 공동체 예배의 역동성을 강화하는 효과가 있기 때문이다. 공동체 회중 중의 장애인들의 접근이 편리하도록 설계하고, 특히 중간중간 휠체어가 의자 대신 들어갈 수 있도록 장의자의 한쪽을 짧게 제작하는 세심한 배려도 필요하다.

4. 예배 공간의 구성요소(Ⅱ) : 빛, 색, 소리

예배 공간을 결정짓는 또 다른 요소로 빛, 색, 소리가 있다. 이것에 따라 예배의 의미와 효과가 달라지는데, 음식으로 비유하면 음식의 맛, 향기, 색깔에 해당한다.

첫째, 예배실 안의 조도에 대한 계획이다. 조도는 자연광과 전기적 조명에 의해 결정되는데, 특히 자연광의 효과를 위해서는 건축에서부터 전문가에게 맡겨야 한다. 자연광으로 십자가의 형상을 만든다든지, 여러 성서적 상징들을 표현할 수 있다. 로마가톨릭교회나 전통적인 교회에서는 될 수 있는 대로 자연광을 차단해서 무덤과 같은 어두운 분위기를 만들었는데, 이는 예배의 중요한 주제인 종말론적 분위기를 연출하기 위한 것이었다. 반대로 자연광을 회중들의 성향에 맞게 적극적으로 사용하면 매우 유익하다. 전기적 조명은 예배의 주제와 내용에 따라 조명을 기획하고 연출함으로 큰 효과를 얻을 수 있다. 문화사역의 선두에 서 있는 교회들에게서 이런 조명을 사용한 예배들을 볼 수 있는데, 회중들로부터 좋은 반응을 얻고 있다.

둘째, 예배실의 분위기를 결정짓는 것은 색깔이다. 강대의 벽면, 천장의 색깔, 바닥 카펫의 색, 의자의 색의 결정에 전문가들의 참여가 필수적이다. 건축 책임자의 일방적인 결정이 되어서는 안 된다.

셋째, 예배실의 소리이다. 교회 건축에서 가장 눈에 띄지 않는 부분이지만 마지막까지 신경을 쓰지 않으면 안 되는 것이 소리에 대한 것이다. 외형적으로 완벽하게 건축된 예배실에 소리 때문에 구조변경이나 구조물 부착을 함으로 막대한 경비와 시간을 낭비하는 경우가 아주 많이 있다. 개신교회의 예배실은 음성적 측면에서 어려운 과제를 안고 있다. 한편으로는 회중과 찬양대의 찬송이 잘 울려야 하고, 다른 한편으로는 설교자의 마이크 음성이 명료하게 전달되어야 하기 때문이다. 각기 최대의 효과를 위해서는 정반대의 실내구조를 요구하는 상황이어서, 전문가의 진단과 판단이 중요하다. 결국 서로 보완할 수 있는 중간 지점을 찾아야 하는 작업을 하게 된다. 예를 들어 음이 울리지 않도록 카펫을 깔아야 하는데, 전체를 깔면 찬양의 소리가 너무 흡수되기 때문에 일부분만 깐다든지, 다양한 기능의 마이크를 사용하는 등 적절한 판단을 해야 한다.

5. 예배와 언어

에모리 대학의 예배학 교수인 돈 샐리어스(Don E. Saliers)는 "언어는 언어를 서툴게 사용하는 자들에게 복수한다."는 조지 스타이너의 말을 인용하면서 예배 언어를 추하게 만드는 것은 기독교 영성을 메마르게 하고 추하게 만드는 것이라고 경고한다. 예배 언어에 대한 연구는 기독교 공동체의 형성과 발전에 매우 중요한 과제임은 새삼 강조할 필요가 없다.

1) 예배 언어의 종류

첫째, 예배의 대상과 참여자에 따라 둘로 구분하면, 초월적 성격의 언어와 인류학적 성격의 언어이다. 예배의 이중적 성격을 생각할 때, 초월적 성격과 인류학적 성격 어느 것 하나를 소홀히 할 수 없다. 하나님 예배가 인간에 의해 하나님에게 드려지는 것이라 할 때, 예배는 회중인 인간 편의 생각과 마음을 표현하는 언어와 예배의 대상인 하나님의 생각과 마음을 표현하는 언어가 교차되는 곳이기 때문이다. 서로 전혀 다른 두 종류의 성격의 언어 사이에 어떻게 조화와 균형을 유지할 수 있는가가 예배 언어의 과제가 된다.

둘째, 예배 진행 방식에 따라 둘로 구분하면 예전적 언어와 비예전적 언어이다. 이 두 언어가 가진 서로 다른 특징을 보면, 예전적 언어의 기준과 관심은 언어의 교회의 신조와의 일치, 신학적 정확성과 역사성이어서 자연히 언어의 범위와 성격은 우주적이고 보편적이다. 이에 비해 비예전적 언어의 기준과 관심은 교단과 지역 교회 전통, 회중과의 교감, 현재 사회적 사건과의 관련성 등이다. 다시 말하면 비예전적 언어는 지역교회와 회중 지향적 성격을 지닌다.

셋째, 회중들의 반응에 따라 셋으로 구분할 수 있는데 신학적 언어, 신앙고백적 언어, 회중들의 언어가 있다. 교리문답이나 사도신경이나 주기도문 같은 예전을 위한 신학적 언어가 회중들의 '이해'(지적 동의)를 추구한다면, 신앙고백적 언어는 찬양과 기도와 선포를 통해서 회중들의 '아멘'(영적동의)을 추구한다. 그리고 회중들의 언어는 공간, 움직임의 동작, 회중 상호 간의 대화를 통해서 회중들의 '행동'(의지적 동의)을 추구한다.

넷째, 예배 언어의 형태에 따라 넷으로 구분할 수 있는데 음성적 언어, 문자적 언어, 신체적 언어, 상징적 언어이다. 대부분의 개신교 예배는 기도, 찬송, 설교 등 주로 음성적 언어를 사용하는데, 예전적인 교회들은 그 외에 예배서를 통해서 문자적 언어, 그리고 그림이나 건축, 상징 등으로 표현하는 상징적 언어, 제스처나 춤, 행진 등의 신체적 언어도 중요하게 다루고 있다. 특히 신체적 언어는 아프리카인의 예배의 주요한 특징으로 신체언어의 영향력을 실감할 수 있다.

다섯째, 예배 언어는 예배의 목표에 따라 이 시대의 언어적 성격과 하나님 나라의 언어적 성격으로 구분된다. 예배는 한 시대에 속한 회중들의 삶의 현장에서 일어나는 많은 사건 중의 하나다. 따라서 예배에서는 오늘의 삶의 표현과 현재 일어나고 있는 사건의 해석이 필요하다. 다른 한편으로 그리스도교 예배를 하나님 나라의 백성들의 정치적 행동으로 정의할 때, 이때의 예배 언어는 하나님 나라의 언어에 속한 정치적 언어이다. 예배의 회중들은 예배에서 그들이 이 땅의 백성이 아니라 하나님 나라의 백성임을 재확인하고, 하나님 나라의 언어와 가치관과 윤리를 선언하고 노래한다.

2) 예배에서 언어의 영향력

예배 혹은 예전의 모습은 예배 언어에 의해 형성된다. 예배 언어는 회중 자신이 누구인지, 담화를 하고 있는 대상이 누구인지를 나타내 준다. 주로 인간 상호 간에 이루어지는 일반 언어의 기능에는 '표현', '의사전달', '해석', '가리키다'가 있는데, 예배 언어는 하나님 나라에 속한 백성과 하나님, 그리고 백성 상호 간의 대화의 삼중구조 속에서 이루어지는 것을 고려할 때 관찰, 인정, 고백, 헌신, 돌봄의 기능으로 분류할 수 있다.

첫째, 예배 언어는 폐쇄적 언어가 아니라 포용적 언어여야 한다. 현대사회는 다원화시대로 불리면서 폐쇄성을 지닌 공동체를 배격하는 특징을 가지고 있다. 예배 언어가 포용적 언어가 되어야 한다는 것은 닫혀 있는 공간을 열어야 하고, 차별적인 자세와 용어들을 삼가해야 한다는 의미가 있다.

둘째, 예배 언어의 성격은 상업적 언어가 아니라 예술적 언어이다. 성례전적 예배는 성격상 상업적으로는 이해되지 않는다. 오히려 예술적 차원에서 보다 더 분명히 드러난다.

셋째, 예배의 언어에서 나타나는 추상적 또는 신학적 언어가 회중들의 삶에까지 영향을 주기 위해서는 은유적 언어로 설명되어야 한다. 성경의 중요한 주제들은 주로 초월적 성격을 지닌 형이상학적 언어에 속한다. 즉, 하나님, 구원, 영원, 진리, 사랑, 믿음, 소망 등은 형이하학적 언어로는 표현할 수 없는 개념들이기 때문에 깊은 사색이 요구되는 추상적 언어로 분류되는 것이 당연하다.

넷째, 모든 예배 언어는 모방적 언어가 아니라 창조적 언어이다. 예배 때 사용되는 모든 언어(예배의 기도, 찬송, 예배의 공간과 제스처 등)가 예배자 각자가 만든 것처럼 느끼는 언어가 될 때 그 예배는 힘이 있게 된다.

다섯째, 예배 언어는 운명적 언어가 아니라 예언적 언어이다. 여기서 '예언적'이라는 말은 결정된 미래의 일을 알려주는 운명론적인 의미가 아니라, 성경에 나타난 하나님의 약속과 성취, 도전과 심판을 의미한다. 예언적 언어는 회중들에게 이중적 역할을 한다. 한편으로는 하나님 나라의 도래를 기다리는 하나님의 백성들에게 하나님의 약속의 성취를 확인하고 소외되고, 애통해 하고, 핍박당하면서도 하나님 나라를 기다리는 신실한 백성들을 위로하고, 붙들어 주고, 힘을 북돋우어 준다. 다른 한편으로는 안일하고, 게으르고, 악한 백성들을 꾸짖고, 경계하고, 심판을 선포한다.

여섯째, 예배 언어는 어떤 경우에도 상처를 주는 것이 아니라 치유적 언어가 되어야 한다. 책망이나 견책하는 것과 상처를 주는 것은 다르다. 예수는 이 땅에 의사로 오셨기에 그의 오심은 소경, 앉은뱅이, 문둥이, 귀머거리, 죽은 자, 가난한 자들에게 복음이 되었다. 그리스도교 예배가 예수의 오심과 행하심과 죽으심과 부활하심을 기념하는 것이라면 예배에서 치유 사역이 펼쳐져야 한다. 성례전에서 인간의 죽음은 영원한 생명으로 바뀌고, 인생의 갈증은 영원한 하나님의 식탁에서 채워진다.

그리스도인들은 그리스도 안에서 새로운 피조물, 즉 새로운 존재가 된 자들이다. 그리스도인들은 그들의 예배 때마다 새로운 존재임을 확인하고 그것을 노래한다. 이때 그들이 확인하고 노래하는 언어는 새로운 언어이다. 예배자들의 이 새로운 언어는 두 가지 측면을 가지고 있는데, 하나는 전지전능한 하나님의 신비를 인식하고 인정하는 언어, 창조주 하나님 앞에 자신을 살피는 고백의 언어, 사랑과 은혜에 대한 감격의 언어이다. 일상에서 무의식적으로 사용했던 옛 언어들, 즉 폐쇄적이고, 상업적이고, 이기적이고, 남에게 상처를 주는 언어들은 모두 지나간 옛 것이 되었다. 예배자들은 이 새로운 언어를 성서와 믿음의 선조들의 깊은 신학적 통찰과 진지한 믿음의 고백을 통해서 배운다. 새로운 피조물로서 예배자들이 사용하는 새로운 언어의 다른 한 측면은 하나님의 백성들과 나누는 언어이다. 이것은 하나님의 섭리와 약속을 신뢰하는 언어, 하나님의 사랑과 돌보심에 대한 응답으로 예배자들끼리 나누는 사랑의 언어, 소망의 언어이다. 또한 새로운 언어는 모두를 포용하고 진리를 추구하고, 새로운 것을 찾고, 소외되고 약한 이들을 품어 주고 치유하는 언어이다. 예배에서 그리스도인들은 죽은 자를 향해 생명을 선포하는 언어, 일생에 매여 염려와 허무에 사로잡혀 사는 이들을 향해 영원한 삶을 바라보게 하는 언어를 나누며, 모든 영광을 하나님께 돌리는 노래를 부른다.

적용과 실천

1. 예배의 변화 중에서 예배 공간에 대해 관찰한 것과 그것에 대한 소감을 함께 나누어 보자.

2. 최근의 예배 변화 중에서 멀티미디어에 대하여 관찰한 것과 그것에 대한 소감을 함께 나누어 보자.

3. 예배 회중으로서 사회의 변화에 대해 예배가 어떻게 변화하면 좋을지에 대해 생각해 보자.

10과

예배드리는 자세

10과

예배드리는 자세

찬 송	"만 입이 내게 있으면"(새 23장, 통 23장)
성 경	"예수께서 이르시되 네 마음을 다하고 목숨을 다하고 뜻을 다하여 주 너의 하나님을 사랑하라 하셨으니 이것이 크고 첫째 되는 계명이요"(마 22 : 37-38).
본과의 목 적	올바른 예배를 드리는 자세를 성경을 통해서 배우고 훈련함으로 하나님께서 기뻐 받으시는 예배, 하나님의 임재의 감격이 있는 예배를 드리는 데 목적을 둔다.

함께 나누기

제2차 세계대전이 발발했을 때 대영제국의 국민들은 깊은 절망과 불안, 그리고 두려움에 사로잡혔다. 전쟁에는 승산이 없어 보였고 나치 독일의 점령은 시간 문제로 예측되고 있었다. 이런 상황 속에서 대영제국의 지도부는 선전포고를 하게 된다. 영국이 독일을 대항하여 개전을 선언하면서 유명한 윈스톤 처칠경은 당시 성공회의 존경받는 주교였던 윌리암 템플에게 대국민 연설을 부탁한다. 같은 날 대국민 메시지를 하면서 윌리암 템플은 이렇게 연설을 시작했다고 한다. "대영국제국의 국민 여러분, 지금은 우리가 하나님을 예배할 때입니다. 전쟁은 큰일입니다. 그러나 예배는 더 큰일입니다. 만일 우리 국민이 이와 같은 때에 진정 하나님을 예배할 수가 있다면 그리고 하나님을 바라보고 그 하나님이 우리와 함께하는 것을 믿을 수가 있다면 전쟁은 결코 큰일이 아닙니다. 그리고 우리는 능히 우리가 예배한 하나님의 도우심으로 이 전쟁을 승리할 것입니다." 그 이튿날 주일 영국의 모든 교회는 종을 울렸고 교회마다 예배하는 국민들로 인산인해를 이루었다. 그리고 과연 대영제국은 치열한 전선에서 버티고 견디어 냈으며 마침내 승리할 수가 있었다. 그러면 우리는 어떤 자세로 예배를 드려야 할 것인가?

함께 학습하기

Ⅰ. 가장 중대하고 긴급한 것은 예배인 것을 알아야 한다

성도에게 우선해야 할 가장 중요한 일은 무엇인가? 칼 바르트(Karl Barth)는 "기독교 예배는 인간생활을 영위하는 데 있어서 인간이 할 수 있는 것 중에서 가장 중대하고, 가장 긴급하며, 가장 영광스러운 행동이다."라고 표현하므로 예배는 성도가 해야 할 일 중에 최고의 행위임을 말하고 있다.

하나님께서 우리를 구원하신 궁극적인 목적은 하나님께 예배드리게 하는 데 있다. 하나님께서 애굽의 노예 된 자기 백성들을 구원하실 때에 모세를 보내어 바로에게 말한 바를 살펴보면 하나님께서 이스라엘을 구원하신 목적은 예배였다. "여호와께서 모세에게 이르시되 너는 바로에게 가서 그에게 이르기를 여호와의 말씀에 내 백성을 보내라 그들이 나를 섬길(Worship) 것이니라"(출 8 : 1). 예배는 사람들의 이해 정도를 떠나서 우선적으로 구원받은 백성들을 향한 하나님의 요구이다. "그러므로 형제들아 내가 하나님의 모든 자비하심으로 너희를 권하노니 너희 몸을 하나님이 기뻐하시는 거룩한 산 제물로 드리라 이는 너희가 드릴 영적 예배니라"(롬 12 : 1).

우리를 창조하신 목적도 하나님을 찬양하고 예배드리는 데 있다고 했다. "이 백성은 내가 나를 위하여 지었나니 나를 찬송하게 하려 함이니라"(사 43 : 21).

천국에 들어가는 목적도 하나님께 예배 드리는 데 있다. "이 일 후에 내가 보니 각 나라와 족속과 백성과 방언에서 아무도 능히 셀 수 없는 큰 무리가 나와 흰옷을 입고 손에 종려 가지를 들고 보좌 앞과 어린 양 앞에 서서 큰 소리로 외쳐 이르되 구원하심이 보좌에 앉으신 우리 하나님과 어린 양에게 있도다 하니 모든 천사가 보좌와 장로들과 네 생물의 주위에 서 있다가 보좌 앞에 엎드려 얼굴을 대고 하나님께 경배하여 이르되 아멘 찬송과 영광과 지혜와 감사와 존귀와 권능과 힘이 우리 하나님께 세세토록 있을지어다 아멘 하더라"(계 7 : 9-12).

죄인이 이 땅을 살면서 예배시간에 예배에 참여하는 것은 가장 가치 있는 시간이다. 하나님께 가장 귀한 시간, 우리 인간의 모든 삶 가운데 말로 형용할 수 없는 기쁨과 감격과 은혜와 구원을 주시는 축복의 시간이 바로 예배 시간이다.

에릭 리들(Erric Liddle)은 1924년 파리 올림픽에 영국 국가대표 100m 달리기 선수로 출전하였으나 경기 일정이 주일에 잡히자 출전을 포기하여 편협한 기독교인으로 매도되며 수많은 사람들의 지탄을 받았으나 자신의 주 종목도 아닌 400m에서 금메달을 획득하여 순식간에 국민적 영웅으로 떠올랐다. 그는 후에 중국 선교사로 일하다가 세상을 떠났을 때 온 국민이 애도했다고 한다. 그는 주일예배를 드리기 위해 금메달도 포기했던 것이다.

어떤 일도 예배보다 더 바쁘고 중요한 일은 없다. 그래서 누구와 약속이 되어 있을지라도 예배 시간이 되면 약속을 뒤로 미루어야 한다. 예배는 오늘 못 드리면 다음에 드리면 되지 생각할 수 있는 것이 아니다. 예배는 그 순간 지나쳐 버리면 다시 돌아오지 않는다. 세상일은 오늘 못하면 내일 하면 된다. 그러나 예배는 오늘 나에게 주어진 시간을 놓치면 영영 돌아오지 않는다. 주일날 어떤 일보다 어떤 약속보다 예배가 가장 최우선이다.

당신은 예배의 중요성을 알고 전심으로 예배하는 사람인가 아니면 흉내만 내는 사람인가? 하나님은 영과 진리로 예배하는 자를 찾고 계신다(요 4 : 23).

Ⅱ. 최선을 다해 준비하여 드려야 한다

구약의 제사를 예로 들어보면 제사를 드리기 위해서는 많은 준비가 필요했다. 제사를 드리기 위해서는 먼저 무엇이 필요한가? 제물이다. 그런데 이 제물은 흠이 없어야만 했다. 제사법을 기록한 레위기 1장부터 성경은 다섯 가지 제사, 즉 번제, 소제, 화목제, 속죄제, 속건제를 드리는 규례를 설명한다. 그런데 제물을 준비하는데 제물의 조건은 흠이 없어야 한다(레 1 : 3, 3 : 1, 3 : 6 등). 그리고 제물을 끌고 제사장 앞으로 나와야만 했다. 그리고 그 제사에 함께 동참해야만 했다. 잠깐만 살펴보아도 유대인들은 올바른 제사를 드리기 위해서, 한 번의 제사를 위해서 여러 가지로 정성껏 최선을 다하여 준비했음을 알 수가 있다.

그러면 당신은 주일예배를 위하여 얼마나 준비하는가?

1. 기도 준비

우리 주님은 "기도 외에 다른 것으로는 이런 종류가 나갈 수 없느니라"(막 9 : 29)라고 말씀하셨다. 특히 우리가 하나님의 임재를 경험하는 은혜 받는 예배를 위해서 가장 필요한 것이 기도이다. 그렇다면 어떤 기도를 드려야 하는가?

첫째, 은혜 받기 위해서 기도하라. 기도를 통해서 내 마음이 준비되고 열리기 시작한다. 은혜를 갈망하는 마음이 생긴다. 아무리 은혜를 사모하려고 해도 기도하지 않으면 사모하는 마음이 생기지 않는다. 기도는 하나님으로 향하는 내 마음의 통로이다. 그러기에 내가 예배를 통하여 은혜를 받으려면 먼저 은혜 받기를 위하여 기도해야 한다.

둘째, 설교자를 위해서 기도하라. 우리 주님은 주의 종을 통해서 사랑하는 자녀들을 먹이시고 치료하시며 돌보신다(계 2 : 1, 1 : 20). 그러므로 주의 종을 통한 하나님의 말씀이 내 인생에 치료의 광선이요, 우리 인생길의 빛이요, 생명의 양식이다. 주의 종의 메시지에 의해서 내가 살고 죽는데 어떻게 기도를 소홀히 할 수 있겠는가? 그러기에 기도할 때마다 주의 종을 위해 기도하고, 특히 주일에는 예배시간에 미리 와서 설교자를 위해 기도해야 한다.

셋째, 예배 순서를 맡은 이들을 위해서 기도하라. 기도를 잘하니 못하니, 찬양을 잘하니 못하니 하지 말고 예배순서를 맡은 사람들을 위해 기도하는 일이 우선시 되어야 한다. 예배를 생각하며 우리에게 있어야 할 것이 도고이다. 남을 위해 기도하면 비판할 것이 없어진다. 그러나 남을 위해 기도하지 않으면 비판할 것이 자꾸 많아진다. 예배를 위한 기도는 아무리 강조해도 지나침이 없다.

2. 시간 준비

주일에 바른 예배를 드리기 위해서는 우선 토요일에 번잡한 일이나 복잡한 일을 빨리 마감하고 일찍 쉬어야만 한다. 많은 사람들이 교회에 와서 조는데 그 이유는 대부분 토요일 날 잠을 잘 자지 못했기 때문이다. 어떤 사람은 새벽까지 돌아다닌다. 또 어떤 이는 새벽까지 텔레비전을 시청한다. 그러다가 잠자는 시간을 놓쳐버리고 몽롱한 상태로 교회에 나오니 교회에 나와서도 꿈속의 연장이다. 따라서 바른 예배를 드리기 위해서는 우선 시간을 준비해야 하는 것은 당연한 순서이다. 최소한 예배 시작 10~20분 전까지 도착해서 주보를 통해서 제시된 성경본문을 찾고 부를 찬송을 찾은 후 기도함으로 준비해야 한다. 청와대의 초청을 받았다고 할 때, 적어도 30분 전에는 도착해 있을 것이다. 그런데 하나님 앞에서 지켜야 할 예배 시간은 아주 가볍게 여긴다. 이것은 믿음의 문제이다.

3. 예물 준비

성경은 우리에게 참된 봉헌을 준비해야 한다고 가르친다. "그러므로 내가 이 형제들로 먼저 너희에게 가서 너희가 전에 약속한 연보를 미리 준비하게 하도록 권면하는 것이 필요한 줄 생각하였노니 이렇게 준비하여야 참 연보답고 억지가 아니니라"(고후 9 : 5).

예전에 우리 할머니들은 돈을 꼭 다리미로 다려서 헌금을 준비하셨다. 그런데 요즘은 어떠한가? 헌금에 대한 정성이 흐려졌다. 당신은 헌금을 정성껏 준비하여 드리는가 아니면 쓰다가 남으면 드리고 없으면 안 드리고 그렇지는 않는가? 집에서 미리 준비해 온 것과 교회에 도착해서 헌금시간이 되서야 지갑을 여는 것과는 다르다. 반드시 헌금은 준비해서 드려야 한다.

4. 마음의 준비

예수님께서는 "의에 주리고 목마른 자는 복이 있나니 그들이 배부를 것임이요 마음이 청결한 자는 복이 있나니 그들이 하나님을 볼 것임이요"(마 5 : 6, 8)라고 말씀하셨다. 예배자는 "내가 반드시 오늘 예배를 통하여 하나님의 임재를 경험하고 은혜를 받아야겠다."는 간절한 마음과 청결한 심령의 그릇이 있어야 한다.

열왕기하 2장에 보면 스승 엘리야의 갑절의 능력을 받겠다고 끈질기게 따라 붙는 엘리사를 본다. 능력을 받고자 엘리사는 그만 가라는 엘리야의 말을 거절하고 길갈에서 요단강 동편까지 따라간다. "엘리사가 이르되 당신의 성령이 하시는 역사가 갑절이나 내게 있게 하소서"(왕하 2 : 9). 이것이 한결같은 엘리사의 마음이다.

예배에 참석하면서 은혜를 받아도 되고 못 받으면 할 수 없지가 아니라 반드시 은혜를 받아야 하겠다는 갈급한 마음과 그 은혜를 받을 깨끗한 마음의 그릇의 준비가 필요하다.

5. 의복 준비

비싸고 화려한 옷이 아니라 정갈하고 깨끗한 옷을 준비해서 입어야 한다. 청교도들은 주일을 '베스트 데이'(Best day)라고 해서 주일에만 입는 옷을 따로 장만할 정도였다고 한다. 집에서 입던 아무 옷이 아닌 정장이나 깨끗한 옷을 준비한다면 얼마나 아름다울까? 엘리트들도 예비군복 입혀 놓으면 난잡해진다고 하지 않던가? 준비된 정갈한 옷을 입고 나가면 자신도 마음이 달라지지만 그렇게 옷을 입고 나가는 것을 보는 불신자들이 예배에 대한 생각을 달리할 것이다.

Ⅲ. 오직 하나님께만 영광 돌리는 예배를 드려야 한다

예배는 그리스도인에게 부과된 의무요, 갚아야 할 채무이며, 예배의 가장 큰 목적은 하나님의 영광이 되어야 한다. 성경은 "내 이름으로 불려지는 모든 자 곧 내가 내 영광을 위하여 창조한 자를 오게 하라 그를 내가 지었고 그를 내가 만들었느니라"(사 43 : 7)라는 말씀과 "이 백성은 내가 나를 위하여 지었나니 나를 찬송하게 하려 함이니라"(사 43 : 21)라는 말씀에서 우리 인간의 목적이 하나님께 영광과 찬송을 돌리게 함에 있음을 보여 준다.

칼빈은 "하나님은 만물을 주관하시는 분이시므로 인간의 첫 의무는 하나님의 영광을 선포하는 것"이라는 신념을 가졌으며, 그래서 하나님의 영광의 존엄성에 있어서 "손톱만큼이라도 손상시키지 말아야 한다."고 말한다. 실제로 그는 오직 하나님의 영광을 위하여 목숨을 바치는 삶을 추구하였다. 이 기본사상이 예배를 통하여 표현되어 오직 하나님께 영광 돌리는 것을 예배의 최고의 목표로 삼았다. 초기 장로교회의 예배가 신비적인 요소나 색채를 거의 무시한 것은 성경에 기초하여 하나님의 영광을 앞세우는 데 있었다.

여러 예배학자들이 예배에 대한 정의를 한마디로 요약하여 표현한다면 그것은 "예수 그리스도의 구속사건 안에 나타난 하나님의 사랑과 은혜에 대한 인간의 응답이다."라고 할 수 있는데, 예배는 구속함을 받은 사람들이 그 은혜에 감격하여 오직 하나님께만 영광을 돌린다. 그러므로 예배를 드릴 때 하나님 중심이 되어야 하며 오직 하나님의 영광만을 생각해야 한다.

특히 예배 사역자들은 주의하여야 한다. 하나님께 영광 돌리는 자리에서 사명을 잘 감당할 때 철없는 회중은 예배 사역자들에게 영광을 돌릴 수가 있다. 하나님은 독생자까지 우리를 위해서 다 양보하셨다. 그러나 한 가지 양보 못한 것이 있으시다. 바로 영광이다. 영광은 하나님의 것이다. 영광을 가로챘던 헤롯을 벌레에게 먹혀 죽게 하지 않으셨던가? 영광은 선악과와 같다. 먹으면 죽는다. 내게 주어지는 모든 영광은 다 주님의 것이다. 모두 주님께 돌려 드리자.

11세기에 영국에 카누트(King Canute) 황제는 왕관을 쓰지 않는 왕으로 유명하다. 그는 어느 날 신하들에게 그의 왕좌를 해변에 옮기게 했다. 그리고 모든 신하들을 바닷가로 모이게 했다. 밀물이 들어올 때 그는 왕좌에 앉아서 들어오는 밀물을 향해서 소리쳤다. "바다여, 멈추어라."수십 번 명령했지만 물결은 계속 밀려와서 그의 왕좌의 절반까지 들어왔다. 세차게 밀려오는 파도에 밀려 왕좌에서 임금은 나동그라졌다. 이때 카누트 왕은 일어나 신하들에게 그렇게 말했다. "보았느냐? 나는 아무것도 아니다. 권능은 오직 하나님께 있으므로 너희가 의지할 자는 오직 하나님이시다." 그는 그날 이후로 그의 왕관을 십자가에 달리신 예수상에 걸어 놓았다고 한다.

교회는 우리가 왕관을 쓰는 곳이 아니고 우리의 왕관을 벗어서 주님께 드리는 곳이다. 예배는 면류관을 벗어서 주님께 드리며, 그분이 우리의 왕이시고 대장이시라는 사실을 새롭게 확인하는 자리이다. 주님이 왕이심을 믿는가? 주님께만 영광의 면류관을 씌워 드려야 한다.

하나님은 당신의 영광을 가로챈 자들에게 아주 무서운 경고의 말씀을 하신다. "만군의 여호와가 이르노라 너희가 만일 듣지 아니하며 마음에 두지 아니하여 내 이름을 영화롭게 하지 아니하면 내가 너희에게 저주를 내려 너희의 복을 저주하리라 내가 이미 저주하였나니 이는 너희가 그것을 마음에 두지 아니하였음이라 보라 내가 너희의 자손을 꾸짖을 것이요 똥 곧 너희 절기의 희생의 똥을 너희 얼굴에 바를 것이라 너희가 그것과 함께 제하여 버림을 당하리라"(말 2 : 2-3).

Ⅳ. 성령님의 인도함을 받아야 한다

하나님께 드려지는 예배가 되기 위해서는 예배자들은 이 한 가지 사실을 붙들며 하나님께 나아가야 한다. 그것은 바로 하나님의 존재가 영이시라는 사실이다. 예수 그리스도께서 예배를 받으시는 하나님이 영이시라는 당연한 진리를 상기시켜 주셨다. 하나님과 사귈 수 있는 영혼을 부여 받은 예배자들이 순결하고 완전하고 거룩한 영이신 하나님과 충분히 교통할 수 있도록 성령에 의하여 주도되는 예배로 드려져야 한다.

1. 하나님은 영이시다

인간은 하나님의 형상에 따라 지음 받은 영적 존재이다. 특별히 인간을 창조할 때 하나님의 영을 불어넣어 주시고, 하나님과 교제하게 하셨다. 그런데 그 영적 교제가 인간의 범죄함으로 끊어졌다. 인간은 육신적으로 물질적으로 살아가면서 하나님과의 교제를 잃어버렸다.

하나님은 그러한 인간들에게 온전한 예배를 드릴 수 있도록 예수 그리스도를 통하여 회복을 허락하시고, 성령님이 내주하게 하셨다. 그러므로 사람들은 영으로 예배를 드려야 하며, 인간의 힘이 아닌 오직 성령으로 예배드릴 때만이 하나님은 그 예배를 받으시고, 성령님이 함께하는 예배를 통하여 복을 내리신다.

2. 성령님으로 예배하려면

1) 예배 전 충분한 기도와 찬양을 통하여 준비하라

세상 속에서 살아가고 있던 성도가 하나님께 나아와 예배할 때, 또는 별도의 시간을 가지고 기도할 때 즉시로 하나님과의 교통을 이루기는 쉽지 않다. 왜냐하면 일주일 동안의 삶이 하나님의 말씀을 이루는 삶, 순종하는 삶과는 동떨어진 삶을 살았기 때문이다. 대부분의 그리스도인들은 일주일 동안 살아가면서 삶 속의 죄악으로 인하여서 영적인 눈이 가리워져 있으며, 심령이 무뎌져 있고, 각질이 끼여 있는 상태이다.

그러기에 예배하는 성도는 성령의 온전한 인도함을 받기 위해서 이러한 방해되는 요소를 철저히 제거해야 한다. 이때 충분한 예배 전의 기도와 찬양을 통하여 준비하라. 예배 전의 충분한 기도와 찬양은 예배를 예배답게 만들며, 성령께서 주관하시는 예배로 나아가게 한다. 물론 예배 전의 찬양과 기도도 하나님 보시기에 예배의 일부분이다. 그러나 또 한편으로 볼 때 예배 전의 기도, 예배 전의 찬양을 구별할 수 있다. 이 시간은 우리가 세상에 찌든 각질을 벗겨 내는 시간이다.

2) 참된 삶과 주일예배를 연결시켜라

로마서 12장 1절에서 사도 바울은 "이것이 영적 예배이다" 또는 "바른 예배이다"라고 하면서 "우리의 몸, 다시 말해서 생활 자체가 산 채로 하나님께 제물이 되어야 한다"라고 말했다. 그러므로 진정한 예배는 우리의 전체 삶에서 떨어져 나갈 수 없다. 그렇기에 성도는 예배를 통해서 부활의 감격을 다시 한번 온몸으로 채우면서 그 부활의 기쁜 소식을 가지고 삐뚤어진 역사의 현장으로 나아가 부활의 증인으로 살아야 한다.

일주일 동안 삶의 예배를 온전히 드린 성도는 주일예배를 통하여 더욱더 큰 은혜를 받고, 다시금 일주일의 삶의 예배를 참되게 드릴 수 있는 힘을 공급받게 된다. 복된 순환 구조이다. 그런데 일주일 동안 삶의 예배가 엉망이면 주일예배도 성공하기 힘들다.

3) 회개하라

악순환을 끊을 수 있는 길은 예수 그리스도의 보혈을 힘입는 회개를 통해서이다. 다윗은 하나님의 마음에 합한 사람이었고, 삶이 예배인 사람이었다. 그는 제사를 통해서 오는 복을 누렸던 사람이었다. 그런데 강력한 죄가 하나님과 다윗을 가로 막았고, 점점 더 하나님과 멀어지는 결과를 가져왔다.

다윗은 회복을 위하여 힘써 보았고, 제사도 드려 보았으며, 간구도 해 보았다. 그런데 하나님은 만나 주시지 않으셨다. 이때 하나님께서는 나단 선지자를 통하여 죄를 깨닫게 하고 철저하게 회개하고 자신의 삶을 돌이켰을 때 다시금 만나 주셨다. 제자들이 하나님을 거역한 이스라엘 백성들에게 외친 것도 "회개함으로서 세례를 받고 성령의 충만을 받으라"였다. 회개는 예배 가운데 풍성한 성령의 역사를 이루게 한다. 회개를 통하여 다윗에게서 떠나셨던 성령님이 함께하셨다. 회개를 통하여 성도에게서 떠나셨던 성령님이 함께하신다. 회개를 통하여 예배 가운데 아무런 감동을 받지 못하던 성도들의 심령에 은혜가 임하기 시작한다.

4) 성령님이 싫어하는 행위를 버리라

성령님을 근심되게 하지 말라. 성령님을 거절하는 행위, 성령님의 사역을 훼방하는 행위, 성령님을 자신의 생각으로 판단하는 행위, 성령님을 인간의 생각으로 이해하려는 태도 등을 버려야 한다.

5) 성령님을 사모하고 환영하라

성령님의 인도를 받기 위해서는 성령님을 사모하고 환영하는 것이 반드시 필요하다. 겸손하게 무릎을 꿇고 성령님을 사모하고 말씀을 붙들고 기도할 때, 성령님은 놀랍게 우리의 예배 가운데 역사하신다.

Ⅴ. 실제 예배 순서에 임하는 자세

예배에서 하나님을 만나는 의식을 예배 순서라고 한다. 좋은 예배 순서는 하나님을 만나게 하고 그 하나님과 대화하게 하는 것이고, 아무리 좋은 순서라도 하나님을 만날 수 없다면 과감히 버리거나 수정해야 한다. 보통 예배 순서는 크게 세 부분으로 구성되어 있다.

첫째로 하나님께서 세상 속에서 살면서 지쳐 있는 당신의 자녀들을 만남의 장소로 불러 주시고, 둘째로 부름 받아 나온 당신의 자녀들을 만나 치유하시고 삶에 희망과 능력을 주시며, 셋째로 그렇게 새로워진 당신의 자녀들을 다시 세상으로 파송하여 하나님의 뜻을 이루고, 세상에 복이 되어 살 수 있도록 하신다. 이제 구체적으로 그 순서를 어떻게 드릴 것인가 살펴보자.

1. 하나님의 초청

1) 예배로 부름

예배가 하나님의 초청으로 시작하는 것은 예배가 하나님에 의하여 시작된 것을 말하고, 하나님께 예배를 드리러 나온 사람들은 지금 우리는 하나님의 부르심을 받고 예배를 드리게 되었다는 것과 지금 하나님의 거룩한 보좌 앞에 있다는 것을 깨닫게 하려는 데 목적이 있다. 그래서 묵도로 시작하지 않고 '예배로의 부름' 으로 시작해야 한다. 회중들은 그 귀한 부르심에 감격하며 기쁨으로 예배에 임해야 한다. 출애굽 때에 홍해를 기적으로 건넌 감격으로 백성들이 춤을 추며 찬송을 불렀던 것 같은 그 감격으로 예배를 드려야 한다.

2) 죄의 고백과 사죄의 확신

하나님을 만나는 사람들은 이 기쁨에 앞서서, 이사야가 자기의 죄를 깨닫고 "화로다 나여" 하고 참회했고, 하나님의 용서를 받았던 것 같은 의식이 있다. 그것을 '죄의 고백' 이라고 한다. 시인은 "내가 나의 마음에 죄악을 품었더라면 주께서 듣지 아니하시리라"(시 66 : 18)라고 고백한다. 죄를 가지고는 하나님께 나아갈 수 없다. 공동으로 죄의 고백을 한 후 각자가 지난날의 삶을 돌아보면서 주님과 나만이 아는 죄를 낱낱이 자백하고 회개해야 한다.

3) 찬양의 찬송

죄의 용서를 경험한 사람들이 기쁨으로 찬송하며 하나님께 영광을 돌리게 된다. 죽어야 마땅한 죄인들이 사죄의 은총을 받았으니 얼마나 기쁘고 감격스러운 일인가? 기쁨으로 일어서서 찬양의 찬송을 드린다. 이 찬송은 반드시 일어서서 불러야 한다. 하나님을 높이는 찬양을 하면서 일어서는 자체가 경배의 자세이다. 애국가를 앉아서 부르지 않는다. 아이들이 어른 앞에서 노래할 때 일어서서 부른다.

4) 대표기도

예배를 드릴 때의 기도 인도자는 내 개인이 기도하는 것이 아니고, 예배를 드리는 사람들 전부가 함께 하나님께 기도를 드린다는 것을 알고 드려야 한다. 그러므로 인도하는 사람은 회중이 무엇을 기도하기를 원하는가를 찾아야 하고 회중은 그 기도를 나의 기도처럼 한마음 한뜻으로 드려야 한다. 일반적으로 기도는 찬양, 감사, 회개, 간구 등의 순서로 하지만 주일예배 시는 회개 대신 사죄에 대한 감사를 드리는 것이 좋다. 방금 '죄의 고백' 순서에서 충분히 회개하고 사죄의 은총에 감격하여 찬양까지 드렸기 때문이다. 가능하면 원고를 준비하고 3분 이내 마칠 수 있도록 한다. 설교의 대상은 인간이지만, 기도의 대상은 하나님이신 것을 생각하면 기도는 설교준비보다 결코 가볍지 않음을 알 수 있다.

2. 하나님과의 만남

하나님은 성경과 설교를 통하여 우리와 대화하시고, 우리는 기도와 찬송과 봉헌으로 그 하나님 앞에서, 그 말씀으로 책임 있게 살아갈 것을 고백하고 헌신한다. 사실 이 부분의 정점은 '성찬' 이다. 성찬에 참여함으로 그리스도와 우리가 하나 됨을 확인하고, 또 함께 떡과 잔에 참여한 예배자들이 하나 됨을 확인한다(고전 10 : 17).

1) 성경봉독

개신교는 설교를 중요하게 생각하기 때문에 성경봉독은 설교하기 위한 예비 작업 정도로 생각하는 사람이 많은 것 같다. 그러나 우리가 기억할 것은 성경봉독 그 자체가 설교와 똑같이 하나님의 말씀을 선포한다는 것이다. 성경은 하나님의 말씀이란 것을 우리는 잘 알고 있다. 성경의 중심은 그리스도이고, 그 그리스도를 말해 주는 책이 성경 중에 복음서이기 때문에 예배 시간에 복음서가 봉독되었다. 신약은 구약 안에 감추어져 있고, 구약은 신약 안에서 나타나서 하나님의 구원의 은총을 더 분명히 해 주기 때문에 구약도 읽어져 왔다. 그리고 예수님을 믿는 사람들이 그 말씀을 가지고 어떻게 살아왔는지를 알기 위하여 사도들의 서신을 읽기도 했다.

역사적으로 보면 초대교회 때부터 구약과 신약을 함께 읽어 왔지만, 4세기경에 이르러 신약을 복음서에서 한 곳, 서신서들에서 한 곳을 읽기 시작하여 예배시간에 성경을 세 곳이나 읽었다. 그리고 성경을 읽을 때에 "오늘 우리에게 주신 하나님의 말씀이 여기에 있습니다." 하고 읽기 시작했고, 다 읽고 나면 회중은 "아멘" 하며 화답을 했다.

2) 찬양대의 찬양

찬양대의 찬양은 우리 모두를 대표하여 하나님께 영광을 돌리는 시간이므로 최선의 화음과 선율로써 아름다움을 표현하여 하나님께 드려야 한다. 그러나 하나님은 영이시므로 기술적인 것보다 기도로 준비한다는 것을 잊지 말아야 한다.

회중은 그 찬양에 참여하여야 하기에 찬양의 중간이나 끝에 아멘으로 화답해야 한다.

3) 하나님의 말씀선포

설교는 하나님의 말씀이다. 사도행전 10 : 33에 있는 "우리는 주께서 당신에게 명하신 모든 것을 듣고자 하여 다 하나님 앞에 있나이다" 하는 말씀이 설교가 무엇이고 또 우리는 설교를 어떻게 들을 것인가를 알게 해 준다. 여기서 "주께서 당신 (설교자)에게 명하신 모든 것"이 설교이다. 즉, 설교는 설교자가 하고자 하는 말씀이나 교훈이 아니고, "하나님께서 교인들에게 하시고자 하는 말씀"을 설교자에게 주어서 말하게 한다. 물론 "하나님께서 교인들에게 하시고자 하시는 말씀"은 성경에 있다. 그러므로 설교자는 봉독한 성경을 가지고 "하나님께서 이 성경구절을 통해서 성도들에게 하시려는 말씀이 무엇인가?"를 찾아내고, "그 말씀을 어떻게 알아듣기 쉽게 전할까?"를 기도하며, 또 "어떻게 하면 이 말씀 앞에서 결단할까?"에 대하여 성령님의 도움을 청한다.

설교를 하는 사람도 중요하지만 또 설교를 듣는 사람도 중요하다. 옥토가 준비되지 않으면 열매를 맺을 수 없기 때문이다. 사도행전 10 : 33에는 설교를 듣는 태도도 가르쳐 주시는데, '주께서 설교자에게 주신 주님의 그 말씀' 을 듣기 위하여 지금 "다 하나님 앞에 있나이다." 하는 태도를 취할 때 은혜를 받게 되고 또 성령으로 충만하게 된다는 것을 알아야 한다. 고넬료는 '주께서 설교자에게 주신 그 말씀' 을 듣는다는 생각을 '친척과 가까운 친구들을 모아 기다림' (행 10 : 24)의 행동으로 보여 주었다.

4) 하나님의 말씀에 대한 응답의 기도

설교시간은 하나님께서 회중 각자에게 말씀하시는 시간이다. 설교자가 준비한 말씀은 하나의 말씀이지만 들려진 하나님의 말씀은 회중 모두가 같을 수 없다. 회중 각자에게 주시는 하나님의 말씀으로 들려지기 때문이다. 설교자의 간단한 기도로 끝내기는 많은 아쉬움이 있다.

회중 각자가 오늘 내게 주신 말씀에 대해서 응답을 해야 한다. 은혜에 대해서 감사하고, 잘못에 대해서는 회개하고, 명령에 대해서는 그렇게 하겠다는 다짐과 주님의 도움을 구하는 기도가 있어야 한다. 그 기도 형태는 통성으로 하든 묵상으로 하든 반드시 필요한 순서라고 생각한다.

5) 성찬 예전

흔히 성찬은 주님의 죽으심을 회상하고 기념하는 정도로 이해해 왔다. 그러나 성찬 예전은 더 많은 의미를 내포하고 있다.

① 성찬은 구원받은 하나님의 백성들이 함께 식탁에 모여서 주님이 수난을 당하시고 대속적인 죽임을 당하심으로 우리가 구속을 받았음을 생각하고 그 주님께 감사하고 찬양을 드리는 시간이다. ② 성찬에서 주님이 무덤 권세를 깨뜨리고 부활하심으로 우리에게 찾아오시고 우리와 항상 함께하심을 확인한다. ③ 성찬에서 주님의 살과 피가 우리 속에 들어감으로써 그분과 우리가 하나가 되고, 그분의 지체가 되어 살아가며, 그분의 지체가 된 그리스도인들이 모여 그리스도의 몸을 이룬 공동체가 된다. ④ 이제 우리의 삶의 현장이 주님이 나타나시는 현장이 되게 한다. ⑤ 성찬은 주님이 하나님의 나라를 완성하시기 위하여 영광 중에 다시 오신다는 것을 선언한다.

그러므로 성찬에 참여하는 사람은 이 복음의 도전에 분명하게 대답을 해야 한다. 주님이 나를 위하여 죽으셨고 그로 인해 내가 살아 있음을 얼마나 감격하고 감사하며 영광을 돌리고 있는가? 나는 지금 주님의 지체로서 삶의 현장에서 주님을 드러내면서 살아가고 있는가? 주님은 다시 오실 것인데 나는 항상 깨어 있는가?

6) 자신과 소유를 주님께 드리는 봉헌

봉헌은 동방박사들이 아기 예수님께 황금과 유황과 몰약을 바쳤던 것같이(마 2 : 11), 마리아가 예수님의 발에 값비싼 향유를 부었던 것같이(요 12 : 3), 아리마대 요셉이 예수님께 무덤을 바쳤던 것같이(마 27 : 57 - 61) 하나님의 말씀에 응답으로 나와 내 소유를 주님께 드리며, 주님께 헌신하겠다는 예배자들의 신앙고백이다. 예배에서 이 시간이 예배의 절정을 이룬다. 감사와 영광을 돌리며 재헌신을 다짐하는 시간이기 때문이다. 그러므로 성경은 봉헌할 때 “각각 그 마음에 정한 대로 할 것이요 인색함으로나 억지로 하지 말지니 하나님은 즐겨 내는 자를 사랑하시느니라”(고후 9 : 7)라고 말씀하고 있다.

3. 하나님의 보내심

1) 파송

예배를 통해 하나님께서 우리를 부르시고, 만나서 우리를 회복시키시며, 삶의 지혜와 능력을 주신 뒤에 다시 세상으로 파송한다. 그리스도인들은 세상에 살면서 소금으로 빛으로 복으로 살아야 한다. 여기서 새로워진 사람들이 하나님께 결단의 찬송을 부른 뒤에 "파송의 말씀"을 듣고 세상으로 나간다.

2) 강복선언(축도)

세상으로 나아갈 때 하나님은 그리스도인들과 동행하며(마 28 : 20) 능력을 주실 것을 약속하며 보내는데 그것을 강복선언 또는 축도라고 한다. 강복선언은 세상은 마귀가 두루 삼킬 자를 찾아다니는 곳이지만 그 세상에서도 반드시 승리하며 주신 사명을 잘 감당할 수 있게 하겠다는 언약의 선포이다. 모세와(출 3 : 12) 예레미야(렘 1 : 8)는 이 말씀으로 승리하였다. 우리 교단에서는 두 가지 강복선언이 있다. 흔히 사용하는 고린도후서 13 : 13의 바울의 축도와 민수기 6 : 24~26의 아론의 축도이다. 우리는 이 강복선언을 믿음으로 받을 때 예배가 끝난 뒤 일주일 동안에 항상 하나님과 함께 사는 것을 느끼고 사명감을 가지고 살게 된다.

적용과 실천

1. 하나님께서 교회와 성도들을 통해 보고 싶어하시는 것이 무엇인가?

2. 당신은 예배드릴 때 목적을 어디에 두는가?

3. 올바른 예배를 드리려면 누구의 도움이 필요한가?

---

4. 당신은 설교를 들은 후 그 말씀에 어떻게 응답하는가?

---

5. 당신은 봉헌시간에 어떤 의미로 예물을 드리는가?

11과

예배 기획

11과

예배 기획

찬 송 "주여 지난밤 내 꿈에"(새 490장, 통 542장)

성 경 "너희 안에서 행하시는 이는 하나님이시니 자기의 기쁘신 뜻을 위하여 너희에게 소원을 두고 행하게 하시나니"(빌 2 : 13).

본과의 목 적 목사가 혼자 예배를 기획하고 준비하여 드릴 때, 목사 중심의 예배가 되므로 평신도는 구경꾼으로 전락하기가 쉽다. 이러한 예배를 지양하고 온 성도가 참여하는 예배가 되기 위해 모든 성도와 함께 기획하며 준비하여 은혜로운 예배를 드리는 데 목적을 둔다.

함께 나누기

프랑스의 나폴레옹 황제가 워털루 전쟁에서 참패하여 세인트 헬레나 섬에서 유배생활을 하고 있을 때였다. 한 기자가 그에게 찾아와 이렇게 물었다. "당신 평생에 가장 행복한 순간이 있었다면 언제였습니까?"

나폴레옹은 한참 눈을 감고 회상을 하더니 이렇게 대답했다. "전투가 치열하던 어떤 주일이었죠. 그때 나는 졸병이었지만 아침에 철모를 벗고 교회에 가서 하나님께 감사하고 눈물을 흘리며 예배를 드린 때가 있었습니다. 바로 그때가 내게 있어서 가장 행복했던 때였습니다. 그러나 나는 어느 날부터인가 예배에 빠지기 시작하였고 지금 전쟁에서 패배하여 이처럼 유배생활을 하고 있습니다."

그렇다. 우리는 최고의 행복한 순간이 하나님께 예배를 드릴 때라는 것을 알아야 한다. 그리스도인들은 하나님 앞에 예배를 드리는 순간이 최고의 행복을 누리는 순간이다. 예배야말로 그리스도인의 삶에 최고의 행복이요, 가치요, 극치이기 때문이다.

함께 학습하기

예배의 본질은 하나님과의 만남이다. 하나님이 예배를 통해 이 만남을 원하시고 또 찾으신다. 그러므로 예배기획은 어떻게 하면 각각의 예배를 통해 하나님을 만나게 하는가에 대한 방법론의 문제이다. 필자는 예배기획의 구체적인 3단계를 정리한다. 첫 번째는 기초부분이다. 즉, 성경이 가르치는 예배의 원리이다. 두 번째는 원리를 담을 그릇이다. 즉, 예배의 원리에 의해서 기획을 할 때 택해야 할 예배의 형식들이다. 세 번째는 예배기획의 주체가 될 조직을 만들고 훈련함으로 예배를 구상하고 기획하는 단계이다.

Ⅰ. 예배의 원리

오늘날 예배기획은 너무 방법론적인 면에 치우쳐 있다. 예배기획 단계에서 본질의 문제를 소홀히 할 경우 예배는 모래 위에 세운 집이 될 수밖에 없다. 필자가 섬기고 있는 본향교회가 지향하는 8가지 예배의 원리를 소개하고자 한다. 여기서 소개하는 8가지 밑그림은 모든 예배사역자들이 필수적으로 알고 또 추구해야 하는 본 교회의 예배철학이다.

1. 하나님의 임재를 갈망하는 예배

하나님의 임재가 없는 예배는 예배가 아니라 인간들만의 행사에 지나지 않는다. 예배 가운데 임재하시는 하나님과의 만남은 예배에 있어 가장 중요한 요소이다. 수많은 교인들이 하나님의 임재의식이 없이 예배를 드리는 일은 안타까운 일이다.

솔로몬은 하나님의 성전을 짓고 수많은 양과 소로 제사를 드리며 언약궤를 성전으로 옮겼다. 그리고 노래하는 레위 사람과 제사장들이 나팔을 불며 찬송하며 감사하며 예배할 때 하나님의 전에 구름이 가득하며 여호와의 영광이 하나님의 전에 가득하였다. 성전을 아무리 멋있게 지어도 하나님의 임재가 없다면 아무런 의미가 없듯이 아무리 예배를 우리가 아름답게 드려도 하나님의 임재가 없는 예배는 의미가 없다. 당신은 예배에 생명을 거는 최선을 다하고 있는가? 하나님의 임재를 소망하며 예배하고 있는가? 늘 하나님의 임재를 소망하며 예배하자. 생명을 건 최선을 다하는 예배를 드리자(시 42 : 1, 사 40 : 31).

2. 표적이 나타나는 예배

예배란 인간이 하나님을 만나는 현장이다. 주님의 백성들이 영과 진리로 예배를 드리면 하나님은 회중 가운데 임재하시고, 하나님이 임재하시면 표적이 나타난다. 그러기에 성경에 보면 예수님을 만나는 사람들은 다 하나님의 역사를 체험하여 표적이 나타난 것을 볼 수 있다. 38년 된 중풍병자가 예수님을 만나니 치료의 표적이 나타났다(요 5 : 1-9). 간음하다 잡혀 죽을 수밖에 없었던 여인이 예수님을 만날 때 사죄와 구원의 은총을 받았다(요 8 : 1-11). 5,000명의 굶주린 사람들이 예수님을 만날 때 배부름의 표적이 나타났다(요 6 : 1-13). 심지어 죽은 지 나흘 된 사람이 예수님을 만날 때 살아남의 표적이 나타났다(요 11 : 1-44). 제대로 된 예배는 반드시 표적이 나타나게 되어 있다.

3. 잔치로서의 예배

잔치예배(Celebration Worship)란 하나님 안에서 자유와 기쁨을 표현하는 것을 의미한다. 하나님 안에서 마음껏 찬양하고 기뻐하는 것이며, 성령님이 인도하시는 대로 반응하는 예배이다. 하나님께서는 당신의 사랑하는 자녀들에게 기쁨을 주시며 그 기쁨을 표현하기를 원하신다. 예배는 침울하거나 애처롭거나 고통스럽거나 슬픈 것이 아니라 희망과 기쁨과 놀라움과 은혜를 주는 시간이기 때문에 예배는 잔치일 수밖에 없다.

로버트 웨버는 "매주 우리가 드리는 예배는 화려한 축하의 시간이어야 한다."고 말하면서 "예배는 우리를 구원하시고 세상을 구원하시는 그리스도이신 예수님의 삶과 죽으심과 다시 사심을 축하는 것이기 때문이다."라고 말했다. 기독교의 예배는 잔치적 성격을 띠고 있다. 창조, 섭리, 구원의 계약, 그리스도의 십자가의 죽음, 부활, 성령님의 강림을 통해 나타난 능력 등을 찬양하고 감사하는 기쁨의 잔치였다. 하나님은 우리를 만나실 때 잔치하기를 원하시고(눅 15 : 22-25), 초대 교회는 잔치하는 교회였다(행 2 : 46-47).

4. 함께 드리는 예배

예배는 고립된 개개인의 행위가 아니라 교회 전체의 행위이다. 예배가 본질적으로 하나님의 계시에 대한 응답이라고 볼 때 예배하는 회중이 다만 구경꾼으로서 머무를 수 없다. 어디까지나 예배자들은 기쁨과 감사와 찬양과 헌신으로 하나님께 드리는 구체적인 행동의 참여가 있어야 한다. 그런데 한국교회의 예배는 예배의식의 일체를 목사에게 맡기고 다만 회중은 구경만 하는 관람객으로 머물고 있다.

한국교회의 예배는 전부 보고 있는 예배이다. 우리들이 쓰고 있는 말 가운데 "예배 본다."는 말에서 이를 확실하게 드러내고 있다. 예배당에 갈 때에도 "예배 보러 간다."라고 하고, 예배를 시작할 때에도 "예배 보자."라고 한다. 이는 예배 장소에 참여한 사람들은 목사든 장로든 한결같이 예배를 드리는 것이 아니라 남이 하는 것을 구경만 하고 있다. 각 예배 요소에 능동적으로 참여하는 것이 아니라 순서가 진행되는 동안 수동자로서 관람하고 있다. 목사가 예배 인도하는 것을 구경하고, 장로가 기도 인도하는 것을 구경하고, 찬양대가 노래하는 것을 듣고 감상한다. 어찌 보면 굿이나 보고 떡이나 먹자라고 하는 사고방식이 예배 속에 그대로 반영되어 있다. 하나님은 회중이 주연이 되어 영광 돌리고 참여하는 예배를 원하신다.

초대교회 성령님의 임재를 경험하는 예배는 각자 흩어져서 드리는 예배가 아니라 마가 요한의 다락방(교회)에 한마음으로 모여 성령님을 갈망하면서 기도할 때였다(행 1 : 12-15).

5. 선교적 행위로서의 예배

지글러는 선교와 예배의 연관성을 다음과 같이 주장했다. "복음전도는 그것이 진정한 복음전도가 되려면, 그 원천을 예배에서 찾아야 한다. 복음전도에서 예배를 분리시키는 것은 이단이다."고 말하면서 "교회가 진정으로 예배드릴 때 그것은 선교적, 복음 전도적이 되지 않을 수 없다."라고 했다.

예배는 하나님께 영광 돌리는 행위인데 하나님께서 언제 가장 영광을 받으시는가? 한 영혼이 회개하고 돌아오는 때인 것을 성경은 보여 준다(눅 15장). 아무리 장로교적이고 거창한 예배를 드려도 잃어버린 영혼을 찾지 못한 예배는 하나님을 기쁘시게 할 수 없다. 따라서 예배는 반드시 선교적인 행위가 나타나야 한다.

그러기 위해서 예배에 있어서 불신자들을 고려한 순서가 반드시 포함이 되어야 한다. 그런데 대부분의 교회들은 하나님의 간절한 소망과는 달리 우리 안에 있는 99마리의 양, 집 안에 있는 큰 아들에게 예배의 초점이 맞추어져 있지 아니한가? 반드시 우리의 예배에는 잃어버린 양, 집을 떠난 탕자가 돌아올 수 있는 예배 형태와 설교가 준비되어야 한다.

6. 문화의 옷을 입는 예배

로버트 웨버(Robert Webber)는 "모든 피조물은 예배에 참여한다."라고 말하면서 "하나님은 말씀과 성찬성례전과 기도 외에도 하나님을 만날 수 있는 경험의 방법으로서 공간(건축, 환경, 예술)과 소리(음악)와 예술(드라마, 움직임)을 주셨다."고 말했고, 주승중 교수는 "하나님의 은총 앞에 나아가 그분께만 최고의 가치를 돌려드리면서 응답하는 행위인 예배는 항상 문화의 옷을 입고 표현된다."고 말했다.

이는 '하나님께만 최상의 가치와 영광을 드리는 응답의 행위' 라는 원칙만 분명하면 문화라는 옷을 입어야 된다는 말이다. 그러므로 기독교는 어느 민족이나 문화에 전파되든지 그 특유의 문화를 수용하면서 그 나라와 민족의 교회로 발전해 왔다. 그리고 그 문화를 수용하는 대표적인 표현이 바로 예배에 나타난다. 때문에 예배가 활성화되려면 각각의 주어진 문화 속에서 자신들의 믿음과 신앙을 표현하는 예배의 방식은 다양해야 한다.

히브리서 기자는 "옛적에 선지자들을 통하여 여러 부분과 여러 모양으로 우리 조상들에게 말씀하신 하나님이"(히 1 : 1)라고 소개함으로써 그 시대의 문화를 활용하여 말씀하신 하나님이심을 말하고 있다. 또 바울 사도는 복음을 전하기 위해서 "종에게는 종의 모습으로, 율법 있는 자는 율법 있는 자처럼, 유대인은 유대인처럼, 율법 없는 자에게는 율법 없는 자처럼, 약한 사람에게는 약한 자의 모습으로 복음을 전했다"(고전 9 : 19-23)고 했다. 본질은 변해서는 안 되지만 본질을 담은 문화는 변할 수 있다고 본다. 아니 당연히 그 시대의 문화를 활용하여 예배하며 복음을 전해야 한다.

7. 삶에 직결되는 예배

로버트 웨버는 회중의 삶에 직결된 예배에 대해 “하나님은 그것이 아무리 극적이고 훌륭한 것이라도 인간의 살아가는 방법과 무관한 예배는 물리치신다.”라고 말했다. 로마서 12장 1절은 “너희 몸을 하나님이 기뻐하시는 거룩한 산 제물로 드리라 이는 너희가 드릴 영적 예배니라”라고 말씀한다. 그러므로 진정한 예배는 우리의 전체 삶에서 떨어져 나갈 수가 없다.

성도는 예배를 통해서 부활의 감격을 다시 한번 온몸으로 채우면서 그 부활의 기쁜 소식을 가지고 삐뚤어진 역사의 현장으로 나아가 부활의 증인으로 살아야 한다. 바로 초기 기독교 공동체의 모습이 이러한 모습이었다.

그러나 한국교회의 예배는 목사의 축도와 찬양대의 송영으로 끝나고 교인들은 새로운 각오 없이 그냥 흩어져 버린다. 그리하여 한국교회의 예배는 역사적인 삶으로부터 분리되어 있고, 속사람의 변화를 추구해야 할 신자들이 가시적인 변화, 즉 집회 열에 치우치며, 일상 속의 변화, 즉 속사람의 변화가 없어 위선자라는 비난을 받게 된다. 이제 우리 한국교회도 예배에 대한 의식의 변화가 있어야만 한다.

8. 철저히 준비된 예배

예배의 생명은 준비하는 데 있다. 준비한 만큼 예배를 드릴 수 있기 때문이다. 담임목사에 의해 적어도 한 달 전에 예배 주제가 나오고, 모든 예배 사역팀들은 그 주제에 의해서 예배에 대해서 연구하고 자료를 수집하고, 기획하며, 기도로 준비해야 한다. 그리고 토요일에는 모든 예배위원들이 모여서 예행연습을 하고 기도하므로 예배를 철저하게 준비해야 한다. “마음을 다하고 뜻을 다하고 힘을 다하여”(신 6 : 5) 우리 하나님 여호와께 예배를 드리는 일에 준비하고 최선을 다해야 한다.

연예인들이 공연할 때나 학교, 관공서, 군부대 등의 행사를 보면 얼마나 매끄럽게 진행되는지 모른다. 수차례의 예행연습으로 그렇게 만들어진다. 인간들에게 보이는 행사도 이렇게 정성을 들이는데, 하물며 만군의 주 여호와 하나님께 드리는 예배에 과연 얼마나 준비하고 정성을 드리는가? 이런 생각 때문에 필자가 섬기는 교회의 예배는 철저하게 준비하고 예행연습을 거친다. 예를 들어 기도자가 예행연습에 나오지 않으면 기도를 할 수 없도록 예배 규정을 정했다(본향교회 예배규범 1조 8항 참조).

Ⅱ. 예배의 형식

하나님을 만나는 예배의 원리를 담아내기 위해서는 어떤 그릇이 필요하다. 본질이 없는 형식은 껍데기지만, 형식 없이는 본질도 드러날 수 없다. 즉, 형식이 본질을 더욱 본질 되게 한다. 교회 지도자들은 성도가 처해 있는 환경과 문화, 상황과 언어에 따라 가장 적합한 예배형식을 선택할 책임이 있다. 하나님 만나는 예배를 담을 형식에는 어떤 것들이 있는가?

1. 전통적인 예배

전통적인 예배란 개신교 100년의 역사 동안 계속 이어져 온 최초 선교사들에 의해 고착되어진 예배의 형태를 의미한다. 대부분의 현대 한국교회의 예배는 100년 전 선교사들이 가르쳐 준 서구예배의 형태를 그대로 답습하고 있다. 예나 지금이나 묵도로 시작해서 축도로 마치는 형태가 고착되어 그러한 형태가 아니면 잘못된 예배로 여기는 경우가 많다. 그러나 묵도로 시작해서 축도로 마치는 순서가 성경에 예시된 예배 형식도 아니고, 더욱이 개혁주의적인 예배 형식도 아니며 단지 오랜 시간이 흐르면서 이런 형식이 굳어졌고, 여기에 우리의 신앙적 경직성까지 겹쳐서 이를 절대화하게 되었다.

2. 예전적 예배

예전적 예배는 최근에 와서 시작된 급속한 사회변동 속에서 갱신의 사회적 필요성을 느끼고, 예배형태의 적절한 변화를 요구하는 교인들의 움직임에 대한 응답이기도 한 예배갱신운동의 결실이라고 할 수 있다. 즉, 기존의 신학이 없는 설교중심의 예배에서 탈피한 성서적이고, 교회사적이고, 신학적인 것을 근거로 만들어진 예배의 형식이다.

설교의 비중이 큰 전통적인 예배에 관심이 많았던 우리 교단이 최근 예전적인 개혁에 관심을 기울이고 「예배 · 예식서」를 발간하여 예전적 성향을 강화하고 있다. 교단에서 예식서를 발행했다 해서 곧바로 개교회들이 의무적으로 사용하도록 강요하는 것은 아니어서 여전히 다양하고 자유로운 예배 스타일이 개교회 안에 많이 남아 있는 상황이지만 상당수 교회가 「예배 · 예식서」에 관심을 갖고 있는 현실이다.

3. 은사적인 예배

은사적인 예배는 성령님의 역사를 갈망하고 그것에 목적을 둠으로써 각종 은사가 나타나며, 하나님을 체험하는 예배이다. 은사예배의 특징은 다음과 같다. 첫째, 은사예배는 한마디로 성령님의 역사로 이루어지는 예배이다. 둘째, 은사예배는 회중의 자발적인 참여를 강조한다. 이것은 만인제사장설에 대한 보다 폭넓은 이해와 연관이 있다. 셋째, 은사예배에 참여한 회중들은 매순간 성령님의 이끄심을 분별하며 성령님의 충만함에 사로잡히기 위해서 성령님의 인도하심에 매우 민감한 예배를 드리려고 노력한다.

4. 찬양예배

한국교회에 찬양예배가 도입되기 시작한 지는 꽤 오래되었다. 찬양예배는 경배와 찬양이라는 새로운 예배의 형태를 통하여 한국교회에 정착되고 있다. 이러한 예배로 성장한 교회의 모델을 들자면 온누리교회를 말할 수 있다. 찬양예배는 예배의 전 과정을 찬양을 중심으로 드리는 예배이다.

5. 구도자 예배

구도자 예배란 미국의 윌로우크릭 교회와 새들백 교회에서 불신자 혹은 교회에 처음 나온 사람들을 위하여 특별히 기획한 예배이다. 이 교회들은 보통 주일예배시간에 구도자만을 위하여 예배를 드리고, 기존 신자들은 주 중에(수, 목) 예배를 드린다. 이런 예배를 통해서 처음 교회에 나온 사람들이 편안한 분위기 속에서 자연스럽게 복음을 접하고 교회로 점차 가까이 다가오게 된다. 불신자들이 교회에 나와서 처음 대하는 것이 바로 예배이므로 이 예배가 그들을 효과적으로 이끌어 줄 수 있는 예배의 분위기와 내용을 만들어 주자는 것이 구도자 예배의 기본적인 신학이다.

그러나 미국에서는 구도자 예배가 서서히 그 한계점을 드러내면서 새롭게 대두된 예배가 이머징 예배(Emerging Worship)이다. 모든 것이 청중의 '편의' 라는 차원에서 기획되고 진행되는 구도자 예배는 결정적으로 이들 젊은 세대들에게 '체험' 의 공간을 마련해 주지 못했다. 포스트모던시대에 속한 젊은이들이 하나님에 대해 듣고 아는 것보다 스스로 하나님을 경험하고 느끼고 싶어 한다는 발견이 이머징 예배로 이어졌다. 경건한 분위기를 선호하고 예전과 영성 훈련 등에 보다 더 관심을 두는 젊은이들은 더 이상 구도자 예배에 만족하지 않았다. 결국 구도자 예배를 위해 십자가를 비롯한 기독교적 상징들을 모두 걷어냈던 교회들이 다시 전통적 모습을 찾기에 이르렀다. 예배 기획자들은 이러한 변화에 대해서도 간과해서는 안 된다.

6. 멀티미디어 예배

멀티미디어 예배란 설교자의 모습을 화면에 비춰 주는 중계방송식 예배가 아니다. 멀티미디어 예배란 예배의 순서와 내용을 전하는 매체를 문자나 음성 미디어로만 하던 전달 방법에서 음성, 문자, 그림, 동영상, 조명 등의 미디어들이 복합적으로 사용되어져서 예배내용과 메시지를 표현하는 방법이다.

필자는 본향교회에서 1995년부터 멀티미디어 예배를 드려 오면서 기존의 예배가 주지 못하는 많은 장점이 있음을 볼 수 있었다. 예배의 순서를 화면에 비춰 주므로 주보가 필요 없고, 순서마다 인도자의 멘트가 없어 예배가 매끄럽게 진행될 수 있다. 또한 찬송가 가사를 화면에 비춰 줌으로 회중들이 시선을 아래로 향하지 않고 앞을 보고 찬송을 부를 수 있게 하고, 또 손을 자유롭게 해 줌으로 박수를 치거나 몸을 움직이면서 찬송을 부를 수 있게 해 주는 장점이 있다. 또한 설교에 있어서도 성경말씀, 관련 영상, 그림, 소제목, 중요내용 등 여러 가지를 시각적으로 보여 줄 수 있으므로 들려주기만 하던 기존의 설교보다는 훨씬 효과적이라고 할 수 있다. 멀티미디어 예배의 핵심은 말로만 듣던 복음을 보여 준다는 데 있다. 보는 것이 듣는 것보다 훨씬 실감을 더함으로써 확신에 이를 수 있게 해 주기 때문이다.

7. 통합적 예배

필자는 현대의 행해지는 모든 예배들, 즉 전통적인 예배, 예전적인 예배, 은사적인 예배, 찬양예배, 구도자 예배, 멀티미디어 예배 중에 성서적인 장점들을 예전적인 예배를 중심으로 통합된 하나의 새로운 형태의 예배를 '통합적 예배'(Integrated Worship)라고 정의한다. 즉, 우리가 가지고 있는 성서와 전통에 입각한 예배의 예전적 요소들, 예배의 기본 정신의 구현을 위한 그러한 요소들을 현대적 예배의 자리에서 동시대적이 아니고, 전통에 맞지 않다고 하여 버리는 것이 아니라 우리가 가지는 동시대적 문화요소를 통하여 전통적이고 예전적인 요소들을 구현해 내는 예배를 뜻한다.

현대의 통합형 예배 유형은 다른 기타 예배와는 다르게 그 대상에 있어서 어느 특정한 계층에 두지 않고 신앙인, 구도자, 비기독교인들, 신세대와 구세대 모두를 그 대상으로 삼고 있다. 하나의 공동체 안에 있으면서 세대가 다르고, 신앙의 질이 다르다는 이유로 여러 종류의 예배를 드리고 있는데, 통합적 예배는 교회 안에 다양한 계층의 사람들을 한 형식의 예배 안에서 어느 저항감이나 불편함 없이 예배를 드릴 수 있게 하는 장점을 갖고 있다.

지금까지 언급한 예배 스타일들은 성경이 지지하고 있고, 그들만이 갖는 특별한 장점이 있다. 그러므로 이제는 어느 한 전통에 속한 예배를 고집하는 것은 바람직하지 못하다. 오히려 서로 장점들은 교류하고, 일종의 상호보완할 때 예배는 훨씬 더 생동감이 넘치는 예배가 될 것이다.

Ⅲ. 기획의 실제

이 부분은 기획의 실제 부분으로 하나님의 임재를 경험하는 예배를 위해서 실제적으로 업무를 전담할 위원회를 구성하고 훈련시키므로 하나님께서 받으시는 예배를 기획하고 감당하게 한다.

1. 조직과 역할

다음과 같은 조직과 역할을 정하고 당회와 제직회의 동의를 얻어 전 교인에게 발표함으로 활동이 시작된다. 아래의 조직은 교회의 형편에 따라 조정할 수 있을 것이다.

1) 위원장 : 예배에 관한 모든 팀을 총괄하며 각 팀이 활성화되어 올바른 예배가 드려질 수 있도록 격려하고 섬기는 일을 한다.
2) 총 무 : 위원회의 제반 사무적인 일과 각 팀의 활성화를 위해서 필요한 일로 섬긴다. 회원들에게 회의 소집 통보와 회의 내용을 기록 보관한다.
3) 팀코치 : 부교역자가 담당하며 팀이 제 역할을 잘 할 수 있도록 팀장과 팀원들을 섬기는 일을 한다.
4) 팀 장 : 예배의 활성화와 팀에 주어진 사역을 위하여 팀원들이 역할을 잘 감당할 수 있도록 섬긴다.
5) 기획팀 : 예배를 기획하고 점검하는 일과 진행을 돕는 일로 섬긴다.
6) 성례팀 : 세례식과 성찬식 등 예식에 관한 일로 섬긴다.
7) 기도팀 : 예배 시 기도자를 선정하며, 예배가 잘 드려질 수 있도록 예배시간 또는 평일에 기도하는 일과 교회의 기도단이 사역을 잘 감당할 수 있도록 섬기는 일을 한다.
8) 찬양팀 : 예배 시 찬양 사역을 담당하는 일로 섬긴다. 예배 찬양을 주제에 따라 1개월별로 계획하고 찬양대 및 찬양단을 교육하며 주일찬양예배를 계획하고 인도한다. 주일예배에 월 2회 특별찬양을 올린다. 찬양대의 찬양은 설교 메시지를 지지하면서 전달될 내용이 손상되지 않도록 미리 선곡된 곡의 가사와 내용을 설교자에게 기획자와 더불어 검토한다. 예외적인 경우이지만 설교자가 바뀌거나 설교 내용이 나오는 주말에도 선곡을 바꿀 수 있을 정도로 관련된 곡을 숙지하도록 대원들과 미리 준비한다. 선곡된 곡은 미리 준비해 최소한 1달

전부터는 해당 곡을 연습하여 충분히 숙지된 찬양을 부를 수 있도록 한다.

9) 음향팀 : 방송실의 음향사역을 담당하는 일로 섬긴다. 매주 토요일 주일예배 진행계획표에 따라 조명, 음향, 영상기구 조작에 대한 계획을 수립하고 실행하면서 차후 영상예배를 준비한다.

10) 영상팀 : 예배 시 영상사역을 담당하는 일로 섬긴다. 매주 주제에 맞는 영상자료를 준비하여 설교 전에 올린다. 설교의 내용을 PPT나 동영상으로 준비하고 촬영과 편집 등을 맡는다.

11) 드라마팀 : 예배 시 드라마 사역을 담당하는 일로 섬긴다. 매월 주제에 맞는 1편의 드라마를 올린다.

12) 몸찬양팀 : 예배 시 몸 찬양 사역을 담당하는 일로 섬긴다. 매월 2회 몸찬양을 설교 후 봉헌시간에 올린다(2회는 특별찬양).

13) 안내팀 : 교우들이 편안하게 영접과 안내를 받을 수 있도록 한 달 동안 봉사교육이 진행된다. 인사하는 법, 양손을 들어 방향을 지시하는 법, 상냥하게 말하는 법 등 실제적인 준비를 시작한다. 또한 매주 예배 30분 전에 예배당에 모여 반복적인 훈련을 통해 실제 사역에 익숙하도록 봉사한다.

14) 행정팀 : 예배에 필요한 주보 준비, 사무적인 일로 섬긴다.

15) 준비팀 : 각 팀이 맡는 일 이외의 예배에 필요한 모든 일을 준비하는 일로 섬긴다. 예배위원들의 임무를 교육하고 매 예배 15분 전에 예배 장소에 도착하여 사역하도록 점검하고 세부 봉사 방법을 지시한다. 강단장식, 성구의 위치, 실내 환경 등을 점검한다.

16) 자료팀 : 담임목사의 설교 및 예배자료를 제공하는 일을 한다. 매주 주제에 맞는 자료를 제공한다.

2. 예배 기획 기본 과정

이 부분은 이미 결정된 큰 그림과 예배형식을 구체적으로 예배 현장에 적용하고 실현시키는 단계이다.

1) 담임목사는 예배의 주제 선정(목회의 방향 또는 교회력 등을 참고)이 짧게는 4주 길게는 3개월 이전에는 이루어져야 한다. 매주 주제를 선정해야 하는 목회가 된다면 실제 예배기획은 담임목사로 제한될 수밖에 없다.
2) 기획담당자는 7개의 예배 형식을 참고로 해서 예배의 형식을 정하고 초기 기획안을 마련하여 실무팀에서 논의한 후 기본 기획안을 준비한다.
3) 기획담당자는 마련한 기본 기획안을 담임목사와 최종 조절한 후 역할별로 준비한다. 먼저 교회력에 따라 본 교회 7개 예배형식을 참고해서 예배 순서가 정해지고, 그 순서에 따라 찬양 선곡, 몸 찬양, 스킷 드라마, 영상 제작 또는 준비, 광고 등을 해당 팀에 의뢰한다.
4) 기획담당자가 준비와 진행 상황 등을 담임목사에게 보고하여 결정한다.
5) 모든 예배 순서 담당자들과 예배 위원들은 토요일 오후 4시에 예배당에 모여 리허설을 하고 기도회를 갖는다.
6) 주일예배를 실시한다.
7) 예배 후 평가회를 다음 주일예배의 기획회의를 겸하여 갖는다.

3. 큐시트 제작

이 부분에서는 실체적으로 큐시트를 작성해 보겠는데 평상시 주일에 드리는 예배와 VIP초청주일에 드리는 예배의 예를 제시한다.

1) 감사주일에 "감사"라는 주제로 예전적 예배와 통합적 예배의 틀로 준비한 큐시트이다.

<table>
<tr><th>순 서</th><th>내 용</th><th>시 간</th><th>분</th><th>담 당</th><th>조 명</th><th>비 고</th></tr>
<tr><td>찬양과 기도</td><td>"나의 힘이 되신 여호와여"</td><td>11 : 20-11 : 30</td><td>10</td><td>찬양단</td><td>3</td><td>예배를 위한 기도</td></tr>
<tr><td>예배로 부름</td><td>시 117 : 1-2,
요 4 : 24</td><td rowspan="3">11 : 30-11 : 33</td><td rowspan="3">3</td><td>인도자</td><td>2.3</td><td></td></tr>
<tr><td>송영</td><td>성삼위 찬양</td><td>찬양대</td><td>2.3</td><td></td></tr>
<tr><td>기원</td><td></td><td>인도자</td><td></td><td></td></tr>
</table>

찬양의 찬송	"만입이 내게 있으면"(23장)	11 : 33–11 : 36	3	다같이	2.3	일어서서
참회의 기도		11 : 36–11 : 39	3	다같이	0	공동기도 후 각자가 기도한다.
사죄의 확신	미 7 : 19	11 : 39–11 : 42		인도자		
신앙고백				다같이		
영광송	"찬양 성부 성자 성령"(2장)			다같이	2.3	
기도		11 : 42–11 : 45	3	맡은이	4	앉아서
송영				반주자		
성경봉독	살전 5 : 18	11 : 45–11 : 47	2	맡은이	1	권사가 맡는다.
찬양대 찬양		11 : 47–11 : 52	5	3부	3	
주제영상		11 : 52–11 : 55	3	영상팀	0	찬양대 하단 하는 동안
말씀선포	범사에 감사하라	11 : 55–12 : 15	20	담임목사	1	
성찬	잔치의 성찬	12 : 15–12 : 23	8		0	분병, 분잔 시 십자가 영상
응답의 기도		12 : 23–12 : 26	3	다같이	0	주신말씀과 성찬을 기억하면서 각자가 감사, 회개, 간구의 기도를 드린다.
목회와 봉헌기도		12 : 26–12 : 29	3	담임목사	4	
봉헌	몸찬양	12 : 29–12 : 33	4	다같이	0	몸찬양팀이 기쁨으로
감사의 찬송	"영광을 받으신 만유의 주여"(331장)	12 : 33–12 : 36	3	다같이	2.3	
파송의 말씀과 강복 선언	민 6 : 24–26	12 : 36–12 : 39	3		1	
송영						
교제와 광고		12 : 39–12 : 42	3		1	새가족, 방문자 환영
축복의 찬송		12 : 42–12 : 45	3		2.3	목사 찬송 부를 때 하단

2) VIP초청주일에 "구원"이라는 주제를 구도자 예배의 틀로 준비한 큐시트이다.

순 서	내 용	시 간	분	담 당	조 명	비 고
찬양	환영과 축복	11 : 20–11 : 30	10	찬양단	3	화면에서 교회소개, 가사는 자막으로
환영인사		11 : 30–11 : 35	5	부목사	2.3	

찬송	"예수사랑하심을"	11 : 30-11 : 35	5	다같이	2.3	찬양대원들과 함께
기도		11 : 35-11 : 37	2	장로	4	
찬양대 찬양		11 : 37-11 : 42	5		3	
간증		11 : 42-11 : 47	5	맡은이	5	
특별순서	뮤지컬	11 : 47-11 : 57	10	청년부	0	구도자에게 감동적인
영상	주제제기			영상팀	0	
성경봉독과 설교	딤후 3 : 15-17 내 인생의 등불	11 : 57-12 : 22	25	담임목사	1	
결단의 시간	남성독창자가 "주 예수 대문 앞에"찬양	12 : 22-12 : 25	3		4	예수님 영접 기도와 축복기도
축하순서	몸찬양	12 : 25-12 : 30	5	16여전도회	2.3	교우들은 봉헌
교제와 광고	환영송	12 : 30-12 : 35	5		1	
찬송	"복을 주리라"				2.3	
축도						

4. 예행연습과 기도회

리허설에 참여해야 할 대상은 각 팀장들과 순서를 맡은 모든 봉사자들과 교회를 위한 기도그룹이다. 그러나 상황에 따라 책임자만 참여할 수도 있다. 우선 예배를 지원하는 영상, 음향팀은 예배 전 영상과 예배 전체의 음향과 영상 중계 등의 역할을 담당함으로 필수적으로 참여해야 한다.

전체 예배를 진행하는 PD는 기획담당자가 되어야 한다. 실제적으로 담당하는 부서 혹은 봉사자가 순서에 따라 소개받기 전에 당황하지 않고 물 흐르듯 진행할 수 있도록 준비시켜 주어야 하기 때문이다. 리허설을 마치고 모든 예배위원들이 합심해서 하나님의 임재의 감격이 있는 예배를 위해서 기도한다.

이렇게 준비하며 드리는 예배와 준비 없이 그냥 드리는 예배의 차이는 무엇일까? 당신의 상상에 맡긴다. 충분히 준비된 예배에 특별한 일이 없다면 그것이 기적일 것이다.

적용과 실천

1. 하나님은 장로교 교리적으로 흠이 없고, 장엄한 예배를 드리면서 전도가 안 되는 예배를 원하시겠는가 아니면 예배 형태는 조금 모자라도 잃은 양을 찾고 탕자가 돌아오는 예배를 원하시겠는가?

2. 우리 교회 예배에 불신자들이 오기에 편하다고 생각하는가?

3. 예배는 그 나라, 그 시대의 문화의 옷을 입게 되어 있다. 우리 교회의 예배에 담고 있는 문화는 어떤 것인가?

4. 불신자들에게 비춰지는 가장 좋지 않은 그리스도인의 모습은 삶의 이중적인 모습이라고 한다. 즉, 예배 때의 모습과 삶의 모습이 판이하게 다른 점이다. 왜 이런 현상이 생겨날까?

5. 우리 교회 예배는 누가 얼마나 준비하는가?

12과

다음세대와 함께하는 통합적 예배

12과

다음세대와 함께하는 통합적 예배

찬 송	"예수 우리 왕이여"(새 38장), 경배송-"완전하신 나의 주"
성 경	"아버지께 참되게 예배하는 자들은 영과 진리로 예배할 때가 오나니 곧 이때라 아버지께서는 자기에게 이렇게 예배하는 자들을 찾으시느니라 하나님은 영이시니 예배하는 자가 영과 진리로 예배할지니라"(요 4 : 23-24).
본과의 목 적	같은 교회 안에서 신앙생활을 하지만 자라나는 다음세대들은 이미 장년세대와 다른 형태의 예배(현대적인 악기와 더불어 경배송 위주의 예배)를 드린다. 어린이들이 청소년과 청년을 거쳐 장년세대와 함께 예배드릴 경우 예배문화가 다름으로 인해 갈등과 이탈현상이 예상되므로 부모세대와 젊은이 세대가 함께 통합적 예배를 드려야 할 당위성과 그 방법을 제시하는 데에 이 과의 목적이 있다.

함께 나누기

오늘날 예배갱신의 초점은 실상은 예배의 본질에 대한 회복이어야 한다. 그러나 우리가 전통적인 예배형식과 현대적인 예배형식의 차이에서만 예배갱신의 관점을 가진다면 우리는 많은 오류를 낳을 수밖에 없게 된다. 형식의 변화는 시대적인 변천과정에서 필수적으로 다가오는 현상이다. 시대의 흐름과 문화의 변천과정에서 사람들은 옷을 갈아입는다. 그것은 마치 우리가 조선시대의 한복을 입지 않고 오늘날의 기성세대들이라도 지금과 같은 양복과 양장을 입고, 젊은 세대들은 캐주얼 복장을 즐겨 입는 것과 같은 것이다. 마찬가지로 예배의 형식 또한 시대의 흐름과 발전하는 문화의 다양성 속에서 세대 간의 속도의 차이는 있지만, 변화를 향해 나아가고 있는 것이다.

✠ 함께 학습하기

Ⅰ. 본질과 형식에 따른 네 가지 경우의 수

본질과 형식이란 관점에서 우리는 네 가지 경우의 수를 생각해 볼 수가 있다. 첫째는 예배의 본질은 변하지 않으면서 이전의 전통적인 형식을 고수하는 경우, 둘째는 예배의 본질은 사라진 가운데 이전의 형식만을 붙잡고 있는 경우, 셋째는 예배의 본질은 변하지 않으면서 전통적인 형식에서 현대적인 형식으로 변화한 경우, 넷째는 예배의 본질을 상실한 채 형식만 현대적 패러다임으로 바꾼 경우가 있는 것이다. 우리는 둘째와 넷째의 두 가지 경우는 틀렸다는 것을 다 공감한다. 왜 그런가? 그것은 가장 중요한 본질에서 떠났기 때문이다.

물론 역사가 바뀌고 세상이 바뀌어도 전통의 소중한 유산은 그대로 지켜 갈 필요가 있다. 그러나 본질을 상실한 채 오히려 옛 형식만을 고집하고 있다면 형식과 껍질만을 숭배하는 바리새주의, 외식주의에 머무는 결과를 야기시키는 것이다. 또한 본질을 상실한 채 새로운 형식만을 고집한다면 그것은 신외식주의에 빠지는 것이다. 두 가지 모두 예배적인 관점에서 말한다면 그것은 '예배'를 예배하는 것이다. 우리는 '예배'를 예배하는 것이 아니다. 오직 살아 계신 하나님만을 예배할 뿐이다. 그럼에도 불구하고 그 두 가지 경우는 알맹이 없는 껍질만을 손에 쥐고 있는 사람처럼 예배 가운데 임하시는 하나님의 임재와 능력을 진정으로 맛보지 못하는 것이다.

사실 첫째와 셋째의 경우는 맞다 틀리다의 문제가 아니다. 그러나 오늘날 많은 사람들이 세 번째 경우를 틀렸다고 보는 경향이 있다. 신앙생활함에 있어서 사람들은 대개 자신에게 오리엔테이션이 된 대로 은혜를 받는다. 그래서 기성세대는 자신에게 오리엔테이션 되어진 대로 전통적인 예배형식에 익숙함으로 그 형식에 의해서 은혜를 받는 것이다. 그러나 반대로 젊은 사람들에게는 자신의 문화에 익숙한 대로 현대적인 예배형식에 의해서 은혜를 받는 것이다. 이것은 성육신적인 원리가 예배에도 적용되기 때문이다.

예수님은 인간의 몸을 입고 우리의 역사 속으로 우리의 문화 속으로 들어오셨다. 인간을 구원하기 위해 인간이 되셨듯이 그래서 만남과 변화의 역사를 이루셨듯이 예배도 예배드리는 대상을 고려할 때 그들의 문화에 맞는 방식으로 다가가야만 하는 것이다. 이것이 오늘날 현대적, 문화적 관점에서 예배의 개혁을 이루어 가야 할 포인트인 것이다. 그렇다면 오늘날 왜 전통적인 예배 패러다임에서 통합적인 예배 패러다임으로 변화를 이루어 가야 할 필요성이 있는 것인가? 6가지 관점에서 예배 개혁의 근거를 찾고자 한다.

Ⅱ. 예배 패러다임 변화의 6가지 근거

1. 예배의 본질에서의 회복

예배의 본질에서의 회복이란 관점에서 예배 패러다임 변화의 근거를 찾는 첫 번째 이유는 전통적인 예배 패러다임에서 현대적인 패러다임을 전환한다고 본질이 회복된다는 것을 의미하지는 않는다. 그것은 앞에서도 밝혔듯이 현대적인 패러다임에서도 얼마든지 본질이 빠져나갈 위험성이 있기 때문이다. 그러나 동일한 형식에서 매너리즘에 빠지고 하나님을 경외하고 사랑하는 본질에서 멀어지면 낡은 구습을 좇는 결과를 낳고 말기에 새로운 패러다임의 시도와 도전은 기존의 방식에 대한 부정이 아니라 본질을 깨우는 갱신의 노력일 수 있기 때문이다. 그런 차원에서 다시금 예배의 본질을 점검해 보자.

기독교 예배는 예수 그리스도 안에 나타난 하나님 자신의 인격적인 계시에 대한 인간의 인격적인 믿음 안에서의 응답이다. 예배를 통해 십자가 구속의 하나님의 사랑이 인간에게 제공되고, 믿음을 통해서 인간의 사랑이 하나님께 응답되는 것이다. 이는 그리스도 안에서 하나님과의 인격적인 교제이며, 예수 그리스도 안에 나타난 하나님 자신의 인격적인 계시에 대한 인간의 인격적인 믿음 안에서의 응답이다.

따라서 예배의 주도권은 하나님 편에 있다. 죄인인 인간이 스스로 하나님 앞에 나아갈 수 있는 길은 없다. 오직 하나님 편에서 열어 놓으신 길을 통해서 죄인 된 인간은 하나님 앞에 나아갈 수 있다. 창세기 3장에서 범죄한 인간이 하나님의 낯을 피하여 동산나무 뒤에 숨은 것을 아시고 죄와 죽음의 공포에 떨고 있는 인간을 찾아오신 분이 누구신가? "아담아 네가 어디 있느냐?" 하나님은 벌거벗은 수치와 죄와 죽음의 공포에 떨고 있는 인생을 찾아주시고 위하여 '가죽옷'(창 3 : 21)을 지어 입히신다. 그래서 "피 흘림이 없은즉 사함이 없느니라"(히 9 : 22)는 대속의 원리를 세우신다. 따라서 가죽옷의 희생은 구약시대에 단, 성막, 성전에서 치루는 희생제사의 원형이고, 신약시대에 예수 그리스도를 중보로 한 말씀과 성례전을 통한 예배의 모형이 된다. 히브리서 기자는 그것을 이렇게 말한다.

> "그러므로 형제들아 우리가 예수의 피를 힘입어 성소에 들어갈 담력을 얻었나니 그 길은 우리를 위하여 휘장 가운데로 열어 놓으신 새로운 살 길이요 휘장은 곧 그의 육체니라"(히 10 : 19－20).

그래서 전통적인 예배의 첫 순서인 '예배로 부름' (Call to Worship)은 바로 하나님과의 만남을 잃어버렸던 죄인을 찾고, 부르시고, 만나 주시는 하나님이 사랑의 초청을 하시는 음성인 것이다. 결국 우리가 하나님께 예배하는 것은 우리가 원하기 이전에 하나님이 우리를 만나 주시기를 원하셨기 때문인 것이다. 따라서 자신의 과거와 현재와 미래를 하나님의 은총과 결부시키고, 그 인격적인 하나님과의 만남을 이룬 사람만이 참다운 예배의 정신을 깨달을 수 있으며, 하나님이 기뻐하시는 응답적인 예배를 드릴 수 있게 되는 것이다. 하나님께서는 오늘도 우리 가운데서 바로 그렇게 하나님을 예배하는 자들을 찾으시는 것이다(요 4 : 23). 만일 이와 같은 예배의 본질적 의미와 목적을 알지 못하면 예배자에게 어떤 타락이 오는 것일까?

1) 자기중심적인 예배(목적과 대상의 이탈)

천동설이 난무하던 시대에 지동설을 역설했던 코페르니쿠스의 주장과 같이 지구가 태양계의 중심이 아니라 태양이 중심이듯 예배의 중심은 하나님에게 있는 것이다. 그럼에도 불구하고 내가 신앙의 중심이 되어 하나님을 예배하고 안 하고를 내가 결정한다면 그 사람은 예배의 목적과 대상에서 이탈되어 있는 것이다. 누가 예배의 중심인가? 인간이 아니라 하나님이시다. 어디까지나 예배는 하나님의 아이디어이다. 따라서 내가 주일날 예배드리러 왔으나 예배의 주체는 내가 아니라 하나님이다. 나를 예배하도록 구원해 주시고 예배를 드릴 수 있도록 내 마음을 움직여 주시며, 예배를 드리도록 내 발걸음을 인도해 주신 하나님의 신적 은혜(God' s divine grace)가 있음을 잊지 말아야 한다.

자칫하면 나를 위한 예배를 드리게 되고, 예배의 목적이 하나님의 영광이 아닌 자기 영광으로 돌아가게 된다. 오늘날 예배갱신의 중요한 포인트가 바로 여기에 있다. 나 중심에서 하나님 중심으로 예배의 중심이동이 이루어져야 한다.

2) 능동적인 예배자에서 수동적인 구경꾼 예배자로

예배의 본질을 이해하고 못 하고에 따라 두 가지 유형의 예배자가 있을 수 있다. 첫째는 오락적 예배자이다. 이런 예배자는 성도가 관객이 되어 편안한 자리에 앉아 열심히 예배를 구경하고 입장료(헌금)를 내고 간다. 소위 수동적으로 예배드리는 것이다. 구약시대에 이런 예배자를 하나님은 선지자를 통해 꾸짖으셨다.

> "너희가 내 앞에 보이러 오니 이것을 누가 너희에게 요구하였느냐 내 마당만 밟을 뿐이니라"(사 1 : 12).

또한 둘째는 능동적 예배자이다. 이런 사람은 하나님이 관객이 되고 성도들이 배우가 되어 열심히 연기(감사와 찬양과 경배와 헌신)를 하면서 하나님을 기쁘시게 한다.

오늘날 예배갱신에 대해 이 같은 예배의 본질의 이탈을 회복하려는 운동으로 이해하는 것이 아니라 도리어 전통적인 패러다임에서 현대적인 패러다임으로 예배의 형식이 바뀐 것을 되찾자고 소리를 높이는 사람들이 있다. 현대적인 패러다임으로 전환된 예배가 예배의 경건성과 거룩성을 침해한다는 논조로만 보는 시각이 있는 것이다. 물론 앞에서 언급한 대로 예배의 본질이 사라진 가운데 예배의 형식만을 현대적으로 바꾼 잘못된 예배자들은 예배음악의 문화적 친밀성은 이루었는지 모르지만, 예배음악을 자신의 감정의 도취와 사람들의 감정을 자극하는 도구로 무분별하게 사용함에 따라 또 다른 차원에서 예배의 타락을 가져오게 한다.

그러나 잊지 말아야 할 것은 예배갱신의 가장 큰 목적 중에 하나는 예배자들의 적극적인 참여이다. 보는 예배가 아니라 드리는 예배를 회복하는 데 있는 것이다. 예배를 연극이나 영화를 보듯 관람하고 있다면 그 사람은 예배를 드리는 것이 아니라 받고 있는 것이다. 즉, 하나님 자리에 올라가 있는 교만을 떨고 있는 것이다. 대장금 드라마에 보면 장금이가 민정호에게 이런 말을 하는 장면이 나온다. "음식을 만드는 사람은 이 음식을 드시는 임금님이 음식 맛을 보며 웃는 모습을 상상하며 준비합니다." 이것을 우리의 예배에 적용하면 창조와 구속과 보호와 인도하심에 대한 하나님의 은총에 응답하여 찬송가 한 절을 불러도 성령의 은혜를 따라 영적으로 부르고 말씀에 대한 신뢰와 수용과 순종의 결단이 있는 적극적으로 응답하는 예배를 드려야 함이 마땅하다. 그런데 왠지 오늘날 전통적인 예배를 드리는 예배자 중에 점점 구경꾼이 늘어간다.

「악마의 편지」로 유명한 영국의 C.S. 루이스는 잘 드리는 예배를 이렇게 표현한다. "좋은 구두는 신어도 신은 줄 모르게 발이 편하고 걷고 싶은 대로 걸을 수 있다. 좋은 독서는 눈이나 불빛이나 활자에는 정신을 안 쓰고 그 의미에만 정신을 모으는 것이다. 좋은 예배도 좌석이나 건물이나 인도하는 사람이나 옆에 있는 그 누구에게도 마음이 안 쏠리고 오직 주 예수님과 하나님께만 정성을 드리는 예배이다." 그래서 주님은 이렇게 말씀하신다.

> "아버지께 참되게 예배하는 자들은 영과 진리로 예배할 때가 오나니…… 아버지께서는 자기에게 이렇게 예배하는 자들을 찾으시느니라"(요 4 : 23).

분명히 주님은 예배를 찾으신다고 하지 않고 예배자를 찾으신다고 하셨다. 그럼에도 불구하고 예배의 본질에 따라서 옳고 그른 예배를 논하지 않고 예배 패러다임의 변화, 그 자체를 옳고 그름으로 논하는 우를 범하고 있는 것이다.

2. 하나님의 임재 회복

예배갱신의 두 번째 초점은 하나님의 임재회복에 대한 것이다. 역사적으로 보면 하나님이 임재하지 않는 예배현장이 있었다. 그것은 바로 엘리 제사장 때 두 아들 홉니와 비느하스가 블레셋과의 전투에 하나님의 법궤를 들고 나갔다가 법궤를 적에게 빼앗겨 버린 때이다(참조 : 삼상 4장). 하나님의 성막의 지성소에 놓여 있던 법궤가 사라졌다면 오늘날 예배적인 관점에서 무엇을 의미하는가? 그야말로 본질이 빠진 형식만 남은 앙꼬 없는 찐빵이 되고 만다. 하나님의 임재가 없는 형식적 제사행위는 오늘날의 현존하시는 하나님의 임재가 사라진 형식적인 예배에 치중하고 있는 방향이 빗나간 인간의 열심을 의미한다. 그래서 훗날 다윗은 왕이 되어 잃어버린 법궤를 찾아온다(대상 13-16장 참조). 다윗은 장막 가운데 돌아온 법궤를 두고 번제와 화목제를 지낸다(대상 16 : 1).

우리는 여기서 두 가지를 비교해 볼 필요가 있다. 법궤가 없는 모세의 성막과 다윗의 장막 안에 있는 하나님의 법궤가 바로 그것이다. 그런데 법궤가 사라진 모세의 성막은 하나님의 임재가 사라지고 예배의 본질이 빠져나간 전통적인 형식에 매여 있는 빗나간 예배를 의미한다고 볼 수 있다. 그러나 다윗의 장막은 모세의 성막처럼 많은 절차와 기구는 없고 단지 휘장으로 된 천막 안에 오직 법궤만이 놓여 있었는데 그것은 오늘날 예배의 형식과 절차는 전통적인 패러다임에서 많이 생략되었지만, 하나님의 임재가 가득한 현대적인 예배 패러다임의 원형으로 볼 수 있는 것이다.

하나님은 북이스라엘과 남유다로 분열된 왕국 이후에 우상숭배와 더불어 하나님의 공의를 흐리고, 고아와 과부를 압제하면서 성전에서는 화려한 제사를 드리는 가증한 모습을 보시면서 안타까워하셨다. 이사야 선지자는 그것을 이렇게 전달한다.

> "너희의 무수한 제물이 내게 무엇이 유익하뇨 나는 숫양의 번제와 살진 짐승의 기름에 배불렀고 나는 수송아지나 어린 양이나 숫염소의 피를 기뻐하지 아니하노라 너희가 내 앞에 보이러 오니 이것을 누가 너희에게 요구하였느냐 내 마당만 밟을 뿐이니라 헛된 제물을 다시 가져오지 말라"(사 1 : 11-13).

그리고 하나님은 당신의 선지자를 통해 이렇게 자신의 소원을 전달하셨다.

> "그 날에 내가 다윗의 무너진 장막을 일으키고 그것들의 틈을 막으며 그 허물어진 것을 일으켜서 옛적과 같이 세우고"(암 9 : 11).

다윗의 무너진 천막을 일으키고 싶다는 하나님의 마음은 무엇인가? 수많은 절차와 형식을 통해 화려한 음악으로 예배를 꾸며 가면서도 하나님을 사랑하는 예배자의 마음에서 떠나 있고, 예배 가운데 임하시는 하나님의 임재를 깊이 경험하지 못한 채 인간끼리의 화석화되고 형식화된 예배를 드리고 있는 오늘날의 예배자들은 어떻게 응답해야만 하는가? 삶이 예배가 되고 예배가 삶이 되지 못하기에 더욱더 화려한 제사로 예배를 꾸며 일주일 동안 지은 죄를 달래 보려는 일종의 세차장 예배자의 모습은 하나님이 지어 주신 가죽옷을 입고 하나님의 임재 앞에 머물기보다 자신이 만든 나뭇잎으로 자신의 허물을 가려보려는 자구책은 아닌지 스스로에게 물어야 한다. 그리고 우리는 어떠한 물체나 의식 속에 필요 이상의 의미를 부여하여 그 본질의 의미를 손상시키는 우상화의 작업을 하기도 하지만, 때로는 그 본질의 의미를 상실한 채 습관적인 모습 가운데에서 아무 생각 없이 의례히 했던 관습과 전통의 답습으로, 왜 하는지 알지도 못하면서 따라 하는 모습을 보게 된다. 잘못하면 우리도 구약의 타락된 형식적 제사 행위에 머물 수가 있다. 하나님이 아모스 선지자를 통해 다윗의 장막을 회복코자 하신 이유는 장소나 제도, 형식보다는 하나님의 임재에 대한 회복이요, 신약시대에 드릴 영과 진리로 드리는 참된 예배를 원하시기 때문인 것이다.

3. 예배의 형식보다 예배자의 마음을 찾으시는 하나님

예배의 진정한 개혁과 갱신은 예배의 형식에서 오기보다 예배자의 마음에서 이루어져야 한다. 요한복음 4장에서 예수님과 사마리아 여인과의 만남은 예배의 중요한 본질을 보여 주고 있다. 사마리아 여인은 남다르게 예배에 관심이 있었다. 사실 이스라엘의 정치, 종교의 구심점은 예루살렘이다. 역사적인 배경도 있지만, 유대인들이 사마리아 사람들과 상종을 하지 않는 고로 사마리아 사람들은 그리심산에 예배처소를 세우게 된다. 그러나 아무래도 예배의 정통성은 예루살렘에서 드리는 제사가 아닌가 하고 사마리아 사람들은 생각하고 있었던 것이다. 그래서 사마리아 여인은 예수님에게 이렇게 질문한다.

> "우리 조상들은 이 산에서 예배하였는데 당신들의 말은 예배할 곳이 예루살렘에 있다 하더이다"(요 4 : 20).

즉, "예배의 정통성은 예루살렘에 있지 않나요?" 하고 물은 것이다. 그때 예수님은 이렇게 응답하셨다.

> "이 산에서도 말고 예루살렘에서도 말고"(요 4 : 21).

이는 무엇을 의미하는가? 예배의 외형적 특성이나 지역적인 제한에 얽매이지 말라는 것이다. 예배의 장소, 시간, 스타일, 순서 등의 형식보다 더 중요한 것은 예배자의 마음이라고 말씀하신다. "아버지께 참되게 예배하는 자들은 영과 진리로 예배할 때가 오나니 곧 이때라 아버지께서는 자기에게 이렇게 예배하는 자들을 찾으시느니라 하나님은 영이시니 예배하는 자가 영과 진리로 예배할지니라" (요 4 : 23 - 24). 예배를 예배로 만드는 것은 장소나 형식이 아니라 영과 진리이며, 예배자의 마음이다. 따라서 예배의 개혁은 형식이 아니라 마음에서 이루어져야 하는 것이다.

4. 하나님의 임재에 대한 적극적 응답(반응)의 회복

어떤 목회자는 조용한 예배의 성서적 근거로 이 구절을 말하는 사람이 있다.

> "너희는…… 가만히 서서 여호와께서 오늘 너희를 위하여 행하시는 구원을 보라……"(출 14 : 13).

그런데 이 말씀은 사면초가에 놓여 있는 이스라엘 백성에게 불안한 환경과 인간적인 생각에 빠져 두려워 말고, 하나님의 구원역사의 행동을 가만히 지켜보라고 권면하신 것이다. 그리고 지리적으로 말하면 홍해바다를 건너기 전이다. 엄밀하게 말해서 하나님의 선택을 받았다 해도 아직 하나님의 구원역사를 깊이 경험하지 못한 사람들이다. 그들은 하나님을 예배할 수 있는 준비가 된 사람들이 아니다. 우리가 하나님을 예배할 수 있기 위해서는 십자가에서 구속을 이루신 주님을 먼저 만나야 한다. 즉, 영적으로 홍해바다를 건너야 하는 것이다. 신학적으로 그것을 우리는 '칭의'(Justification)라고 한다. 예수 그리스도의 보혈의 공로로 의롭다함을 받은 자만이 하나님께 진정한 예배를 드릴 수 있는 길이 열리는 것이다.

그렇다면 이에 대해서 적극적으로 응답(반응)하는 예배의 성서적 근거를 말하라고 한다면 홍해바다를 건넌 이스라엘 백성들의 모습 가운데서 볼 수가 있다.

> "모든 여인도 그를 따라 나오며 소고를 잡고 춤추니……너희는 여호와를 찬송하

라 그는 높고 영화로우심이요 말과 그 탄 자를 바다에 던지셨음이로다 하였더라"(출 15 : 20-21).

홍해바다를 건넌 후 이스라엘 백성에게 누가 찬송하고 춤추라고 명령한 적이 없다. 그러나 하나님의 구원역사를 경험한 당신의 백성들은 자연스럽게 행동으로 응답하였다. 우리 민족의 역사 속에서 8·15를 경험한 분들은 해방의 감격에 대하여 어떻게 반응을 보였는지 앞 세대들이 잘 말해 준다. 십자가의 은총으로 영적인 8·15를 경험한 사람들이라면 어떻게 예배 가운데 구경꾼으로 남아 있을 수 있겠는가? 앞에서 예배의 정의를 여러 학자를 통해서 살펴본 바가 있다. 그 핵심은 예배란 예수 그리스도 안에서 자신을 계시해 주신 하나님과 그 하나님 앞에 뜨겁게 응답하는 만남의 현장이라는 것이다. 줄여서 말하면 예배는 하나님의 은총에 대한 반응인 것이다.

어떤 학자는 '반응'이란 단어에 알레르기 현상을 보인다. 그러나 '응답'이 내면에서 이루어지는 결단이라면 반응은 내면의 결단이 밖으로 표출되는 것이다. 오늘날 기성세대 가운데서 전통적인 예배를 드리면서도 찬양을 하지 않는 사람들을 많이 볼 수가 있다. 예배가 하나님의 은총에 대한 응답(반응)이라는 관점에서 볼 때 우리는 서슴없이 감사와 찬송과 경배를 올려 드려야 한다. 홍해바다를 건넌 구원의 감격을 속으로만 간직할 수가 있는가? 그럴 수 없는 것이다. 내면의 감격이 감사와 찬양과 경배로 표현되어야 한다. 표현되고 고백되지 않는 사랑은 사랑이 아니라는 말도 있다. 하늘나라 천국까지 가서 우리가 하나님을 높일 수 있는 것은 찬양과 경배밖에는 없는 것이다. 따라서 감사는 예배의 기초요(시 100 : 4), 찬양은 예배의 다리(하나님의 보좌 앞으로 나아가는)요, 경배는 예배의 핵심인 것이다. 즉, 예배의 정신은 받음의 정신이 아니라 드림의 정신임을 분명히 알아야만 한다.

예배는 하나님과의 만남인데 전통적인 예배 패러다임과 현대적인 패러다임 모두 두 가지 요소를 내포한다. 첫째가 예배의 객관적 요소이다. 이는 화살표로 말하면 위에서 아래로 내려오는 것이다. 예컨대 예배의 부름, 성시교독, 성경봉독, 설교, 축도 등을 말한다. 둘째는 우리가 하나님께 올려드리는 것을 예배의 주관적 요소라고 한다. 예컨대 감사와 기도, 찬양, 헌금 등이 있다. 그런 면에서 예배는 하나님 편에서 오는 것과 우리 편에서 드리는 것과의 만남인 것이다. 고로 예배는 더 이상 하나님께 무엇을 받아 내려는 마음으로 나아가서는 안 된다. 하나님의 베푸신 은총에 감사하며, 감격하며 때 묻은 영혼의 새로워짐과 동시에 헌신된 삶을 살기로 결단하는 예배가 되어야 한다. 솔로몬이 일천번제를 드리다가 하나님의 축복을 덤으로 받은 것처럼 우리도 하나님의 은총에 대해 적극적인 반응을 예배 가운데 보임으로 하나님의 축복을 더불어 받아야 하는 것이다.

따라서 다윗의 장막 안에서 볼 수 있었던 예배의 정신이 오늘날의 예배 안에도 약동하여야 한다. 하나님의 법궤가 돌아올 때 다윗의 반응은 무엇이었나? "여호와의 궤가 다윗성으로 들어올 때에 사울의 딸 미갈이 창으로 내다보다가 다윗 왕이 여호와 앞에서 뛰놀며 춤추는 것을 보고 심중에 그를 업신여기니라"(삼하 6 : 16). "그러므로 사울의 딸 미갈이 죽는 날까지 그에게 자식이 없으니라"(삼하 6 : 23). 하나님의 임재 앞에 적극적으로 반응하는 예배를 드리는 것이 결코 잘못된 것이 아니다. 물론 무분별하게 예배의 본질적인 의미도 모른 채 현대적인 음악을 통해 회중을 선동하는 예배는 지양되어야 함은 마땅하다.

존 칼빈은 「기독교 강요」에서 이렇게 말한다. "주님은 형식적인 요소에 관해 아무런 지시도 주시지 않으셨다. 또한 형식적 요소는 구원에 필수적인 요소도 아니고 교회의 발전을 위해선 각 나라와 세대의 풍습에 따라 다양하게 적응해야 한다. 그렇기 때문에 교회의 유익을 위한 것이라면 전통적인 관습은 계속해서 변화되고 폐지되어야 하며, 새로운 형식이 세워져야 한다."

하나님의 은총에 대한 반응이 예배임에도 불구하고 자신의 죄를 씻기만 하는 세차장 예배로 예배를 전락시키거나, 하나님의 임재 앞에 적극적으로 반응하는 예배를 다윗처럼 드려야 함에도 불구하고 예배를 구경하고 관람하는 수동적인 예배의 모습이 현실이다. 따라서 오늘날 현대적 패러다임의 예배가 굳어지고 화석화된 예배자들을 깨우시기 위해 반응이 빠른 세대인 젊은이들을 일으키어 예배의 본질을 회복하고자 하시는 하나님의 역사하심이라고 본다. 예수님은 성전에서 어린이들이 순전한 마음으로 찬양하는 것을 저지하는 당시의 타락한 대제사장들과 서기관들에게 이렇게 말씀하신다.

> "대제사장들과 서기관들이 예수께서 하시는 이상한 일과 또 성전에서 소리 질러 호산나 다윗의 자손이여 하는 어린이들을 보고 노하여 예수께 말하되 그들이 하는 말을 듣느냐 예수께서 이르시되 그렇다 어린 아기와 젖먹이들의 입에서 나오는 찬미를 온전하게 하셨나이다 함을 너희가 읽어 본 일이 없느냐 하시고"(마 21 : 15－16).

주님의 역사하심에 순전하게 반응하는 젊은 세대들의 경배와 찬양을 기뻐받으시는 이유가 여기에 있다.

아울러 생각해 볼 것이 있다. 사도 바울이 전한 에베소서 5장 19절의 말씀인 "시와 찬송과 신령한 노래들로 서로 화답하며 너희의 마음으로 주께 노래하며 찬송하며"(엡 5 : 19, 개역개정)이다. 이를 영어성경으로 보면 다음과 같다. "Speak to one another with psalms, hymns and spiritual songs. Sing and make music in your heart to the Lord"(Eph 5 : 19, NIV). 여기에 나타난 '시와 찬송과 신령한 노래' 라는 표현의 순서는 어쩌면 사도 바울이 시대적인 흐름에 따른 찬양의 변화를 예언적으로 표현했을 수도 있다고 본다. 초대교회에 시편찬양(psalms)이 불러졌고, 그 다음으로 찬송가(hymns)의 시대가 왔으며, 그 다음으로 신령한 노래(spiritual songs), 즉 오늘날의 찬양과 경배의 곡들이 많이 불리고 있기 때문이다. 반응을 잘하는 젊은 세대들의 찬양과 경배(신령한 노래)의 물결은 단순히 현대적, 문화적 차원에서만 들여다볼 것이 아니라 예배의 본질에서 이탈된 채 하나님의 임재에 반응이 사라진 예배자들을 깨우시는 하나님의 역사하심의 손길에서 들여다볼 수 있어야 한다.

5. 잔치로서의 예배회복

로버트 웨버는 「살아 있는 예배」에서 "예배는 우리를 구원하시고 세상을 구원하시는 예수 그리스도의 죽으심과 다시 사심을 축하하는 것"이라고 적고 있다. 때문에 매주 드리는 예배는 화려한 축하 시간이 되어야 한다고 강조한다. 문성모는 '기독교의 예배가 본질상 주님의 부활에 대한 잔치' 라고 말하고, 음악이 예배를 잔치로 만드는 데에 중요한 역할을 한다고 주장한다. 예배는 예수 그리스도의 부활을 축하하는 '메시야적인 잔치' 임에는 틀림이 없다. 그리고 우리는 어린양의 혼인잔치를 기다리는 사람들이다. 그렇다면 잔치적인 예배는 인간의 육감 전체를 위한 것이야 한다. 말로만 이어지는 설교를 듣는 것으로나 미사를 드리는 행위에 그쳐서는 안 된다. 말도 하고, 냄새도 맡고, 만져도 볼 수 있는 총체적인 예배가 되어야 한다. 이런 예배에서는 구경꾼(onlooker)과 연주자(performer)가 구분될 수 없는 것이다. 예배 순서지에 활자화된 것을 함께 읽는 정도의 참여로써는 역동적인 예배의 성격을 다 드러낼 수가 없다. 잔치적인 예배가 되기 위해서는 예배

순서를 판에 박은 '주보'의 문자로부터 자유로운 예배가 되어야 한다.

그렇다면 예배의 잔치적 분위기 조성을 위하여 어떤 노력을 할 수 있겠는가? 예배당 구조에서 잔치적 분위기 조성에 가장 장애가 되는 것 중의 하나가 제단에 있는 고정된 강단이다. 제단 주변의 상징물도 필요에 따라서 자리바꿈을 하거나 달리 장식할 수도 있어야 한다. 잔치 계절에 맞는 빛깔 변화도 필수적이다. 공간 시설의 재배치, 곧 강단, 상징물, 의자를 포함한 전체 예배 공간의 재배열에 각별한 신경을 써야 한다. 영상과 미디어의 다양한 방법을 통하여 인간의 집단 무의식 속에 깃들어 있는 예배의 잔치적 리듬이 살아날 수 있어야 한다.

따라서 잔치가 되는 예배의 형식은 엄숙한 의식이 아니다. 앞에서 본 대로 홍해 바다를 건넌 이스라엘 백성들의 감사와 찬양의 잔치가 되어야 한다. 죄와 사망권세를 이기시고 부활하신 예수님을 매주 축하드리면서 성도들이 세상에서 맛보지 못한 영적인 희열과 기쁨을 예배에서 느끼도록 해야 한다. 즐거움이 있고, 웃음이 있고 신나는 예배로 만들기 위해서 찬송의 선곡도 긍정적이고 힘찬 곡들로, 예배 찬송도 전통적인 곡(찬송가)에서부터 현대적인 곡(경배송)에 이르는 다양함과 역동성을 보여 주어야 한다.

6. 다음세대를 수용하는 성육신적 예배

마지막으로 전통적인 예배 패러다임에서 통합적인 예배 패러다임으로 변화를 시도해야 할 이유가 있다면 교회의 미래를 내다보아야 하기 때문이다. 교회의 리더십은 늙는다 해도 예배는 계속 젊어져야 한다. 교회의 지도자들이 시대의 변화에 민감하고 열려 있어야 한다. 유럽의 교회가 텅텅 비는 이유는 무엇인가? 지금도 교회의 중고등부 학생들은 대부분 찬양대를 경험하지 않은 세대이다. 왜냐하면 그들의 문화에 맞게 찬양 팀을 통해서 현대적인 음악의 예배를 드리고 있기 때문이다.

그런데 그들이 청년부에 올라오면 더욱더 현대적인 악기와 리듬에 맞추어 찬양과 경배를 올려드린다. 그런데 무슨 문제가 발생하는가? 찬송가와 전통적인 패러다임의 예배형식을 경험하지 않은 세대가 청소년, 청년의 시기를 거쳐 장년예배로 올라오게 되었을 때, 즉 그들이 전통적인 패러다임의 주일예배에 참여하게 될 때 어떤 생각을 가지겠는가? 이 자리는 내가 있을 자리가 아니라고 생각할 수 있는 것이다. 중고등부, 청년부를 거치는 동안 저들은 자신들의 문화의 존중함을 받아 왔다. 그런데 성년의 나이가 되어 막상 장년예배 시간에 들어오니 전혀 자신들의 문화와 맞지 않는 예배를 드리기에 그들은 자신들의 문화를 수용해 주는 교회를 향해 본 교회를 떠날 수밖에 없는 현실이 다가오는 것이다. 그래서 예배의 본질적인 개혁과 함께 예배형식의 변화를 교회마다 연구하지 않으면 교회의 미래는 암담하게 된다.

어느 예배학자는 전통적인 예배는 경건성을 지향하고 현대적인 예배는 잔치성을 지향한다고 말한다. 맞는 말이면서도 다 수용할 수는 없다. 왜냐하면 예배의 경건성은 예배의 형식에 있는 것이 아니라 앞에서도 밝힌 바와 같이 예배자의 마음에 있기 때문이다. 예배의 본질에서 빗나가 있다면 전통적인 예배나 현대적인 예배나 다 마찬가지로 경건성이 사라지는 것이다. 경건성의 척도는 하나님의 임재와 예배자의 마음에서 보아야지 예배의 형식에서 보면 안 되기 때문이다. 물론 본질에 충실을 기하지 않는다면 형식에 의해서 내용이 달라질 수 있는 부분도 있다. 형식은 일종의 그릇이다. 그릇이 무엇이냐에 따라서 내용물의 형태가 달라진다. 남자들이 다 그런 것은 아니지만, 예비군복만 입으면 행동이 달라지는 것이 그런 것을 말해 준다. 아무 데서나 소변을 보고 횡단보도도 함부로 건너는 모습을 본다. 이런 것이 형식에 의해서 내용이 지배를 당하는 경우이다. 그러나 옷을 갈아입었기 때문에 행동이 달라진다면 그 사람은 그 옷에다가 자신의 양심과 정신을 판 것이다.

우리는 옷을 갈아입어도 몸이 변화되지 않는다. 시대적인 흐름에 따라 옷은 변한다. 형식은 변한다. 그러나 몸이 변하지 않듯이 본질이 변해서는 안 된다. 즉, 예배의 본질이 변하지 않으면서 예배의 형식이 변화되는 점은 처음에서도 밝혔듯이 성육신적인 차원에서 깊은 이해를 가져야 한다. 마치 다미안 신부가 몰로카이 섬에서 한센병 환자들에게 복음을 전하기 위해 한센병 환자가 되기 위해 기도했듯이, 사도 바울이 율법 있는 자를 구원하기 위해 율법 있는 자가 되고, 율법 없는 이방인을 구원하기 위해 율법 없는 자가 되었듯이 우리는 오늘날의 변화하는 예배의 형식을 그 세대의 문화의 방식 안에서 하나님을 깊이 만나는 채널로 이해를 해 주어야 한다.

예배의 본질이 흔들리지 않는 한 우리는 시대적인 변화와 문화적인 변천에 따라 옷을 갈아입는 것을 더 이상 맞다 틀리다의 논쟁으로 몰고 가는 것을 삼가야 한다. 그렇다면 두 세대 간의 문화적 갈등을 어떻게 해소할 수 있는가? 그래서 필자가 노력하고 있는 것이 바로 두 세대 간의 통합적인 예배모델의 개발이다. 물론 예배시간별로 예배의 형식을 차별화해서 다양하게 자신의 문화에 맞는 예배를 드리게 할 수도 있다. 어떤 예배신학자는 그것을 소비자 구매행동을 부추기는 것처럼 인본주의적 발상이라고 보기도 한다. 그러나 이제껏 앞에서 논의한 바와 같이 두 세대 간의 문화를 존중히 여기는 차원에서 얼마든지 예배의 차별화전략을 긍정적인 관점에서 보아야 한다.

잊지 말아야 할 것은 그렇게 차별화된 전략만을 고수하게 되면 우리는 한 예배당에서 예배를 통한 공동체의식과 가족의식을 느껴 볼 시간이 없다. 따라서 점점 세대 간에 단절이 심해지는 시대 속에서 우리는 세대 간의 연합을 이루어 가는 통합적인 예배모델을 만들어 내야 한다.

전통적인 예배 패러다임의 근거가 '모세의 성막'에 있었다고 한다면, 오늘날 찬양과 경배 위주의 현대적인 예배 패러다임의 근거는 '다윗의 장막'에 있다고 본다. 그런데 그 두 가지 모세의 성막과 다윗의 장막이 합쳐진 것이 바로 '솔로몬의 성전'이라고 볼 때 바로 여기에 통합적 예배 패러다임의 근거가 있는 것이다. 기성세대와 젊은 세대 간의 예배에서 문화적 갈등의 표출은 예배음악에서 오는 부분이 가장 많다. 때문에 기성세대와 젊은 세대가 한자리에 모여 예배드릴 수 있는 것은 찬송가와 경배송을 적절히 배합하여 함께 하나님을 예배하는 통합적인 예배 형식을 창출해 낼 때 가능한 것이다.

Ⅲ. 통합적 예배 패러다임의 예 : 예능교회 사례를 중심으로

1. 예능교회 주일예배의 음악적 분석

1) 예능교회는 2009년 6월부터 현재와 같은 통합적 예배를 시작
2) 이전 예배 포맷
   ① 예배 시작 전 찬양팀이 10분 동안 찬양을 인도함
   ② 회중은 찬양하는 동안 계속 착석하고 마지막 찬양에 회중이 모두 일어날 때 목사님 나오심 → 공식적으로 예배 시작하는 시간(정각)
   ③ 찬양 끝난 후 참회의 기도, 사회의 선언, 사도신경

④ 모두 앉은 후 오르간 반주에 맞춰 찬송가를 부름

⑤ 대표기도, 말씀 후 헌금, 찬송가를 부른 후 축도

3) 통합적 예배가 시작되면서 대표기도는 예배를 위한 기도로 바뀜

4) 말씀 후 말씀에 잇대어 통성기도하고 결단의 찬양으로 이어짐

5) 파송의 찬양 후 담임목사님이 봉헌기도와 축도를 이어서 하심 → 말씀이 끝난 후 흐름의 단절이 없음

6) 환영 : 담임목사
(예배를 위한 기도 : 장로, 권사, 안수집사, 서리집사, 부교역자가 한 주씩 돌아가면서 / 찬양과 경배 : 예배담당 목사 / 참회의 기도부터 담임목사가 인도)

7) 매주 찬송가가 1~2곡 들어가도록 선곡하며, 대부분의 찬양곡이 말씀 주제에 직간접적으로 관계있음. (담임목사와 예배담당 교역자 및 예배기획팀이 찬양곡 및 동영상, 소품, 그래픽, 멀티미디어 등에 대해 논의하고 확정한다.)

주일예배 흐름 표

1부	2부	3부	예배 순서
7 : 57	9 : 57	11 : 57	환영 / 예배를 위한 기도 / 찬양대 송영
8 : 00	10 : 00	12 : 00	찬양과 경배 F 약할 때 강함 되시네 [편하게 부를 수 있는 찬양] C 성령이여 내 영혼을 [빠른 템포의 밝은 곡] F/G 내 구주 예수를 더욱 사랑 [잔잔하게 시작하면서 긴장감 고조되는 느린 곡] G 세상의 유혹 시험이(모두 일어나서) [느린 템포지만 힘이 있는 곡]
8 : 12	10 : 12	12 : 12	참회의 기도 / 사죄의 선언 / 사도신경
8 : 16	10 : 16	12 : 16	교제 & 새신자 환영 (E 우리에게 향하신)
8 : 19	10 : 19	12 : 19	영상광고
8 : 22	10 : 22	12 : 22	말씀 준비 찬양 (D 주의 인자는 끝이 없고)
8 : 24	10 : 24	12 : 24	성경봉독 잠언 23 : 29~35
8 : 26	10 : 26	12 : 26	찬양대 찬양
8 : 30	10 : 30	12 : 30	말씀 "골리앗을 향한 물맷돌 시리즈 (3)-술이라는 골리앗"
9 : 00	11 : 00	1 : 00	통성기도
9 : 05	11 : 05	1 : 05	결단의 찬양 (E 두 손 들고 찬양합니다 [주제찬양])
9 : 07	11 : 07	1 : 07	헌금 & 파송의 찬양 (G 나 주님의 기쁨 되기 원하네) (모두 일어나서)
9 : 10	11 : 10	1 : 10	봉헌기도 & 축도

주일예배 찬양 선곡 샘플

환영 / 예배를 위한 기도 / 찬양대 송영			
❶ 마음을 열어 주며 편하게 부를 수 있는 곡	D 나 무엇과도 주님을	D 날마다 숨쉬는 순간마다	**G/A 빈들에 마른 풀같이**
❷ 빠른 템포의 밝은 곡(거의 두 번째에 밝고 경쾌한 찬송가 부름)	**F/G 주는 나를 기르시는 목자요**	**G 내 영혼이 은총 입어**	C 성령이여 내 영혼을
❸ 잔잔하게 시작되며 긴장이 고조되는 곡 / 많은 경우 3번 곡과 결단의 찬양곡이 같음 / 주제찬양일 경우가 많음	F 내가 주인 삼은	A 허무한 시절 지날 때	G 보소서 주님
❹ 3번 곡에서 연결되며 모두 일어나서 힘있게 찬양 / 경배의 노래 → 전통적 예배에서 '찬양과 경배'의 첫 찬송가와 같은 역할	Bb/C 사랑하는 나의 아버지	A 하나님은 우리의 피난처가 되시며	G 지존하신 주님 이름 앞에
말씀	"돈이라는 골리앗"	"우리를 도우시는 성령님"	"생각과 운명"
결단의 찬양 (주제찬양)	G 내가 주인 삼은	E 나의 등 뒤에서	G 보소서 주님
파송의 찬양	G 나 주님의 기쁨 되기 원하네	Bb 허무한 시절 지날 때	**G 내가 매일 기쁘게** (후렴부터)

환영 / 예배를 위한 기도 / 찬양대 송영			
❶ 마음을 열어 주며 편하게 부를 수 있는 곡	D 너는 그리스도의 향기라	E 예수 가장 귀한 그 이름	**C 오 신실하신 주**
❷ 빠른 템포의 밝은 곡	**F 빛의 사자들이여**	**G 슬픈 마음 있는 사람**	**F/G 주는 나를 기르시는 목자요**
❸ 잔잔하게 시작되며 긴장이 고조되는 곡 / 많은 경우 3번 곡과 결단의 찬양곡이 같음 / 주제찬양일 경우가 많음	G 내 마음에 주를 향한 사랑이	C 모든 이름 위에 뛰어난 이름	F 주님과 함께 하는 이 고요한 시간
❹ 3번 곡에서 연결되며 모두 일어나서 힘있게 찬양 / 경배의 노래 → 전통적 예배에서 '찬양과 경배'의 첫 찬송가와 같은 역할	G 지경을 넓혀 주소서	G 지존하신 주님 이름 앞에	F/G 나의 반석이신 하나님
말씀	지경을 넓히게 되리라 시리즈 "세상 속의 그리스도인"	주기도문 시리즈 "이름을 거룩하게 하시며"	주기도문 시리즈 "일용할 양식을 주시고"
결단의 찬양 (주제찬양)	G 내 마음에 주를 향한 사랑이	C 모든 이름 위에 뛰어난 이름	F 주님과 함께하는 이 고요한 시간
파송의 찬양	G 지경을 넓혀 주소서	A 주기도문송	A 주기도문송

* 굵은 글씨는 찬송가. * 밑줄 친 곡은 말씀 전과 후에 두 번 부른다.

2. 예능교회 주일예배 찬양곡 순서별 모음

환영 / 예배를 위한 기도 / 찬양대 송영	
❶ 마음을 열어주며 편하게 부를 수 있는 곡 / 굴곡이 심하지 않은 곡	**그 크신 하나님의 사랑** / 나 무엇과도 주님을 / 날 구원하신 주 감사 / 날마다 숨쉬는 순간마다 / **내 진정 사모하는(느리게)** / 따스한 성령님 / 목마른 사슴 / **빈 들에 마른 풀같이** / 사랑스런 주님 음성 / 사랑의 왕 / 선하신 목자 / 아침에 주의 인자하심을 / 약할 때 강함 되시네 / **예수를 나의 구주 삼고** / 완전하신 나의 주 / 우리 모일 때 주 성령 임하리 / **주 음성 외에는** / 주님 보좌 앞에 나아가 / 주님과 같이 / 주님 손에 맡겨 드리리 / 주의 말씀 앞에 선 / **참 아름다워라** / 하나님은 너를 지키시는 자
❷ 빠른 템포의 밝은곡(찬송가를 많이 사용)	**곤한 내 영혼 편히 쉴 곳과** / **구원으로 인도하는** / **나의 사랑하는 책** / **내 영혼에 햇빛 비치니** / **내 영혼이 은총 입어** / **내 주 하나님 넓고 큰 은혜는** / **내 진정 사모하는(빠르게)** / **내가 매일 기쁘게** / **내가 예수 믿고서 죄 사함 받아** / **논 밭에 오곡백과** / **빛의 사자 들이여** / **성도여 다 함께** / 성령이여 내 영혼을 / **슬픈 마음 있는 사람** / **십자가 군병들아** / **예수 사랑하심을** / **예수를 나의 구주 삼고** / **이 눈에 아무 증거 아니 뵈어도** / **주 예수 내 맘에 들어와** / **주는 나를 기르시는 목자** / **주와 같이 길 가는 것** / **주의 음성을 내가 들으니** / 주의 이름 높이며 / 주의 이름 송축하리 / **주의 친절한 팔에 안기세** / 지금은 엘리야 때처럼 / **참 반가운 신도여**
❸ 잔잔하게 시작되며 긴장이 고조되는 곡 / 많은 경우 3번 곡과 결단의 찬양곡이 같음 / 주제찬양일 경우가 많음	그리 아니하실지라도 / 나 주님의 기쁨 되기 원하네 / 나를 지으신 이가 하나님 / **내 구주 예수를 더욱 사랑** / 내가 주인 삼은 / 따스한 성령님 / 매일 스치는 사람들 / 모든 상황 속에서 / 보소서 주님 / 선포하라 / 세상 흔들리고 / 세상의 유혹 시험이 / 아버지 당신의 마음이 있는 곳에 / 아침 안개 눈앞 가리듯 / 예수의 이름으로 / 우물가의 여인처럼 / **저 높은 곳을 향하여** / 전능하신 나의 주 하나님은 / 주 안에 우린 하나 (기대) / 주가 보이신 생명의 길 / 주님 곁으로 / 주님 다시 오실 때까지 / 주님 보좌 앞에 나아가 / 주님 손에 맡겨드리리 / 주님과 함께하는 / 주님의 손으로 / 하나님은 너를 만드신 분 / 하나님은 우리의 피난처가 되시며 / 허무한 시절 지날 때
❹ 3번 곡에서 연결되며 모두 일어나서 힘있게 부름 / 경배의 노래	구하라 모든 나라를 / 나는 찬양하리라 / 나의 반석이신 하나님 / 내 눈 주의 영광을 보네 / 따스한 성령님 / 모든 상황 속에서 / 사랑하는 나의 아버지 / 세상 모든 민족이 / 세상의 유혹 시험이 / 예수 우리 왕이여 / 오소서 진리의 성령님 / 우리 보좌 앞에 모였네 / 전능하신 나의 주 하나님은 / 주 안에 우린 하나 (기대) / 주 여호와는 광대하시도다 / **주 하나님 지으신 모든 세계 (후렴만)** / 주께 가까이 날 이끄소서 / 주께 가오니 / 주님 큰 영광 받으소서 / 지존하신 주님 이름 앞에 / 창조의 아버지 / 하나님은 우리의 피난처가 되시며 / 허무한 시절 지날 때(후렴만)

말 씀	
결단의 찬양 (설교 후 주제찬양)	감사해요 깨닫지 못했었는데 / **구주와 함께 나 죽었으니** / 그리 아니하실지라도 / 나 주님의 기쁨 되기 원하네 / 나를 지으신 이가 하나님 / 나의 등 뒤에서 / 나의 모습 나의 소유 / 나의 반석이신 하나님 / **내 구주 예수를 더욱 사랑** / 내 마음에 주를 향한 사랑이 / 내가 주인 삼은 / 두 손 들고 찬양합니다 / 모든 상황 속에서 / 보소서 주님 / 세상 흔들리고 / 세상의 유혹 시험이 / 아버지 당신의 마음이 있는 곳에 / 아침 안개 눈앞 가리듯 / 우물가의 여인처럼 / 전능하신 나의 주 하나님은 / 주 여호와는 광대하시도다 / 주가 보이신 생명의 길 / 주께 가오니 / 주님 다시 오실 때까지 / 주님 말씀하시면 / 주님 보좌 앞에 나아가 / 허무한 시절 지날 때
봉헌과 파송의 찬양	구하라 모든 나라를(지경을 넓혀 주소서) / 나 주님의 기쁨 되기 원하네 / **내가 매일 기쁘게** / 내가 주인 삼은 / 따스한 성령님 / 모든 상황 속에서 / 살아 계신 주 / 세상 모든 민족이 / **십자가 군병들아** / 여기에 모인 우리 / 전능하신 나의 주 하나님은 / 주 여호와는 광대하시도다 / 주께 가오니 / 주님 다시 오실 때까지 / **참 반가운 신도여** / 허무한 시절 지날 때

3. 네 곡의 흐름

1	2	3	4
날마다 숨 쉬는 순간마다	**내 영혼이 은총 입어 (빠른 템포의 편곡임)**	허무한 시절 지날 때	하나님은 우리의 피난처가 되시며(후렴만)

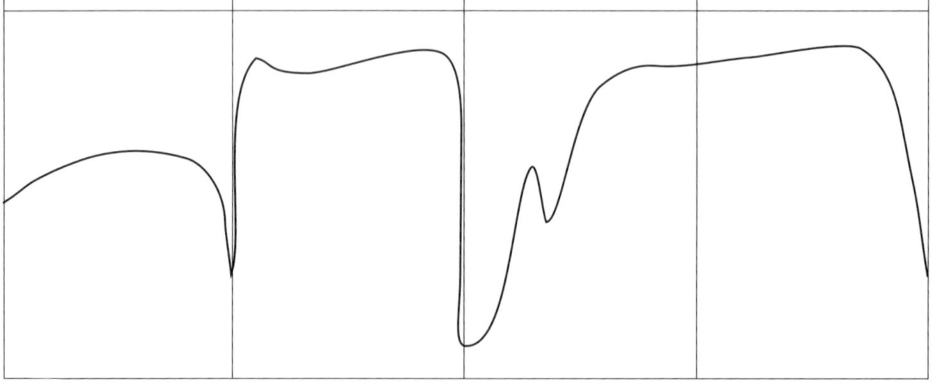

✚ 적용과 실천

1. 전통예배에서 통합적 예배로의 전환을 위해 예배세미나를 통해 성도들에게 예배의 본질을 잘 주지했는가? (본질을 바로 알면 형식의 변화에 어려움이 없다.)

____

____

2. 통합적 예배로의 형식변화에 관한 회중의 설문과 당회의 협력을 거쳐 변화를 단계별로 시행하고 있는가? (예배 팀과 성가대의 역할 분담은 사전 조율이 필요한 사항임.)

____

____

3. 담임목회자와 예배 팀의 기획은 잘 이루어졌는가? (설교주제에 따른 예배찬양 선곡)

____

____

4. 예배인도자(목회자)는 예배 팀과 영적, 음악적 훈련을 철저히 준비하고 임하는가?

____

____

5. 장년세대와 젊은 세대가 모두 어우러지는 예배가 되도록 숙지된 찬송가와 경배송을 통하여 영적인 감흥과 더불어 말씀에 대한 깊은 결단이 이루어지는 예배가 되었는가?

____

____

저자 소개

| 김경진 |

장로회신학대학교 및 신학대학원(Th. B, M. Div, Th. M)
Boston University School of Theology(Th. D)
장로회신학대학교 실천신학(예배와 설교) 부교수
전 그루터기교회 담임목사
전 퀸지영생장로교회(PCUSA) 담임목사

| 김세광 |

중앙대학교 약학과
장로회신학대학교(M. Div)
Yale Divinity School(S.T.M)
Boston University School of Theology(Th. D)
현 서울장신대학교 신대원장 및 예배설교학 교수
한국예배학회 회장역임
대한예수교장로회총회 예배예식서 전문위원
「예배와 현대문화」

| 김종래 |

경남대 화학과
장로회신학대학교 대학원(Th. M. in Min)
장로회신학대학교 대학원(Th. D. in Min)
현 새로핌교회 시무

| 박병욱 |

한양대학교 전자통신공학과
장로회신학대학교 신학대학원(M. Div)
독일 프랑크푸르트 대학교(Dr. theol.)
장로회신학대학교 겸임교수
실천신학대학원 임상교수
현 대구중앙교회 담임목사

| 이현웅 |

전남대학교 기계공학과
장로회신학대학교 신학대학원(M. Div, Th. M, Th. D)
현 한일장신대학교 교수(실천신학 : 예배학/설교학)
대한예수교장로회총회 예배예식서 전문위원
「21세기에 다시 본 존 칼빈의 설교와 예배」(이레서원, 2009)
「설교학 이야기」(예배와설교아카데미, 2011)
「이상적 교회 현실적 교회」(프리칭아카데미, 2007)

| 조건회 |

장로회신학대학원(M. Div)
연세대학교 신학대학원(Th. M)
시카고 매코믹신학교 목회학 박사(D. min)
현 예능교회 담임목사
현 한국 다리놓는사람들 대표(예배사역단체)
「예배, 하나님과의 만남」(다리놓는사람들)+영문판
「예배, 하나님께 드리는 응답」

| 주승중 |

숭실대학교 영문학과
장로회신학대학교 신학대학원(M. Div, Th. M)
Columbia Theological Seminary 대학원(Th. M)
Boston 대학 신학부(School of Theology) 대학원(Th. D)

현 한국예배학회 총무
현 동안교회 협동목사
현 장로회신학대학교 실천신학 교수 및 목회전문 대학원장

| 차명호 |

연세대 사회복지학과
장로회신학대학교 신학대학원(M. Div)
Drew University(Ph. D)
현 부산장신대학교 교수

| 채영남 |

광주대학교
장로회신학대학원 및 전주대 선교신학대학원
장로회신학대학교 대학원(Th. D. in Min)
숭실대, 전주대, 호남신학대 외래교수
현 본향교회 담임목사
현 총회예배학교 교장
현 총회 농촌선교연구소 이사장
「미래사회와 목회자의 지도력」
「교회의 활성화를 위한 통합적 예배」

* 총회예배학교 교무위원회

교장 : 채영남

교무위원 : 김경진, 김세광, 김종래, 박병욱, 이현웅, 조건회, 주승중, 차명호

예배가 살아야 교회가 산다 | 인도자용 |

초판인쇄 2012년 1월 10일
초판발행 2012년 1월 16일

지 은 이 총회예배학교
기획편집 대한예수교장로회총회 국내선교부
편 집 인 총무 진방주
주 소 110-470 / 서울 종로구 연지동 135 한국교회100주년기념관 314호
전 화 (02) 741-4353 / 팩스 741-4355

펴 낸 이 채형욱
펴 낸 곳 한국장로교출판사
주 소 110-470 / 서울 종로구 연지동 135 한국교회100주년기념관 별관
전 화 (02) 741-4381 / 팩스 741-7886
영 업 국 (031) 944-4340 / 팩스 944-2623
등 록 No. 1-84(1951. 8. 3.)

ISBN 978-89-398-0448-7 / Printed in Korea
값 12,000원

기획편집차장 정현선 **편집과장** 이현주
교정·교열 원지현 **본문편집** 김지수 **표지디자인** 윤지영
업무과장 박호애 **영업과장** 박창원